水资源资产产权制度探索与创新

陈玉秋　著

中国财经出版传媒集团
中国财政经济出版社

图书在版编目（CIP）数据

水资源资产产权制度探索与创新 / 陈玉秋著 . —北京：中国财政经济出版社，2018. 12

ISBN 978 -7 -5095 -8740 -9

Ⅰ. ①水…　Ⅱ. ①陈…　Ⅲ. ①水资源管理 - 产权制度 - 研究 - 中国
Ⅳ. ①F426. 9

中国版本图书馆 CIP 数据核字（2018）第 290324 号

责任编辑：王　祎　　　　责任印制：刘春年
封面设计：秦聪聪　　　　责任校对：胡永立

中国财政经济出版社 出版

URL：http：//www. cfeph. cn
E - mail：cfeph @ cfeph. cn

社址：北京市海淀区阜成路甲 28 号　邮政编码：100142
营销中心电话：010 - 88191537　北京财经书店电话：64033436　84041336
北京時捷印刷有限公司印装　各地新华书店经销
710 × 1000 毫米　16 开　21. 75 印张　303 000 字
2018 年 12 月第 1 版　2018 年 12 月北京第 1 次印刷
定价：78. 00 元
ISBN 978 - 7 - 5095 - 8740 - 9
（图书出现印装问题，本社负责调换）
本社质量投诉电话：010 - 88190744
打击盗版举报热线：010 - 88191661、QQ：2242791300

导言

Preamble

“哲学家们只是用不同的方式解释世界，而问题在于改变世界。”——卡尔·马克思

“绿水青山就是金山银山。”——习近平

“水是生命之源、生产之要、生态之基。兴水利、除水害，事关人类生存、经济发展、社会进步，历来是治国安邦的大事。”——2011年《中共中央 国务院关于加快水利改革发展的决定》

进入21世纪以来，我国水资源面临严峻形势，主要表现在以下几个方面：一是水资源短缺严重。我国是淡水资源严重缺乏的国家，淡水资源总量约为2.84万亿立方米，仅占全球水资源的6%；人均水资源占有量2 100多立方米，仅为世界平均水平的28%；全国660多座城市中，有2/3的城市缺水，首都北京就是典型“人多、水少”的资源型缺水城市，目前北京市城市用水的70%来自南水北调。二是水生态损害严重。受气候变化和人类活动影响，我国湖泊湿地萎缩，内陆河断流，涵养水资源的生态空间大面积减少，导致蓄水能力降低。由于长期地下水超采，目前华北地区已形成全国最大的地下水漏斗区，并引发地面沉降。三是水环境污染严重。《2017年中国生态环境状况公报》表明，2017年全国地表水1 940个水质断面（点位）监测结果表明，Ⅰ~Ⅲ类水质断面占比

67.9%，Ⅳ、Ⅴ类水质断面占比23.8%，劣Ⅴ类水质断面占比8.3%。2017年，在对全国31个省（区、市）223个地市级行政区的5 100个监测点（其中国家级监测点1 000个）开展的地下水水质监测结果显示，水质为优良级的监测点占比8.8%、良好级23.1%、较好级1.5%、较差级51.8%、极差级14.8%。

习近平总书记指出，“我国水安全已全面亮起红灯，高分贝的警讯已经发出，部分区域已出现水危机。河川之危、水源之危是生存环境之危、民族存续之危。水已经成为了我国严重短缺的产品，成了制约环境质量的主要因素，成了经济社会发展面临的严重安全问题。一则广告词说‘地球上最后一滴水，就是人的眼泪’，我们绝对不能让这种现象发生。全党要大力增强水忧患意识、水危机意识，从全面建成小康社会、实现中华民族永续发展的战略高度，重视解决好水安全问题”。——《在中央财经领导小组第五次会议上的讲话》（2014年3月14日）

与土地、森林、矿产一样，水不仅是一种自然资源，而且是一种经济资源。但由于水之于人类生存与社会稳定的极端重要性，新中国成立以来，水一直作为“公共产品”由政府组织提供。在管理体制上，由水行政监管权代替水资源资产所有权；在制度安排上，由取水许可行政管理制度代替水资源资产产权制度；在水资源配置上，由政府以行政许可审批方式，即取水许可方式实施政府单一配置。这种由政府提供“公共产品”的水资源供给模式，使得水资源陷入“公地悲剧”，出现水资源短缺与水资源浪费并存、水资源短缺与水污染严重并存的“怪象”。

自改革开放以来，我国由计划经济向中国特色社会主义市场经济转轨，水资源供给制度也随之变迁：从1980年起，水资源由无偿供给向有偿收费转变，1988年《中华人民共和国水法》明确了向取水单位征收水资源费的要求；21世纪初，随着水权交易实践的发展，推动了取水许可制度由“不可转让许可”向“可转让许可”的转变，2006年《取水许可和水资源费征收管理条例》取代1993年《取水许可制度实施办法》，规定“依法获得取水权的单位或者个人”，“可以依法有偿转让其节约的水资源”。但是由于水资源供给体制没有改变，政府配置水资源的格局没有变化，制度上的优化难以从根本上解决越来越严峻的水安全问题，水资源供给侧改革势在必行。供给侧改革的核心是处理好政府与市场的关系，实际上就是要处理好在资源配置中市场起决定性作用还是政府起决定性作用这个问题。

2015年9月11日，中共中央政治局审议通过了《生态文明体制改革总体方案》，提出“健全国家自然资源资产管理体制”、“健全自然资源资产产权制度”的要求。2018年2月28日，党的十九届三中全会审议通过了《中共中央关于深化党和国家机构改革的决定》（以下简称《决定》）和《深化党和国家机构改革方案》（以下简称《方案》）。《决定》指出，改革自然资源和生态环境管理体制，设立国有自然资源资产管理和自然生态监管机构。《方案》明确，组建自然资源部，统一行使全民所有自然资源资产所有者职责，着力解决自然资源所有者不到位等问题。根据2018年7月《中办国办关于印发〈水利部职能配置、内设机构和人员编制规定〉的通知》，国务院水行政主管部门——水利部，承担“实施水资源的统一监督管理”等职能。水资源资产统一行使所有者职责的机构业已明确，水资源资产所有者和水资源管理者相互独立、相互配合、相互监督的水资源资产管理体制已经建立。根据生态文明体制改革的目标要求，到2020年，要构建起由自然资源资产产权制度等八项制度构成的产权清晰、多元参与、激励约束并重、系统完整的生态文明制度体系，水资源资产产权制度建设迫在眉睫。

自21世纪初浙江东阳·义乌首例水权交易以来，十余年间，我国各地水权交易实践蓬勃发展，引发了关于水权、取水权、用水权、水资源所有权、水资源使用权等的研究、讨论热情，不少专家、学者对水权制度建设提出了许多有益的建议和意见。但由于上述研究是在原水资源行政管理权代替水资源资产所有权体制下开展的，并囿于水法和行政取水许可制度，相关研究成果多为水行政管理范畴内的改良性建议，相关水权交易制度建设也是在取水许可制度框架下进行的。

本书尝试根据《生态文明体制改革总体方案》的精神，在国家自然资源资产所有者和国家自然资源管理者相互独立、相互配合、相互监督的新体制下，从法学与经济学视角，提出水资源资产产权制度建设框架思路。相较于以往的研究，主要有以下几点不同：一是立足点不同。本书立足于水资源资产所有权行使，而不是水资源行政管理权行使；二是视角不同。本书主要是从法学与经济学视角展开，而不是从公共行政管理学视角展开；三是制度建设依据不同。相较于以往研究以水法和取水许可制度等行政法律法规为依据提出开展水权交易相关制度建设建议，本书建议根据《中华人民共和国宪法》草拟出台“国家自然资源资产法”，统一规范包括水资源资产在内的各类自然资源资产所有权、使用权以及其他与所有权相关的财产权的归属关系；研究提出包括水资源资产确权登记、出让、转让等在内的十二项水资源资产产权制度建设框架思路；同时建议完善取水许可制度，建立取水许可转让与水资源资产收储、出让等相关联机制，以制度规范清晰界定水资源配置中政府与市场的边界。

本书运用历史分析、比较分析、数据分析、案例分析以及制度分析等方法，提出在自然资源资产管理新体制下，创新水资源资产产权制度建设的框架思路，以制度保障落实水资源资产所有者职责，推动水资源供给侧改革，使市场在水资源配置中起决定性作用和更好地发挥政府主导与监管作用。通过科学规划制定市场配置水资源的范围和清单，引入市场竞争机制，发挥价格杠杆作用，引导行为主体改变用水认识、用水习惯和用水方式，达到节约用水、高效用水和清洁用水的目标，逐步化解水资源危机，最终实现人水和谐的生态文明建设目标。同时，根据水资源资产产权制度安排，实现水资源自身的经济价值，将水资源作为生产要素投入市场，取得水资源供给合理回报和生态破坏经济补偿，在解决水资源供求矛盾的同时，弥补水资源相关工程建设、生态保护修复等公共财政资金缺口。

本书共分 8 章。第 1 章分析了中国的水情并简要回顾了中国历史上的治水；第 2 章回顾了新中国成立后水资源管理取得的辉煌成就与治水思路的变迁；第 3 章提出了新时期中国面临的水问题，介绍了采取的应对措施，分析了水问题没有得到有效遏制的原因，界定了水资源资产管理的内涵及与其他国有资产管理的关系；第 4 章分析了我国水权交易探索实践，重点分析了城市间、产业间、区域内水权交易案例及水权交易平台建设情况，提出了我国水资源资产产权制度建设需要思考和研究解决的问题；第 5 章介绍了国外水资源资产产权制度的建设与实践，分析提出了建设我国水资源资产产权制度的可借鉴之处；第 6 章介绍了我国其他自然资源资产产权制度的建设情况，主要包括土地、森林和矿产资源资产产权制度建设及变迁，分析提出了我国建设水资源资产产权制度的可借鉴之处；第 7 章介绍了我国现有水资源资产相关制度建设情况，总结了相关制度建设取得的成果；第 8 章分析了水资源资产管理面临的新形势，提出了创新水资源资产产权制度建设的思路、原则和框架。希望本书能够对致力于水资源资产产权制度研究、草拟、执行和学习的机构和个人有所助益。由于水平有限，难免错误与不足，亦期待批评与指正。

作者：陈玉秋
2018 年 8 月于北京

目录

Contents

第 1 章
中国水情与历史上的治水

1.1　中国的水情

1.1.1　对水的基本认识

水与空气、阳光一样是人类生存不可或缺的物质。

1.1.1.1　水的概念

《管子》：“水者，何也，万物之本原也，诸生之宗室也。”

《新华字典》：水是一种无色、无臭、透明的液体；以雨的形式从云端降下的液体，无色无味且透明，形成河流、湖泊和海洋，分子式为 H_2O，是一切生物体的主要成分。

《维基百科》：水（Water）是一种透明的、无味的、几乎无色的化学物质，是地球溪流、湖泊和海洋的主要成分，也是大多数生物的体液。它的化学式是 H_2O。严格地说，水是指在标准环境温度和压力下存在的物质的液体状态；但通常也指它的固态（冰）或气态（蒸汽或水蒸气）。

1.1.1.2　水的特征

不可替代性。水是一切生命赖以生存且不可替代的要素。水作为生命之液哺育着人类和天地间万千生物。地球上的一切动物、植物都离不开水。截至目前，尚无水的替代物质。

有限性。陆地上的淡水储量占地球上水体总量的 2.53%，其中 68.69% 为固体冰川，主要分布在南北两极。目前可供人类利用的淡水储量约占全球总储水量的十万分之七。

不均衡性。首先，水资源空间分布不均衡。地球上有些地区水资源十分丰富，而有些地区则十分贫乏。据联合国教科文组织《世界水资源开发报告》统计，拉丁美洲是水资源最为丰富的地区，水资源约占全球总量的1/3，亚洲水资源约占全球总量的1/4。其次，水资源时间分布不均衡。受降水等各种自然因素影响，在一个地区，某个季节可能径流丰富，另一个季节则径流很少。以中国为例，中国夏季降水丰沛、径流多，冬季降水少、径流少。

可循环性。水循环是指大自然的水通过蒸发、水汽输送、降水、下渗、地下径流等环节，在水圈、大气圈、岩石圈、生物圈中进行连续运动的过程。海洋和陆地之间的水交换是水循环的主线。在太阳能的作用下，海洋表面的水蒸发到大气中形成水汽，水汽随大气环流运动，一部分进入陆地上空，在一定条件下形成雨雪等降水；大气降水到达地面后转化为地下水、土壤水和地表径流，地下径流和地表径流最终又回到海洋，由此形成淡水动态循环。

易污染性。水是量与质的统一。如果排放的污染物超过水的自净能力，水就会受到污染，影响其使用。

利害双重性。水为人们生活生产所必须。同时，由于水资源时空分布的不均衡性和受气候的影响，因水多、水少而产生的洪涝、干旱等严重威胁人类的生命、财产安全，历来被人们视为灾害。

价值双重性。水是生命之源、生产之要，具有生活资料和生产资料的双重属性，因而同时具有使用价值与交换价值。

1.1.2 水与人类的关系

水是生命之源，生产之要，生态之基（见图1.1）。

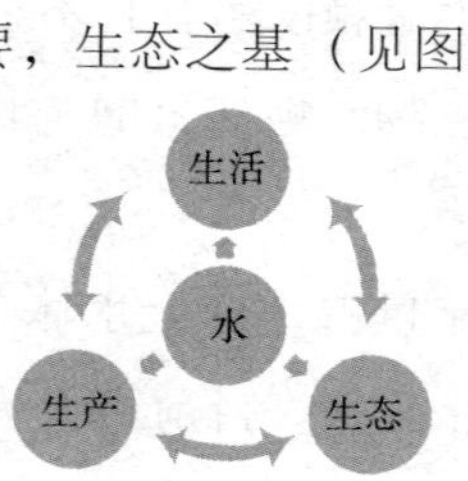

图1.1 水与人类的关系

根据《中国水资源公报》，2004 ~ 2015 年，我国年平均用水总量为 6 482.90 亿立方米，其中生活用水占 12%，工业用水占 23%，农业用水占 63%，生态用水占 2%（见图 1.2）。

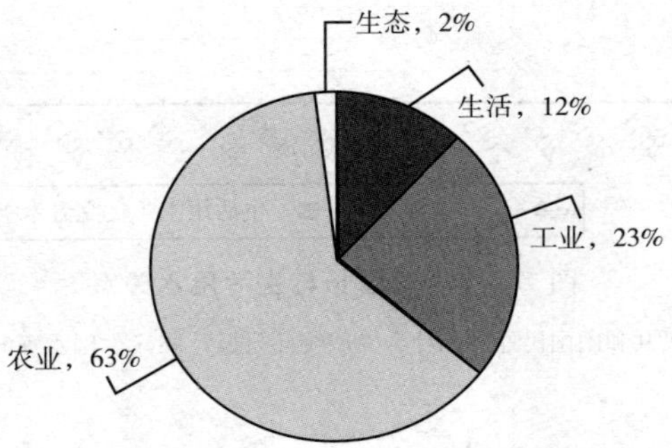

图 1.2　我国各类用水平均占比（2004 ~ 2015 年）

资料来源：《中国水资源公报》，2004 ~ 2015 年。

1.1.2.1　水与人类生存

水是生命之源，人体内的水分，大约占体重的 65%。其中，脑髓含水 75%，血液含水 83%，肌肉含水 76%，连坚硬的骨胳里也含有 22% 的水。人体一旦缺水，会造成严重后果：缺水 1% ~ 2%，感觉到渴；缺水 5%，口干舌燥，皮肤起皱，意识不清，甚至出现幻视；缺水 15%，往往甚于饥饿。没有食物，人可以活较长时间，如果连水也没有，最多能活一周左右。随着我国人口的增长，生活用水也随之增长。根据《国民经济和社会发展统计公报》和《水资源公报》分析，2001 年，我国人口 12.76 亿，当年生活用水量 376.37 亿立方米；到 2015 年，我国人口增长到 13.75 亿，当年生活用水量随之增长到 793.5 亿立方米。15 年间，我国人口增长 7.8%，年均增长 0.52%；生活用水量增长 111%，年均增长 7.4%（见图 1.3）。

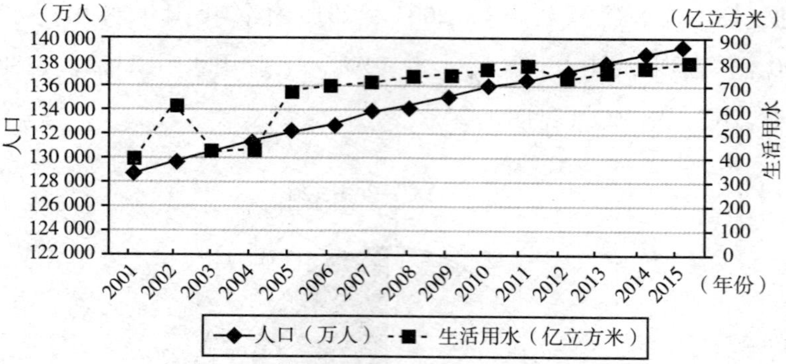

图 1.3　人口增长与生活用水关系

资料来源：《中华人民共和国国民经济和社会发展统计公报》和《中国水资源公报》，2001 ~2015 年。

1.1.2.2　水与人类生产

水是人类生产活动中必不可少的物质要素。

首先，水利是农业的命脉。在全球范围内，灌溉农业的产量是雨养农业的 2.7 倍，灌溉在粮食生产中发挥着重要作用。经合组织（OECD）国家中，农业用水取水量占总量的 44%，但这个比例在 8 个严重依赖灌溉农业的国家则高达 60%，在金砖四国（巴西、俄罗斯联邦、印度和中国），农业占总取水量的 74%，在最不发达国家，这个数字可高达 90%。世界人口预计将从 2010 年的 69 亿增至 2030 年的 83 亿，到 2050 年增至 91 亿。到 2030 年，粮食需求预计将增长 50%，到 2050 年增长 70%。粮食需求的增长意味着将大量增加水的消耗，导致用水竞争的加剧。华夏民族是农耕民族，历史上治水基本上是围绕农业生产开展的。当今社会，中国作为一个人口大国，粮食生产依旧是国家发展战略的重要组成部分。据统计，2001 年，我国粮食产量 4.53 亿吨，当年农业用水量 3 484.94 亿立方米；到 2015 年，我国粮食产量 6.21 亿吨，当年农业用水量 3 852.2 亿立方米。15 年间，我国粮食产量增长 37%，年均增长 2.47%；农业用水量增长 11%，年均农业用水量增长 0.73%（见图 1.4）。

其次，水是工业生产的要素。相对于农业而言，工业用水量相对较少，粗略估计，全世界大约 20% 的淡水资源用于工业，而不同国家之间差距较大。一

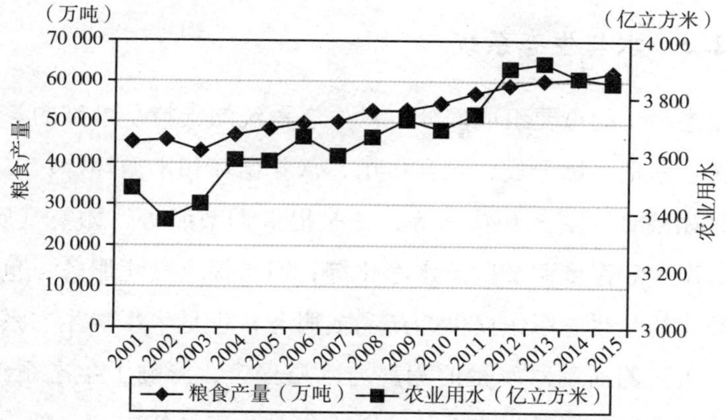

图 1.4　粮食产量与农业用水关系

资料来源：《中华人民共和国国民经济和社会发展统计公报》和《中国水资源公报》，2001～2015年。

个国家工业部门需水量占全国需水量的比例与该国的平均收入水平成正比，在低收入国家，这一比例仅为5%左右，而在一些高收入国家则高达40%。这表明，一个国家或地区的经济发展是其工业用水的重要推动力。随着我国工业化的发展，工业生产对用水需求不断增长。据统计，2001年，我国工业产值42 607亿元人民币，当年工业用水1 141.24亿立方米；2015年，我国工业产值达228 974亿元人民币，当年工业用水1 334.8亿立方米。15年间，我国工业产值增长437%，年均增长29%；工业用水量增长17%，年均增长1.13%（见图1.5）。

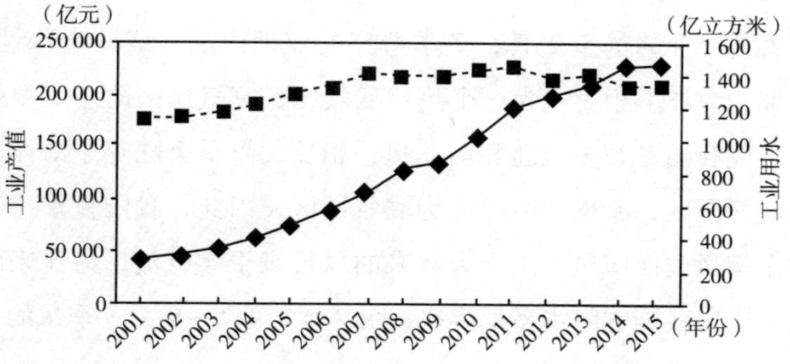

图 1.5　工业产值与工业用水关系

资料来源：《中华人民共和国国民经济和社会发展统计公报》和《中国水资源公报》，2001～2015年。

1.1.2.3 水与生态系统

水是生态系统的重要组成部分，对生态系统的支持是多维的。一是提供支撑性服务，包括土壤形成，光合作用，营养循环和水循环等；二是提供供应性服务，如粮食、草药和淡水等；三是提供调节服务，如空气质量调节、气候调节、温度和湿度调节以及水净化等；四是提供文化服务，也即景观价值。水量和水质是生态系统提供的产品或服务，也是水影响生态系统发挥功能的方式。人类的活动对水量的消耗与水质侵害，影响了生态系统的循环，打破了生态平衡，破坏了生态系统，而人作为生态系统中的一部分，也必将遭受到生态环境恶化的负面影响。①

1.1.3 我国的基本水情

1.1.3.1 我国的地理位置、气候与降水

我国位于地球的东北半球，亚欧大陆东部，太平洋西岸，地跨热带、北温带，其中大部分位于北温带，东部和南部临海，自北而南为渤海、黄海、东海、南海，因此，我国气候有显著的季风特色。我国绝大多数地区一年中风向发生着规律性的季节更替，冬季严寒的亚洲内陆形成一个冷性高气压，东部和南部的海洋上相对成为一个热性低气压，高气压区的空气要流向低气压区，就形成我国冬季多偏北和西北风；相反，夏季大陆热于海洋，高温的大陆成为低气压区，凉爽的海洋成为高气压区，因此，我国夏季盛行从海洋向大陆的东南风或西南风。由于大陆来的风带来干燥气流，海洋来的风带来湿润空气，所以我国的降水多发生在偏南风盛行的5～9月。季风的影响是导

---

① 《联合国世界水发展报告》第四版之《不确定性和风险条件下的水管理》（第一卷），联合国教科文组织编著，水利部发展研究中心编译，中国水利水电出版社，2013年。

致降水时空分配不均的主要原因，受夏季风的影响，我国降水自东南沿海向西北内陆逐渐减少，且夏秋多，冬春少，全年降水量集中在夏季，冬季降水一般不足全年的 10%。在特殊的地理气候条件下，我国时常出现连续丰水年或连续枯水年，灾害性天气频发重发，其中洪涝、干旱、台风是对我国影响最为严重的自然灾害。

1.1.3.2　中国水系分布

流域（valley；riverbasin；drainagebasin），是指河流的干流和支流所流过的整个区域。流域内所有河流、湖泊等各种水体组成的水网系统，称作水系（River system）。我国大陆地区由于地域的宽广，气候和地形差异极大，境内河流主要流向太平洋，其次为印度洋，少量流入北冰洋。我国境内“七大水系”均为河流构成，自北向南依次是：松花江水系、辽河水系、海河水系、黄河水系、淮河水系、长江水系和珠江水系。

黄河水系。在我国 5000 年文明史中，黄河流域长期处于政治、经济、文化的中心地位。在世界四大文明古国中，唯有起源于黄河流域的华夏文明一脉相承、绵延不断。

黄河，是我国第二大河，世界第五大长河。干流全长约 5 464 公里，流域面积 79.5 万平方公里，发源于青藏高原巴彦喀拉山北麓的约古宗列盆地，自西向东流经青海、四川、甘肃、宁夏、内蒙古、陕西、山西、河南及山东等 9 个省（自治区），在山东省垦利注入渤海。

黄河横贯青藏高原、内蒙古高原、黄土高原和华北平原四个地貌单元，大致分为三段。自河源至内蒙古托克托县的河口镇为黄河上游，干流河道长 3 472 公里，河源至宁夏下河沿一段黄河流经高山峡谷，水流湍急，落差集中，是重要的水电基地，建设了龙羊峡水电站、青龙峡水电站等；下河沿至河口镇一段黄河流经河套平原，两岸分布着大面积的引黄灌区（人称“塞上江南”）。河口镇至河南郑州桃花峪为黄河中游，干流河道长 1 206 公里，绝大部分支流地处黄土高原，水土流失严重，区间增加沙量占黄河沙量的

92%，为黄河泥沙的主要来源。桃花峪以下至入海口为黄河下游，是举世闻名的“地上悬河”，目前河床高出背河地面 4 – 6 米，成为淮河和海河流域的分水岭。从桃花峪至河口，主要依靠堤防挡水，历史上堤防决口频繁，成为中华民族的心腹之患。

黄河流域位于我国北中部，属于大陆性气候，降水量由东南向西北递减，秦岭一带年降水量超过 800 毫米，河套平原年降水量只有 200 毫米左右；且年内降水量分配极不均匀，连续最大的 4 个月降水量占年降水量的 68.3%。

黄河洪水按成因可分为暴雨洪水和冰凌洪水两种类型。暴雨洪水主要来自上游和中游，多发生在 6 – 10 月，中游洪水具有洪峰高、历时短、陡涨陡落的特点，黄河下游的主要洪灾来自中游，历史上花园口站大于 8 000 立方米/秒的洪水以中游来水为主。冰凌洪水主要发生在上游宁蒙河段特别是内蒙古三盛公以下河段和下游山东河段。由于两河段均为自低纬度流向高纬度，易冬季结冰，春季化冻后形成冰凌洪水，人称“桃花汛”。

黄河泥沙主要来自中游的黄土高原，64 万平方公里的高原水土流失面积达 45.4 万平方公里。黄河多年平均输沙量 16 亿吨，是亚马逊河的 1.8 倍，长江的 3 倍，若堆成高、宽各 1 米的土堤，可绕地球赤道 27 圈。黄河多年平均含沙量 $35kg/m^3$，输沙量和含沙量为世界大江大河之最。水少沙多，水沙关系不协调是黄河复杂难治的根源。

由于黄河流域降水量不均和泥沙问题，历史上水旱灾害十分频繁、剧烈。据不完全统计，黄河下游堤防在 1949 年以前的 2 000 多年里，有记载的决口改道就有 1 500 余次，平均三年两决口。西起郑州，北至天津，南达江淮的黄淮海大平原上，黄河时而北流注入渤海，时而南下夺淮入黄海，洪水波及的范围达 25 万平方公里。据《禹贡》记载，周定王五年（公元前 602 年）黄河的迁徙，为有史以来黄河第一次大改道。从周定王五年到中华民国年间，黄河大致沿着北、中、南三线交替入海，北从马颊河以北至天津入海，历时约 670 年；南夺淮入海，历时约 720 余年；中路，即沿现河道于山东垦利附近入海，历时 1 211 年。

长江水系。长江，是我国第一大河，干流全长 6 397 公里，比黄河（5 464 公里）长 900 余公里；水资源总量 9 616 亿立方米，约占全国河流径流总量的 36%，为黄河水量的 20 倍。长江流域位于我国社会经济的腹地，自然资源非常丰富。长江流域也历来为中国最富饶、适合于人类生存的区域。因此，人们称长江为中华民族的另一条母亲河。

长江发源于"世界屋脊"——青藏高原的唐古拉山脉各拉丹冬峰西南侧，干流流经青海、西藏、四川、云南、重庆、湖北、湖南、江西、安徽、江苏和上海等 11 个省（自治区、直辖市），于崇明岛以东注入东海，全长 6 397 公里，在世界大河中，长度仅次于非洲的尼罗河和南美洲的亚马逊河，居世界第三位。长江流域水系丰沛，支流众多，流域面积达 180 万平方公里，几乎占中国土地总面积的 1/5。长江是中国水量最丰富的河流，水资源总量 9 616 亿立方米，在世界大河中，仅次于赤道雨林地带的亚马逊河和刚果河（扎伊尔河），居第三位。

长江干流自湖北宜昌市以上为上游，长 4 504 公里，占长江全长的 70.4%；落差约 5 100 米，约占全江落差的 95%，水能资源丰富；宜昌市至江西湖口县为中游，长 955 公里，本段自枝城至城陵矶为著名的荆江，水道十分复杂；湖口县至出海口为下游、长 938 公里。长江流经青藏高原、云贵高原及其边缘山地、秦岭、大巴山，其流域面积占流域总面积的一半以上，水能资源蕴藏量占全流域的 70% 以上。由于丰沛的水量和 5 400 多米的巨大落差，长江的水能蕴藏量达到 2.68 亿千瓦，占我国水能蕴藏量的 40%，相当于美国、加拿大、日本三国的水能蕴藏量总和。据有关普查资料显示，长江流域可开发的水能资源，总装机容量近 2 亿千瓦，占全国的一半以上。长江上、中、下游分布着五大平原，分别为上游的川西平原，中下游的两湖平原、皖中平原、鄱阳湖平原和长江三角洲平原。长江流域的耕地仅占全国耕地总面积的 1/4，但粮食产量约占全国粮食总产量的 34%，其中水稻产量约占全国的 70%，棉花产量占全国的 1/3 以上。长江中下游是我国最大的淡水湖区，平原上大大小小的湖泊星罗棋布，数以千计，湖泊面积近 2 万平方公里，接近全国湖泊总面积的1/5，这些湖泊与长江相通，大多具有调节江水的功能。其中较大的有洞庭湖、鄱阳湖、巢湖和太湖等。

同时，长江干流全长6 300多公里，目前通航里程已达3 600多公里，为我国东西交通的主要通道之一。2014年9月，国务院印发《关于依托黄金水道推动长江经济带发展的指导意见》，部署将长江经济带建设成为具有全球影响力的内河经济带、东中西互动合作的协调发展带、沿海沿江沿边全面推进的对内对外开放带和生态文明建设的先行示范带。

松花江水系和辽河水系。东北地区江河湖泊星罗棋布，内陆主要有两大水系，一个是松花江水系，另一个是辽河水系，形成辽河平原、松嫩平原和东北部的三江平原。松花江是黑龙江右岸支流，松花江有南北两源，北源发源于大兴安岭支脉伊勒呼里山的嫩江，南源发源于长白山天池的西流松花江。水文上以南源为正源，北源嫩江一般作为支流。从正源（南源）算起，松花江长度为1 927公里；从北源算起，松花江长度为2 309公里。松花江流域面积56.12万平方公里，按其流域面积及径流量，松花江位居全国第三。松花江流域的一大特点就是湖泊泡沼多，大小湖泊600多个，如镜泊湖等，这些湖泊对调节松花江径流和滞蓄洪水起到了一定作用。松花江是我国重要通航河流，是连接内地与边境地区的重要水运干线，也是一条通航里程长、河道稳定的优良通航河流，按通航吨公里比较仅逊于长江，居全国第二位。辽河位于东北地区西南部，发源于河北省七老图山脉的光头山，流经河北、内蒙古、吉林和辽宁四省（自治区），在辽宁省盘锦市注入渤海，全长1 345公里，流域面积23.47万平方公里。辽河为平原季节性河流，具有“天旱干涸，暴雨溢槽”的特点，平时流量不大，一到汛期就如脱缰野马。

目前，东北地区已成为我国的“水稻黄金带”，粮食种植面积和产量均占全国的1/5，其中精稻种植面积占全国的46%，产量占50%以上。黑龙江省近年来年产稻谷在1亿吨左右，精米700万吨，其中400万吨销往省外，外销率超过50%。辽宁、吉林省正常情况下年外调商品稻谷分别达到50万吨和100万吨。这与松辽流域丰富的水资源以及灌溉农业的发展密不可分。

海河水系。海河有狭义和广义之分，狭义的海河即指海河干流，从天津市区三岔河口到海河入渤海的入口——大沽口；广义的海河是指海河水系，由北运河、永定河、大清河、子牙河、漳卫南运河五大支流和海河干流组成。

战国中叶以前，今天海河平原的主角是黄河。黄河远离海河平原始于南宋。南宋建炎二年（1 128 年），面对来势汹汹的金兵，东京留守杜充想不出更好的御敌之策，便“决开黄河，自泗入淮，以阻金兵”①，扒口的地点在滑县的李固渡（今滑县西南，濮阳与东明之间）。这次人为的扒口造成了黄河历史上第四次大改道，开启了黄河夺淮入海长达 727 年历史的序幕。从此，黄河离开海河平原。黄河南徙后，海河水系彻底摆脱黄河的干扰，形成独立稳定的水系，历千年而不易。

海河流域具有山地、高原、盆地、平原等地貌形态，山地和高原面积占流域面积的 60%；平原占 40%。海河流域属温带半湿润、半干旱大陆季风气候区，降水量自南向北、自东向西呈递减态势，多年平均降水量 400 - 550 毫米，降水量小且集中，汛期（6 - 9 月）降水量占 80%。海河流域降水年际分配不均匀，丰水年与枯水年的降水量可相差三四倍甚至更多，干旱和洪涝交替出现。

位于海河流域的河北省是典型的资源型缺水省份，水资源量人均 307 立方米，仅为全国平均值的 1/7。由于水资源匮乏，近 30 年来累计超采地下水 1 500 亿立方米，超采区面积达 6.7 万平方公里，成为全国最大的地下水漏斗区，引发了地面沉降、湿地萎缩等一系列地质环境灾害。

淮河水系。在中国的版图上，九曲十八弯的黄河与万里长江之间，有一条东西流向的大河——淮河。

淮河流域地处我国东部，西起桐柏山、伏牛山，东临黄海，由西向东流经河南、湖北、安徽和江苏四省，干流在江苏扬州三江营入长江，全长约 1 000 公里。淮河流域面积 27 万平方公里，流域内以废黄河为界，分为淮河

① ［元］脱脱，等，宋史 · 高宗本纪，北京：中华书局，1977。

和沂沭泗河两大水系。淮河下游主要有入江水道、入海水道、苏北灌溉总渠和分淮入沂四条出路。

淮河流域地处我国南北气候过渡带，北部属于暖温带半湿润季风气候区，南部属于亚热带湿润季风气候区。流域内气候复杂多变，降水量年际变化大，年内时空分布极不均匀。流域多年平均降水量为875毫米，北部沿黄地区为600－700毫米，南部山区可达1 400－1 600毫米，汛期（6－9月）降水量约占年降水量的70%，且常以暴雨形式短期集中下降，极易发生暴雨洪涝灾害。

淮河原为一条独流入海的河流，自12世纪起，黄河夺淮入海700年，打乱了淮河水系，淤塞了淮河中下游河道，极大地改变了淮河流域原有水系形态，加重了淮河水患。

珠江水系。珠江是西江、北江、东江和珠江三角洲诸河的总称。主干流西江发源于云南省曲靖市马雄山东麓，在广东省佛山市三水区与北江相汇后入珠江三角洲网河区，经西江干流水道注入南海，干流长2 214公里。流域面积45.37万平方公里，其中44.21万平方公里在中国境内，1.16万平方公里在越南境内。

珠江流域气候温暖多雨，多年平均降水量1 470毫米，降水分布由东向西递减，年内分配不均匀，汛期（4－9月）降水量超过1 000毫米，占全年降水80%以上。根据《珠江流域综合规划（2012－2030）》，珠江流域水量充沛，河流自然落差较大，水能资源丰富，理念蕴藏量3 939万千瓦，年发电量3 477亿千瓦时。珠江流域水资源时空分布不均，东部水多，西部水少；沿海水多，内陆水少；下游水多，上游水少；夏秋水多，冬春水少；中上游山区旱灾频繁，局部受山洪危害较大；下游三角洲洪涝较多，也常遭台风暴潮的侵袭，水旱灾害比较突出。据统计，自汉代到1949年，珠江流域发生过大水灾408次，大旱灾77次。1949～2000年，发生流域性大洪水14次，平均每两年发生一次小洪水。1986～2000年，登陆影响流域中心风力在8级以上的热带气旋多达68个。

1.1.4　历史上的水旱灾害

由于独特的地理位置和气候条件，中国历史上水旱灾害严重。当代学者邓拓在《中国救荒史》中指出：中国在 20 世纪 40 年代之前的“此三千数百余年间，几于无年无灾，从亦无年不荒；西欧学者，甚有称我国为‘饥荒之国度’者，诚非过言”。

据邓拓统计，公元前 18 世纪到 20 世纪 40 年代，中国有记载的水灾 1 058 起，旱灾 1 074 起，约占全部灾害的 40% 以上。[①]

1.1.4.1　历史上的水灾

大禹治水是人们对中国历史上水灾最为鲜明的印象。从一定意义上说，中华民族与洪涝灾害作斗争的历史，就是一部中华民族的发展史。

据学者统计，从西汉至南北朝的 785 年间，共发生水灾 162 次，平均每 4.8 年一次。隋、唐、五代十国时期，有据可查的水灾达 163 次，平均每 2.3 年发生一次水灾。这一时期水灾发生的频率较前一个历史时期的发生频率平均高了近一倍。此后，宋朝发生过 232 次水灾，其中有 57 次河堤决口。宋朝从宋太祖建隆元年（960 年）到宋帝昺祥兴二年（1279 年）的 319 年间仅有 22 年风调雨顺，占比 6.9%。元朝从忽必烈改国号为元的 1271 年到 1367 年（元朝灭亡）的 96 年间，发生水灾 116 次，平均每年发生 1.19 次，大小河堤决口 33 次。明朝发生水灾 278 次，平均每年发生 1 次，大小河堤决口 34 次。清朝发生水灾 416 次，平均每年 1.4 次，大小河堤决口 15 次。[②]

20 世纪前期，水灾频繁，1930 年辽西大、小凌河、1931 年江淮、1932 年松花江、1933 年黄河、1935 年长江中游、1939 年海河先后爆发大洪水。

---

① 邓拓文集·第二卷，北京出版社，1986。
② 桂慕文：《中国古代自然灾害史概说》，农业考古，1997（3）。

1.1.4.2 历史上的旱灾

后羿射日的故事反映了我国古代先民们与旱灾斗争的历史。如果说大禹是治水英雄，那么，后羿就是我国历史上最早的抗旱英雄。我国在进入阶级社会以前，农业生产力水平低下，土地开垦有限。夏朝之后，随着铁制工具的大量使用，烧山、伐木等活动能够大规模的开展，农业发展，人口增加，森林减少，生态遭到破坏，干旱现象开始明显增多。到春秋战国时期，农业生产中的主要灾害不是洪水内涝，而是干旱。

民国时期，国内外学者何西（A. Hosie）、竺可桢、陈达、邓拓等曾利用《古今图书集成》《东华录》以及其他文献记载，对中国历史上的水旱灾害进行统计，其结果均无一例外地显示，旱灾发生的次数多于水灾。据邓拓《中国救荒史》的统计结果，自公元前1766年至1937年，共发生旱灾1 074次，平均约每3年4个月便有1次；水灾共1 058次，平均每3年5个月1次。[①]

在西汉至南北朝共785年中，有史料记载的旱灾达179次，平均每4.3年1次。隋、唐、五代十国时期，有据可查的旱灾共发生170次，平均每2.2年发生1次。这段时间平均较前一个历史时期的发生频率增大了近1倍。在国祚仅39年的隋王朝，就发生了8次旱灾。唐朝发生旱灾125次，平均每2.3年发生1次。宋、元、明、清四个朝代951年间，共发生旱灾912次，接近每年发生1次。[②]

据美国学者郑麒来对历代正史资料的统计，自汉代以来，因各类自然灾害导致的求生性食人事件，其中至少有50%以上是由干旱引起的。纵观中国历史，旱灾给中国人民带来的灾难，对中华文明造成的破坏，要远比其他灾害严重得多。

中国近代旱灾依旧频繁，严重破坏了社会生产力，不断造成人民生命财

---

① 邓拓文集·第二卷，北京出版社，1986。

② 桂慕文：《中国古代自然灾害史概说》，农业考古，1997（3）。

产的重大损失。1920 年，山东、河南、山西、陕西、河北等省遭受1840 年以来最大的一次旱灾，灾民达 2 000 万人，死亡 50 万人。两年之后，1922 年黄河流域连续 11 年大旱。干旱从黄河中游开始，逐年向东、向南扩展，到 1928 ~ 1930 年旱情骤然加剧。1934 年，华东、华北、华南三区及西南、西北部分地区都出现了严重的旱情，其中最为严重的是长江中下游地区。安徽全省“四十九县塘坝尽竭”，全县灾民 870 万人，为百年来未有的特大干旱。江苏南部大旱，上海的高温酷热打破了 60 年来的纪录。太湖水竭，西湖见底，素称“江南粮仓”的苏、浙、皖三省颗粒无收。1942 年，遭遇极重干旱年。旱区主要在华北、西北及东北地区，除吉林、辽宁、河北部分地区及天津、北京旱情较重外，黄河流域各省，尤其是河南省旱情极重，饿死 300 余万人。

1.2　中国历史上的治水

我国是个以农立国的文明古国，农业发展历史悠久。自从先民们掌握了植物栽培技术，农业在我国就出现了。水作为农业的必备条件，在农业生产中占据举足轻重的地位。中国历史上历朝各代都非常重视水利建设，所谓“善治国者必善治水”。可以说，治水贯穿于中华文明起源与发展的整个进程。中国历史上的治水是围绕着“兴水利、除水害”展开的。

1.2.1　治黄思路变迁

源远流长的黄河被誉为中华民族的“母亲河”，人类学家则把黄河称作“中华民族的摇篮”。历史上黄河哺育了中华儿女，也曾给两岸人民带来过深重灾难。从公元前 602 年到 1946 年的 2 500 多年里，有记载的黄河决口达 1 590 次，改道 26 次，其中重大的迁徙 5 次，平均“三年两决口，百年一改道”。决溢范围北至天津，南达江淮，纵横25万平方公里。洪水决溢后水退沙存，大量房舍、良田、河渠、道路、水井等被泥沙淤埋，土地沙化，对生态环境造成的影响，多年难以恢复。

因此，中国历史上的治水，以治理黄河为核心。有学者将黄河治理分为三个阶段：第一阶段为大禹治水到春秋末期（公元前476年前后），这一时期的治理以疏导和分流为主；第二个阶段为战国到明代后期（16世纪中叶），为分流治理到合流治理的过渡阶段，主要措施是筑堤和分流并用或交替使用；第三阶段为明代后期到新中国成立，以筑堤合流、束水攻沙为主。

1.2.1.1 大禹治水

大禹治水是我国流传最广的历史传说之一。在距今4 000多年的尧、舜、禹时代，正处于原始社会瓦解向奴隶社会过渡阶段。传说当时中国“洪水横流，泛滥于天下”，先民们忧苦不堪。每遇洪水，先民们则“择丘陵而处之”，采取逃避洪水的做法。

从被动逃避转为主动防御，始于共工。传说中“共工”是人名，也是氏族名。共工治水，采取“雍防百川，堕高堙卑”的办法：用土修筑堤埝（音同念，用土筑成的小堤或副堤，土埂。修地的一种方式，防止水土流失），或者从较高的地方取土、石，垫高较低的地带，以防止洪水泛滥。共工治水，在村落或部分农田修筑简单的围堤，只能拦阻一般的洪水，洪水一大就不行了。共工治水失败后，相传尧举行氏族部落会议，大家推荐鲧（音同滚）承担治水任务。鲧治水因循守旧，完全继承了共工氏的做法，以致9年都没成功，舜一怒之下放逐了鲧。舜又派鲧的儿子禹主持治水。禹接受父辈的教训，采取了“疏”与“导”相结合的办法治水。经过13年的努力，禹疏通了河道，沟通了黄河与济水、漯水的联系，实现分流入海；还引导河流进入湖泊，并对湖泽的低洼缺口进行了堵塞。于是，“九川既疏，九泽既洒，诸夏艾安，切施于三代”（《史记·河渠书》）。从大禹治水可以看出，在原始社会后期，以大禹为首的部族首领，已经认识到“因水以为师”的道理，就是向水学习，探求水的客观规律，在认识自然、顺应自然的基础上改造自然。

1.2.1.2　筑堤和分流相结合的治理阶段

春秋时期我国已有了修筑堤防的记载。战国时期，从奴隶社会向封建社会转型，中国进入农耕时代。修筑堤防得到迅速发展，秦统一六国后逐步形成了系统的堤防。堤防的形成是经济社会发展的必然选择，也是治河方略的一大进步。此后数千年传承不绝，就是其重要意义的最好说明。但由于黄河具有含沙量和输沙量大的特点，修筑堤防带来负面的影响——泥沙集中淤积于两堤之间，不断抬高河床，迫使堤防一再加高，形成地上“悬河”。一旦堤防决口，河水倾盆而下，对两岸居民的生命和生产带来的破坏力不言而喻。西汉时期，由于河道淤积，悬河发展，决溢灾害频繁，贾让提出“治河三策”：上策是不再修筑堤防，中策是只修一岸堤防，在一定范围内放任黄河自流，使其“宽缓而不迫”，而对“缮完提防”持完全否定的态度。贾让的主张受到一些人推崇，但从未被认真采纳过。东汉时期的王景就改道后的新河修筑堤防，因势利导取得了治河成功，迎来了大禹治水后的第二个安澜时期。

1.2.1.3　合流攻沙为主的治理阶段

到明代中期，对黄河的治理实行分流策略而造成泥沙淤积，河道乱流，已经到了难以收拾的地步。这时万恭、潘季驯等人提出了“筑堤束水，以水攻沙”的治河思想，一时展开了“分流”与“合流”之争。主张分流的人认为，疏导分流是大禹治水的成功经验，是亘古不变的圣人之法，为当时治河思想主流。主张合流的人则从水和沙的相互作用提出了不同的见解。潘季驯在《河议辨惑》中指出：“水分则势缓，势缓则沙停，沙停则河饱，尺寸之水皆由沙面，止见其高，水合则势猛，势猛则沙刷，沙刷则河深，寻丈之水皆由河底，止见其卑。筑堤束水，以水攻沙，水不奔溢于两旁，则必直刷乎河底。一定之理，必然之势，此合之所以愈于分也”。现代泥沙研究显示，水流的挟沙能力近似与流量的平方成正比。筑堤束水显然大大地提高了输沙的能力。潘季驯指出筑堤束水，可以增加水势，刷深河道，有利于输沙入海、减少河道淤积，与现代泥沙运动理论相吻合。我国治水人早在400多年前就有如此见解，是十分难能可贵的。潘季驯在其主持治黄期间（1565～1592年）堵塞决口，截支强干，筑堤束水，以水攻沙，并利用洪泽湖蓄清刷黄，改变了此前河道"忽东忽西，靡有定向"的乱流局面，取得了为后人称道的治黄成就。

此后，大都实行合流治黄，虽然在归顺河道、减少灾害方面起到了积极的作用，但河道的淤积抬高始终没有得到解决。1855年黄河再一次在铜瓦厢（今河南兰考）决口改道。

1.2.2 古代水利工程

我国古代历朝统治者都将治水兴利作为治国安邦之策。先民们在"兴水利，除水害"思想指导下，发挥智慧兴修了许多水利工程，防止了水害，保障了农业灌溉生产，实现了华夏文明的延续和发展。其中，一些水利工程历经千年，仍在发挥作用，成为今人治水工程设计、建设"活的教材"。

1.2.2.1 古代堤防工程

"修毁不止"的黄河大堤。古代防洪，以修筑堤防为主要手段。根据史料记载，黄河大堤是中国历史上最早的防洪工程。黄河大堤由传说中的共工氏修筑。共工氏居住在黄河中游，汛期洪水时，为保护村落，搬来泥土石块，在离河一定距离的低处筑起简单堤防以御洪水。尧、舜时期，发生世纪大洪水，"汤汤洪水方割，荡荡怀山襄陵"。尧命部落首领鲧治水。鲧治水不利，又以其子禹主持治水。禹在总结鲧以"堵"为主导致失败的教训，采用"疏"的方法，疏通河道，排泄渍涝。经过长达13年的治理，洪水归槽，水患平息，人们从丘陵高地回到肥沃的平原。为纪念禹的治水功绩，后人尊称其为“大禹”，并将其疏浚的黄河下游河道称为“大禹故道”。秦统一中国后，“决通川防，夷去险阻”，对不合理的堤防进行了调整，使堤防工程规格逐渐趋于统一。后经历代，随着时间的推移，黄河泥沙问题日趋严重，河患灾难日深，自西汉至明清，历朝都投资投劳修筑黄河大堤，黄河大堤修筑陷入由乱而治、由治转乱、再由乱而治的循环。

“历史铸就”的荆江大堤。荆江，长江自湖北省枝江到湖南省岳阳县城陵矶段的别称，全长 360 公里，藕池口以上称上荆江，以下称下荆江。知道黄河是悬河的人很多，知道长江荆江河段“船在屋顶走”的人却较少。荆江河道蜿蜒曲折，下荆江尤为典型。绵延 240 公里的下荆江河道，直线长度仅有 80 公里，江流在这里绕了 16 个大弯，素有“九曲回肠”之称。河道弯曲，水流速减缓，泥沙持续堆积，荆江河床不断被抬高，甚至连枯水季节也高于北岸地面，大水时在荆州的楼房上眺望江面的船舶，仿佛从屋顶上驶过一般。每逢汛期，弯曲的河道导致洪水宣泄不畅，加之上游洪水又常与清江、沮漳河及洞庭湖相遇，极易溃堤成灾。民谚有云：“长江万里长，险段在荆江。”荆江从古至今都是长江洪涝最频发的河段。荆江大堤所保护的地区，自古就是一块河网交叉、湖泊众多的冲积平原。这块土地上的楚国是春秋时期最会治水的一个国家，在荆江尚未形成明显河床形态时，楚国就用零星分散的堤垸挡水。根据史料记载，春秋时代楚庄王推行“耕战政策”，令尹（楚国的最高官衔）孙叔敖曾提倡“宣导川谷，陂障源泉，灌溉沃泽，堤防湖浦以为池沼”。堤防湖浦就是指沿湖修筑挡水堤垸，这可以算是荆江大堤的雏形。荆江大堤始建于东晋永和年间（345～356 年），当时桓温镇守荆州，在长江北岸修筑金堤。南北朝时，长江北岸大堤不断延伸，南岸出现零星堤防。由于荆江河段过水能力有限，除通过江道宣泄洪水外，还需仰仗沿线湖泊调蓄洪水。最初用来调蓄洪水的湖泊是云梦泽，后被洞庭湖所取代。而围绕荆江大堤开穴口分流与塞口还江，历朝都有不同的主张与实践。1936 年扬子江水利委员会建议于四口建滚水坝，得到水利学家李仪祉的赞同。其设计要求是：荆江涨水时，可自行分流入洞庭湖；在枯水期，到警戒水位以下时，可集中沙湾以刷深荆江河床，减少入洞庭湖的泥沙，以维持洞庭湖的调蓄容积。虽然完全依靠洞庭湖的调蓄不足以解决荆江特大洪水的下泄问题，但洞庭湖的存在与利用却成为荆江防洪的关键，也是确保荆江大堤安全的关键。始于东晋，拓于两宋，分段筑于明，合于清，加固于新中国。这就是荆江大堤形成的年轮，它是一部中国水利工程史，也是一部人与水的抗争史。从东晋到民国的一千多年里，按荆江大堤留存堤身的段面计算，整个工程共完成土方2 900万立方米，石方23 万立方米，这些土和石头全部是由人工搬运垒筑完成。荆江大堤的修筑时间之长，耗费的人力、物力、财力之多，在中国水利史上也是少有的。它的每一寸延伸，每一寸增高，都是江汉平原的百姓与洪水不屈抗争的记载。①

1.2.2.2 古代灌溉工程

水利是农业的命脉。在以农业经济为主的封建社会更是离不开水利。兴修水利工程，实现农田水利有效灌溉，保障粮食稳产、高产，进而提升国力，成为历代统治者的一大政治任务。因此，中国灌溉工程起源久远，类型丰富，分布广泛，有的水利工程至今仍在发挥作用，可见古人智慧。

“聪明反被聪明误”的郑国渠。郑国渠是黄河流域的古老灌区，也是我国古代著名水利工程，位于今天的陕西省泾阳县西北25 公里的泾河北岸。郑国渠始建于秦始皇元年（公元前 246 年），当时秦国的实力与日俱增，统一六国的条件日臻成熟。作为近邻的韩国深恐自己成为秦国统一首当其冲的目标，拟定了一个旨在“疲秦”的策略：派一名叫郑国的水工（水利工程师）前往秦国游说秦王修建大型水利工程，企图藉此来消耗秦国的人力、物力，以达到其阻止或延缓秦国东征六国的目的。事与愿违，经过十多年的工程建设，因郑国渠的有效灌溉大大提升了秦国的粮食产量，修渠非但没有消耗秦国，反而增强了秦国国力，并最终成就了秦统一中国的大业。据史料记载，郑国渠长“三百余里”，流经今泾阳、三原、高陵、富平、蒲城、白水等6

---

① 荆江大堤——历史筑就的千年古堤 2015 - 07 - 01 中国国家地理。

县，干渠横跨冶峪水、清峪水、浊峪水、漆沮水（石川河），流入洛水，4 万顷（合 280 万亩）土地全部实现自流灌溉，足见设计之精妙。郑国渠修成后，大大改变了关中的农业生产面貌，“用注填淤之水，溉泽卤之地”（《史记·河渠书》），也就是用含泥沙量较大的泾水进行灌溉，增加土质肥力，农业迅速发达起来，雨量稀少、土地贫瘠的关中，变得富庶甲天下。郑国渠成功的工程规划为后来的灌区扩展奠定了基础。西汉汉武帝时期，沿郑国渠向南修建了一条新干渠——白渠，后改名“郑白渠”，此后郑国渠历经修建。直至 20 世纪 30 年代，从德国留学归国的水利学家、时任陕西省水利局局长的李仪祉，主持修建了泾惠渠，部分利用了原有的渠道，使得拥有 2 000 年历史的引泾灌溉得到恢复，灌溉面积一时达到 3. 3 万顷。2016 年郑国渠申遗成功，成为陕西省第一处世界灌溉工程遗产。

“惠及千年”的都江堰。灌溉成都平原的都江堰水利工程，前后历经 2 200 多年，是我国古代水利工程的稀世珍宝，有防洪、灌溉及航运三利。都江堰不仅为我国水利史上的伟大成就，也是世界水利史上利用自然而不破坏自然的典范。都江堰位于四川成都西侧灌县境内。春秋战国时期，诸侯争霸，秦国以雄厚的军事力量吞并蜀国占据了成都平原。公元前 277 年，为解决成都平原水旱灾害，秦孝文王派中原人李冰任蜀郡太守。李冰在吸取前人治理岷江经验的基础上，因地制宜地利用“弯道原理”和劈山技术，于成都平原顶点，岷江出山口的江心中“造堋壅水”，叠砌分水鱼嘴，把岷江一分为二。“外江”为岷江正流（南江），泄洪排沙；“内江”为灌溉水渠（北江），在玉垒山脚用人工开凿渠道，形成“宝瓶口”引水，以供航运灌溉之用。宝瓶口上游内外江之间则有“飞沙堰”，可以拦阻在宝瓶口外的过量洪水，引沙石泄入外江。都江堰的建成，使外江成为洪水和沙石的排泄通道，使内江水系范围内的政治经济中心——成都不仅解除了旱涝之害，同时又引入水源，满足了灌溉、通航和漂木的需求，成为古代水资源综合开发利用最为成功的典范。后魏郦道元《水经注》引南北朝《益州记》说：蜀郡“水旱从人，不知饥馑，沃野千里”，时人称为“天府”。都江堰造就了“天府之国”，被后人誉为“独奇千古”的镇川之宝，得到历代统治者的高度认同和积极维护。唐宋时期，都江堰的灌溉面积扩大到了成都平原的14个县，并逐步形成了冬季断流、春季淘淤的岁修制度。元明两代，都江堰堰工技术和工程结构得到了进一步完善并趋于成熟。清代，在治理和维护都江堰的同时，还形成了水费征收制度，并在整理治水经验的基础上，形成了“深淘滩，低作堰”等治水理论、经验和诀窍。2 000多年过去了，都江堰灌区已达到灌溉1 000万亩良田的能力。“清明放水节”这一当地人民喜迎春耕、祭祀李冰的庆典活动延续至今。今天，每一个到都江堰的人都会到“二王庙”缅怀膜拜一番。

“成就霸业”的芍陂。芍陂（音同雀碑）位于安丰城（今安徽省寿县境内），因水流经芍亭而得名，始建于春秋楚庄王时（公元前613年～前591年）。据《后汉书》和《水经注》记载，芍陂为楚相孙叔敖所建，距今已有2 500多年的历史。芍陂位于大别山的北麓余脉，东、南、西三面地势较高，北面地势低洼，向淮河倾斜。孙叔敖根据当地的地形特点，将三面山上流下来的溪水汇集于低洼的芍陂之中，修建五个水门，以石质闸门控制水量，“水涨则开门以疏之，水消则闭门以蓄之”，天旱有水灌田，又避免了水多洪涝成灾。芍陂建成后，安丰一带每年都生产出大量的粮食，很快成为楚国的经济要地。楚国更加强大起来，打败了当时实力雄厚的晋国军队，楚庄王也一跃成为“春秋五霸”之一。三百多年后，楚考烈王二十二年（公元前241年），楚国被秦国打败，考烈王便把都城迁到这里，并把寿春改名为郢。这固然是出于军事上的需要，也是由于水利奠定了这里的重要经济地位。芍陂经过战国秦汉六百多年漫长岁月，因久不修治而逐渐荒废。东汉建初八年（83年），水利专家王景任庐江太守，“驱率使民，修起荒废”，对芍陂进行了较大规模的修治。东晋时因灌区连年丰收，遂改名为“安丰塘”。如今芍陂已经成为淠史杭灌区的一座中型反调节水库，蓄水1亿立方米，灌溉面积63万亩，灌区粮食产量达6亿斤，同时实现了防洪、除涝、水产、航运等综合效益。1988年1月国务院确定安丰塘（芍陂）为全国重点文物保护单位。

“破除河伯娶妇陋习”的漳河渠。漳河渠又名西门豹渠，也称“引漳十二渠”，为中国最早的多首制灌溉工程，战国初期由西门豹主持兴建。战国初期，魏文侯以西门豹为邺（今河南安阳市北，河北临漳县西）令。西门豹上任伊始，便假借河伯娶妻的机会，以霹雳手段严厉惩治了地方恶霸势力，并“发民凿十二渠，引河水灌民田，田皆溉。”引漳水灌溉邺田，以改良盐碱地，发展生产。漳水渠设计合理，不但有引灌、洗碱、泄洪的作用，而且易于清淤修护，反映出当时农田灌溉事业的进步。直到汉初，漳河渠仍有很好的灌溉功效。由于灌溉工程的兴盛，曹魏时期的海河流域，一度成为全国重要的经济区。

1.2.2.3　古代水运工程

“最早的运河”邗沟。邗（音同含）沟是联系长江和淮河的古运河，是中国最早见于明确记载的运河。邗沟南起扬州以北的长江，北到淮安以北的淮河。春秋时期吴王夫差北上争霸，于公元前 486 ~ 前 484 年筑邗城（今扬州市），开通邗沟。邗沟开挖之初用于军事目的，但随着历史的变迁，邗沟逐渐成为我国东部平原地区的水上运输大动脉。东汉末年，邗沟即用于漕运。隋唐以后，邗沟成为保障朝廷供给的生命线。明清两代，邗沟的漕运地位更显重要，每到运粮季节，漕船“帆樯衔尾，绵亘数省”。

“水运动脉”鸿沟。鸿沟是最早直接打通黄河与淮河的人工运河，于战国中期由魏国修建。魏国地处战国七雄中央，是战国初期最早进行变法的国家。魏惠王时期，因国力盛极一时而意图称霸中原。为此，早在魏惠王九年（公元前 361 年）将都城由安邑（今山西夏县西北）迁至大梁（今河南开封市）。次年，开凿鸿沟。鸿沟凿成后，不仅改善了魏国的水上交通，由于水道可兼灌溉农田，还促进了魏国农业的发展。至战国中后期，鸿沟连通的水系所在流域成为我国最主要的产粮区之一。秦汉以来，鸿沟在黄淮间的水运交通中充分发挥了作用，东南大量的粮食通过内河进入中原，由鸿沟至汴梁，入黄河再送达关中。

1.2.3 古代治水思想

受地理位置、地形地貌、气候环境影响，我国降水时空分配不均且年际间变化大，这对农耕大国影响巨大。农业经济是国力的集中表现和长治久安的物质基础，因而通过对水的治理调剂丰枯、趋利避害，以保障粮食稳产、增产就成为中国历代统治者政治生活的重要内容。在此过程中，也形成了我国古代治水思想。

1.2.3.1 治水立国

在中国历史上，先有大禹治水，后有禹的儿子启建立第一个王朝“夏”。《管子·水地篇》中有云：“圣人之治于世也，其枢在水”。治水不仅成为立国之基，而且成为历代统治者立国之要。至清朝康熙年间（公元1662～1722年），江苏布政使慕天颜在奏章中写到“兴水利，而后有农功，有农功，而后裕国。”“治国必先治水”，成为历代统治者的共识。[①]

1.2.3.2 居安思危

由于水旱灾害的突发性，早期治水重在“治”。随着经济的发展和治水经验的积累，治水从重“治”到“防”、“治”结合。秉持“凡事预则立，不预则废”的理念，居安思危成为我国历代统治者的治水理念，进而上升为治国理念。

1.2.3.3 关注民生

《管子·形势解》：“蛟龙，水虫之神者也。乘于水则神立，失于水则神废。人主，天下之有威者也。得民则威立，失民则威废。蛟龙待得水而后立

---

① ［清］许永宣．西北水利改·卷1．清康熙39年刻本。

其神，人主待得民而后成其威”。以龙和水的关系比拟君主与百姓的关系。到唐朝进而发展为“水可载舟，亦可覆舟”的统治哲学。这种认识使历代统治者生发出关心百姓疾苦的思想，在水旱灾害发生时采取救民众于水火的举措。

1.2.3.4　择机治水

兴修水利工程为古代治水的重要措施，但兴修水利所费巨大，需考虑国家和民众的承受能力，择机实施。金世宗大定八年（公元 1168 年），黄河决口。有人建议大兴役，使河回故道，但河南统军使完颜宗叙反对复河，理由是在战争对峙期间，大兴工役，劳民伤财，动摇人心，恐给敌方以可乘之机。这充分表明了兴修水利时机的重要性。隋代初年，在国家经济恢复休养生息之际，决定开凿运河，给国家经济和民众带来了极大负担。当时全国人口尚不满 5 000 万，参加开凿运河的人就达 300 多万。在修河过程中，为追赶工期而增加负担，导致河工大量死亡。为解决男劳动力不足的问题，当时官府甚至让妇女参加修河。过度的盘剥与劳役超过了民众承受的底线，大业 7 年（公元 611 年），山东邹平人王薄起义反隋，此后农民起义如熊熊烈火，隋朝灭亡。隋代开凿大运河互通南北经济，是一件功在当代、利在千秋的事情。但因选择了一个不恰当的时机，最终成为导致隋朝灭亡的重要因素。

1.2.3.5　制度治水

我国古代不仅有完善的水政管理机构，而且也制定了较为完备的水利法规和制度。春秋时期，就有“无曲防”的条约规定，汉朝有倪宽制定的水令。隋唐之后，水利管理制度逐渐成形，如唐朝的《水部式》、金朝的《河防令》、明朝的《水规》等。这些制度的制定和实施，有效地保证了当时治水工程的顺利进行，为保护农业生产和国家稳定发挥了重要作用。

1.2.3.6 统筹治水

我国古代治水注重遵循水的自然特性，坚持统筹治水。大禹治水提出了“堵”、“疏”并重的治洪思想。北宋范仲淹出任苏州知州，主持太湖治理时提出的“灌”、“排”并重的规划方案，该方案体现出灌排结合、治水与治田结合的方略，即修围（筑堤）护田、浚河排涝、置闸控制围内水位，通过这些措施解决太湖平原蓄水与泄水、挡潮与排涝的矛盾。70年后太湖一次大规模的整治，采纳了范仲淹的方案并取得了较好的效果。

1.2.3.7 因地（水）制宜

我国是一个多山的国家，在全国18.26亿亩耕地中，坡耕地占比19.7%。我国坡地改造梯田历史悠久。梯田是因地（水）制宜的长效型水利工程，是山丘区域农业生产重要的基础性支撑。同时，梯田具有水土保持功能和生态价值。云南元阳县境内的红河哈尼梯田就是典型代表。哈尼梯田依山势，采取自流引水式河道纵坡的设计。从海拔700～1 800米的山腰平行等高修建干渠，汇集高山来水，再垂直等高线方向修建支渠，依次逐级修建下级渠道而形成完备的渠道系统，充分利用了山形、水势，保障了整个梯田的耕作用水。

1.2.3.8 人水和谐

原始社会后期，大禹治水过程中，就认识到了“以水为师”的道理。战国时期，李冰治水，充分体现了尊重自然、顺应自然的理念。李冰在都江堰的设计施工中，总结出的八字格言“遇弯截角、逢正抽心”等一系列科学的治水方法，无不体现着“尊重规律”“因势利导”等人水和谐的治水思想。都江堰水利工程的设计与营建是人与自然相协调、顺应自然规律治水、兴利的完美典范。明朝潘季驯提出的“以河治河，以水攻沙”的思想，综合治理黄河下游，认为黄河与运河相通，治理了黄河也就保护了运河；黄河与淮河相汇，治淮也就是治黄，体现了治黄理念与黄河特点相协调思想，对后世治黄影响深远。近代水利学家李仪祉先生曾指出：“中世纪治河者，迷信科学可以驾驭一切，惟水亦然，指之东则东，指之西则西，乃施之实际而无不失败者。”即盲目崇拜工程技术，以为在洪水面前凭借技术手段人类就取得了完全的自由是不现实的。他接着说：“于是继之者乃知人之才力究属有限，而人定胜天为弗可能之事也。”治水应该师法自然规律。但是，师法自然规律并非放弃人类改造自然的努力而任水横流，“然所谓自然之论，非舍弃科学，乃正需科学以阐明自然，因乎自然以改良水道。所谓因自然无他，即孟子所谓水之道，即今人之所谓水之性也。因自然以治水，所谓由水之道。科学之研究愈切，则因乎自然者愈多，而愈能无所事也。”可见李仪祉先生不赞成单纯凭借人之财力、物力、智力去挟制水力，而是主张人类社会进步的需求与自然的发展相协调。

这些历史上形成的治水思想，是劳动人民和历代统治阶级根据我国的水情和农业生产实际，通过长期实践积累发展起来的，时至今日仍十分具有借鉴意义。

第 2 章

新中国成立后的水资源管理

新中国成立后，对水资源的管理可分为两个阶段，第一个阶段是建国之初到改革开放之前，这一个阶段经济发展的特点是从传统农业国向新兴工业国转型，治水思路主要为在水旱灾害防治的同时，大力开发和综合利用水资源。其主要手段是修建各类水利工程，这个阶段的水利工作被称之为“工程水利”；第二个阶段是改革开放后到 21 世纪初期，这一个阶段经济发展的特点是中国已经进入工业化中期，经济社会持续发展对水资源的消耗与日俱增，水资源短缺矛盾日益加深，水污染情况日益严重，水资源从国民经济发展的支撑转为制约经济社会发展的瓶颈。其治水思路在继续开展水旱灾害防治的同时，逐步转向对水资源优化配置的探索，以期实现水资源的可持续利用，支撑经济社会的可持续发展，其主要手段是在继续大力修建各类水利工程的同时，逐步加大运用费、价、税等经济手段的力度，这个阶段的水利工作由“工程水利”向“资源水利”迈进。

2.1　新中国成立之初的水利建设

新中国成立后，党和国家根据实际情况，作出优先发展工业的经济战略部署。1955 年 7 月，全国人大一届二次会议审议通过了中国国民经济第一个五年计划，即“一五”计划（1953 ~ 1957 年）。第一个五年计划的主要任务有两点，一是集中力量进行工业化建设，二是加快推进各经济领域的社会主义改造。中国，这个农耕国度开始走向工业化。同时，受以下因素影响，新中国成立初期优先发展了重工业：一是重工业的发展规模和技术水平是体现国力的重要标志，为了不再重演国家和民族落后挨打的惨痛历史，新中国必须优先发展重工业；二是近代以来，中国的民族资本主义以发展轻工业为主，导致工业经济比例失调，基础薄弱，发展畸形，新中国不能重蹈历史覆辙；三是苏联在第二次世界大战前后优先发展重工业，国力强劲，其成功经验对新中国的工业发展有借鉴作用。这个时期，由于多年战争，国力贫乏，要在一穷二白的基础上，白手起家建设工业化国家，且优先发展重工业，因此，对各类自然资源的开发和利用就成为国家的重要任务。在此经济发展背景下，加之建国初期各地先后遭受水旱灾害，水利建设和综合开发利用水资源成为建国之初国家的重点工作任务。新中国成立之初，面对水利基础设施残破不全、江河泛滥成灾的落后局面，党和国家把治水兴水摆在关系国家事业发展全局的战略位置，领导人民开展了波澜壮阔的水利建设，掀起了大规模兴修水利的热潮，动员亿万人民群众开展水利建设，水利基础设施得到恢复和发展，江河治理取得举世瞩目的辉煌成就。

2.1.1 大江大河治理

新中国成立之初，面对1954年淮河、长江大水，1958年黄河大水，1963年海河大水等洪涝灾害，党和政府做出了大规模治理大江大河的重大决策。毛泽东先后发出“一定要把淮河修好”“要把黄河的事情办好”“为广大人民的利益，争取荆江分洪工程的胜利”“一定要根治海河”等伟大号召；周恩来提出“根治水害与灌溉、发电、航运的设计结合起来”的规划思想。全国兴起了治理江河、综合开发利用水资源的热潮。

2.1.1.1 治理黄河

根据黄河多泥沙的特点，在黄土高原采用生物、工程、耕作等综合措施防治水土流失；在干流上兴建了刘家峡、三门峡等水利水电工程，以拦洪削峰，同时对黄河的水能资源实施梯级开发，其中，三门峡水库为黄河干流上修建的第一座大型水库；在重要支流上兴建陆浑水库等水利工程，与干流水库进行联合调度运用；在下游加高培厚了1 400公里的临黄大堤，兴修了控导工程，加固险工，以控制河势、保证洪水安全宣泄；两岸开辟了北金堤和东平湖蓄滞洪区，纳蓄超额洪水。上述工程的修建，形成了上拦下排、两岸分滞的防洪体系，推动了水土保持、引黄灌溉和水电建设的迅速发展。随着刘家峡、盐锅峡、八盘峡、青铜峡、天桥、三门峡等工程的建成，中国大江大河最早进行的黄河中上游梯级水电开发建设已初具规模。

2.1.1.2　治理长江

在长江中下游综合治理平原湖泊洼地，对沿江两岸年久失修的荆江、黄广、同马、无为等长达 3 000 多公里的干堤和 30 000 多公里的支堤，以及民垸和海塘，普遍进行了加高加固；兴建了荆江、洞庭湖区、杜家台、鄱阳湖区、华阳河等蓄滞洪区；整治疏浚河道，对素称“九曲回肠”的下荆江河段进行了两次人工裁弯取直；采取抛石和沉排护岸等保滩护岸措施，治理崩岸 600 多公里；采取清除险滩暗礁等措施，疏浚川江航道。荆江大堤是汉江平原的防洪保障。1952 年 5 月，毛泽东为荆江分洪工程题词“为广大人民的利益，争取荆江分洪工程的胜利！”荆江分洪区在 1954 年汛期三次蓄纳长江超额洪水，为确保荆江大堤安全做出了重大贡献。在长江干支流上中游兴建了葛洲坝、丹江口、柘溪、漳河等一批大中型水库和水电站，综合利用长江水资源。1974 年竣工的湖北丹江口水利枢纽有效地控制了汉江上游的洪水，同时发挥发电、灌溉、航运、养殖等综合效益，曾被周恩来誉为“全国唯一五利俱全的水利工程”。

2.1.1.3　治理淮河

在淮河上游治理水土流失，兴建了梅山、佛子岭、响洪甸等大中型水库；在中下游加高培厚淮北大堤、洪泽湖大堤等重要堤防，开辟了蒙洼、城西湖、瓦埠湖等蓄滞洪区，开挖茨淮新河、新汴河、苏北灌溉总渠等入海通道，建成了具有防洪、发电、灌溉、航运等综合效益的水利工程体系。1950 年冬，80 万治淮大军奋战 80 天，建成的排灌输水兼用的苏北灌溉总渠，成为苏北治淮的关键工程。

2.1.1.4　治理海河

50 年代，在海河各水系干支流上兴建了官厅、密云、十三陵、岳城、岗南、黄壁庄等一大批水库，其中岗南水电站，是中国第一座抽水蓄能电站；同时开展了水土保持工作。60 年代，在毛泽东“一定要根治海河”的号召下，对海河中下游河道进行了疏浚、扩挖和全面治理，并开辟了蓄滞洪区。独流减河、子牙断河、永定新河、漳卫新河等入海河道的开挖，改变了历史上海河流域集中天津入海的局面。70 年代，又在滦河上修建了潘家口、大黑汀水库。通过二十多年的努力，海河流域初步形成了防洪、排涝、供水、灌溉工程体系，实现了防洪、排涝、供水、灌溉、供水和发电等综合效益。其中，官厅水库在位于河北省张家口市怀来县和北京市延庆区界内，于 1951 年 10 月动工，1954 年 5 月竣工，是新中国成立后建设的第一座大型水库，主要水流为河北怀来永定河，水库运行 40 多年来，为防洪、灌溉、发电发挥了巨大作用。官厅水库曾经是北京主要供水水源地之一，20 世纪 80 年代后期，库区水受到严重污染，90 年代水质继续恶化，1997 年水库被迫退出城市生活饮用水体系。

2.1.1.5 治理松花江与辽河

在松花江主要水系第二松花江上整修扩建了丰满水库，在其上游又兴建了白山水库，两库联合调度，基本上控制了第二松花江的洪水，同时发挥了发电效益；对嫩江、第二松花江和松花江干流堤防进行整修加固。在辽河流域的浑河、太子河上兴建了大伙房、参窝等水库，拦蓄洪水、发展供水和水电；整修加固了辽河干堤。上述工程形成的水利工程体系，使松花江、辽河的常遇洪水得到初步控制，水资源得以综合利用。其中，1958 年在浑河上建成的大伙房水库，是新中国成立后东北地区第一座大型水库工程，发挥着保障沈阳、抚顺两大城市防洪安全和供水的重要作用。

2.1.1.6 治理珠江

在东江上游兴建新丰江、枫树坝等水库拦蓄洪水，开发水电；在珠江三角洲地区联圩（音同围，防水护田的堤岸）筑闸，整修加固了北江大堤等堤圩；在西江及其支流两岸重要城镇河段兴修城市堤防，保障城市安全；在沿海地区建设海堤，防御风暴潮袭击。

2.1.2　农田水利建设

新中国成立初期，农业在经济结构和就业结构中均占据首位，粮食生产成为稳定中国经济最重要的关键环节。因此，水利的主要工作是围绕着防洪、抗旱和农田水利开展的，“水利是农业的命脉”“兴修水利是保证农业增产的大事”。新中国成立后，党和政府领导各族人民大力发展农田灌溉事业。按照统一规划、灌排结合、合理布局的原则，修建了一大批蓄、引、提相结合的灌溉排水工程，发展灌溉面积 3 300 多万公顷，除涝面积 1 700 多万公顷，盐碱地改良面积 420 多万公顷，为中国农业稳定增长做出了贡献。中国以占世界 9% 的耕地，养活了占世界 21% 的人口。

2.1.2.1　恢复整顿老灌区

宁夏青铜峡引黄灌区，开创于秦汉时期，是中国最古老的引黄灌区。1967 年 2 月建成的青铜峡水利枢纽，结束了灌区无坝引水的历史，有效灌溉面积达 30.6 万公顷。内蒙古黄河河套灌区，是黄河上最大的引黄灌区。三盛公水利枢纽的建成，改变了灌区无坝引水的历史，有效灌溉面积达 56.6 万公顷。陕西泾惠渠，其前身为郑国渠，是中国最古老的灌溉工程。新中国成立后通过改建和扩建，由单一的渠道灌溉发展为渠井结合的灌溉系统，灌区的旱涝保收面积达到 9 万公顷。四川都江堰灌区，是中国最古老的灌区，经过整修扩建，灌区面积超过 67 万公顷，成为中国最大的灌区。

2.1.2.2　大力建设新灌区

修建了安徽淠史杭灌区这一中国丘陵地区最大的灌区，有效灌溉面积达 63 万公顷，灌区内水库、渠道、塘堰、泵站相连，形成了引、蓄、提相结合的“长藤结瓜”式的灌溉系统。人民胜利渠是新中国成立后在黄河上兴建的第一座引黄灌溉工程，有效灌溉面积约4万公顷。修建了新疆玛纳斯河灌区，灌区具有引、蓄、灌、排和水利发电等多种功能，采用了干砌卵石、卵石灌浆、混凝土板、塑料薄膜、夯实粘土等渠道防渗措施，有效灌溉面积21万公顷。

2.1.2.3 发展电力排灌

通过发展电力排灌抽排涝水，减轻灾害。修建了江苏江都排灌站，这是中国自行设计、制造和安装的抽水能力最大的电力排灌工程，也是“南水北调”东线工程的起点站。此外，还修建了甘肃景泰川电力提灌工程等。

2.1.3 水利投资成效和特点

经过近三十年的努力，水利建设快速发展，农田水利建设长足进步，提高了防御水旱灾害的能力，为粮食增产做出了重要贡献。据统计，到1978年，全国有效灌溉面积已达到4 496.5万公顷，其中机电灌溉面积2 489.5万公顷，乡村水电发电能力达到228.4万千瓦，分别是1952年的1.9倍，78.5倍和285.5倍，年均增速为3.1%、18.3%和24.3%。1978年全国粮食产量达3亿吨，是1952年的1.86倍，年均增速为5.3%。水利建设的发展，有力地支撑了经济社会的发展。

新中国成立初期，水资源作为“公共产品”由国家无偿提供，水利基本建设投资主要依靠公共财政，且财政投资规模不断扩大，水利基建投资从“一五”（1953年~1957年）时期的24亿元增加到“五五”（1976年~1980年）时期的157亿元，投资规模增长了5.54倍。其中，公共财政投资在水利基本建设投资中所占的比例保持在90%以上，总体上体现出“国家投资、农民投劳、社会无偿使用”的特点。①

---

① 《水利统计摘要》1953~1980年。

2.2　改革开放后的水资源管理

1978 年，党的十一届三中全会以后，中国的社会经济发展进入快车道，综合国力显著增强，国家面貌发生了深刻变化。水利事业在改革与发展中不断前进，水利体制机制发生重大变革，大江大河治理明显加快，水利法治建设迈出重要步伐，进入了一个新的历史时期。1998 年大水后，治水思路发生深刻变化，水利投资大幅度增加，水利基础设施建设大规模展开，传统水利向现代水利、可持续发展水利转变，水资源管理理念逐步深入人心。

2.2.1　传统水利向资源水利转变

1989 年国务院印发《关于大力开展农田水利基本建设的决定》，提出要充分认识农业的基础地位和水利的“命脉”作用；要求把农田水利基本建设作为一项长期任务列入计划，加大资金投入力度解决历史“欠账”，尽快恢复已有水利设施的效益。

1991 年党的十三届八中全会通过的《关于进一步加强农业和农村工作的决定》中指出“水利是国民经济和社会发展的基础产业，是治国安邦的百年大计”；1995 年党的十四届五中全会通过的《中共中央关于制定国民经济和社会发展“九五”计划和 2010 年远景目标的建议》中，把水利列在国民经济基础设施的首位；1998 年党的十五届三中全会通过的《中共中央关于农业和农村工作若干重大问题的决定》中提出“要增强全民族的水患意识，动员社会力量把兴修水利这件安民兴邦的大事抓紧抓好”。

2005 年党的十六届五中全会通过的《十一五规划纲要建议》中明确“水利建设，要加强大江大河治理，统筹上下游、地表地下水调配，控制地下水开采，积极开展海水淡化，强化对水资源开发利用的管理，提高防洪抗旱能力”。2010年党的十七届五中全会通过的《中共中央关于制定国民经济和社会发展第十二个五年规划的建议》提出，“加强水利基础设施建设，推进大江大河支流、湖泊和中小河流治理，增强城乡防洪能力”，要求“调度重视水安全，建设节水型社会，健全水资源配置体系，强化水资源管理和有偿使用，鼓励海水淡化，严格控制地下水开采”。

2010年底，中共中央、国务院印发《关于加快水利改革发展的决定》，明确提出“水是生命之源、生产之要、生态之基。兴水利、除水害，事关人类生存、经济发展、社会进步，历来是治国安邦的大事”；进一步明确“把水利作为国家基础设施建设的优先领域，把农田水利作为农村基础设施建设的重点任务，把严格水资源管理作为加快转变经济发展方式的战略举措，注重科学治水、依法治水，突出加强薄弱环节建设，大力发展民生水利，不断深化水利改革，加快建设节水型社会，促进水利可持续发展，努力走出一条中国特色水利现代化道路”的指导思想；提出了“坚持人水和谐。顺应自然规律和社会发展规律，合理开发、优化配置、全面节约、有效保护水资源”的基本原则；要求“实行最严格的水资源管理制度，建立用水总量控制制度、用水效率控制制度和水功能区限制纳污制度”“建立水资源管理责任和考核制度”“完善水资源管理体制，建立事权清晰、分工明确、行为规范、运转协调的水资源管理工作机制，进一步完善水资源保护和水污染防治协调机制”。

通过二十年来中央涉水政策发布，可知国家对水利的重视程度越来越高，对水利工作的认识也逐步从保障农业生产发展到支撑经济社会的全面发展，治水思路由兴修水利工程以保障供水逐步向重视水安全、加强节约用水和严格水资源保护、坚持人水和谐转变。落实中央涉水政策，水利工作开始由传统水利向资源水利转变。

2.2.2 构建完善的水法规体系

落实中央涉水政策，结合实践，陆续颁布实施了一系列水资源管理法律法规。1984 年颁布《中华人民共和国水污染防治法》；1988 年颁布《中国人民共和国水法》；1991 年颁布《中华人民共和国水土保持法》；1997 年颁布《中华人民共和国防洪法》和《水利产业政策》。2006 年国务院颁布了《取水许可和水资源费征收管理条例》《大中型水利水电工程建设征地补偿和移民安置条例》《黄河水量调度条例》；2007 年国务院颁布了《中华人民共和国水文条例》；2009 年国务院颁布了《中华人民共和国抗旱条例》。

为配套落实各项水资源管理法律法规，作为国务院水行政主管部门，水利部先后印发了一系列规章制度。2003 年水利部发布了《长江河道采砂管理条例实施办法》并与国家发展和改革委员会联合发布了《水利工程供水价格管理办法》；2004 年水利部发布了《入河排污口监督管理办法》；2005 年水利部发布了《水行政许可实施办法》《水权制度建设框架》；2007 年水利部发布了《水量分配暂行办法》；2008 年水利部发布了《取水许可办法》；2009 年水利部发布了《黑河干流水量调度管理办法》。

相应地，各地也印发实施了水资源管理地方规范性文件。1993 年河南省印发《河南省实施〈中华人民共和国水法〉办法》、1997 年新疆印发《新疆维吾尔自治区塔里木河流域水资源管理条例》、2002 年浙江省印发《浙江省水资源管理条例》、2007 年陕西省印发《陕西省取水许可证制度实施细则》等。

水法规体系得以构建并逐步完善，保证了中央涉水政策的贯彻落实，全面规范了水资源管理，为经济社会发展提供了水资源保障。

2.2.3　形成了较为完整的水利规划体系

改革开放后，由于国力的增强和对水利工作重要性认识的提高，国家财政对水利投资大幅提升，水利建设和发展进入黄金期。相应地，水利规划着眼于事关长远发展的水利全局性、战略性问题，不断完善“三级两类”（国家、流域、区域三级和综合、专业规划两类）水利规划体系，水利部集中组织编制完成了全国水资源综合规划、编制完成并修订了七大流域综合规划，确定了主要江河流域开发利用的总体布局。此外，还组织编制完成了大江大河重要支流和主要的专项规划。规划成果的取得为保障国家防洪安全、供水安全和促进水资源可持续利用，提供了扎实的规划基础和依据。

2.2.4 防汛抗旱减灾取得历史性成就

战胜了1991年江淮大水、1994年珠江大水、1998年长江松花江嫩江大水、2003年和2007年淮河大水以及1978年特大干旱、2000年严重干旱和2006年川渝大旱等历次严重水旱灾害，成功应对了频繁发生的台风和山洪灾害袭击，夺取了2008年抗御低温雨雪冰冻灾害和水利抗震救灾斗争的重大胜利，确保了人民群众生命安全，最大程度地减轻了灾害损失。据统计，1949年以来，全国防洪减灾直接经济效益达3.93万亿元，防洪减淹耕地24亿亩，年均减免粮食损失1 029万吨。1991年以来，平均每年抗旱浇地面积4.6亿亩，年均挽回粮食损失4 059万吨。洪涝灾害年均死亡人数从上世纪50年代的8 976人降到2001年以来的1 507人，2008年在多灾并发的情况下因洪涝灾害死亡人数降至633人。

2.2.5 大江大河治理成效卓著

对大江大河大湖进行了全面系统治理。长江三峡、黄河小浪底、汉江丹江口、淮河临淮岗、嫩江尼尔基、广西百色、四川紫坪铺、新疆乌鲁瓦提、西藏满拉等一大批控制性水利枢纽工程相继建成并投入使用，主要江河的调控能力明显增强。长江中下游干堤修完修好，黄河下游标准化堤防建设全面推进，治淮、治太骨干工程基本完成，松花江、嫩江、辽河、海河、珠江等江河干流堤防建设明显加快。截至2008年底，全国各类水库数量从新中国成立前的1 200多座增加到8.6万多座，总库容从约200亿立方米增加到6 924

亿立方米；全国建成江河堤防 28.69 万公里，是新中国成立之初的 7 倍，相当于环绕地球赤道 7 圈多；已建各类水闸 4.4 万座，其中大型水闸 500 多座。我国大江大河主要河段基本具备了防御新中国成立以来发生最大洪水的能力，中小河流具备防御一般洪水的能力，重点海堤设防标准提高到 50 年一遇。

2.2.6　水资源配置格局逐步建立

兴建了大量蓄水、引水、提水工程，一批重点水源工程相继建成，引滦入津、引碧入连、引黄济青、东深供水等一批引水工程成为受水地区发展的“生命线”，润滇、泽渝、兴蜀、滋黔等一批水源工程相继开工建设，特别是南水北调工程构成我国水资源“四横三纵、南北调配、东西互济”的格局，极大地提高了我国水资源调控能力。农村饮水安全工程建设加快推进，解决了 2.72 亿农村人口的饮水困难和 1.65 亿农村人口的饮水不安全问题，基本结束了我国农村严重缺乏饮用水的历史。截至 2008 年底，全国水利工程年供水能力达到 7 000 多亿立方米，城乡供水能力大幅度提高，中等干旱年份可以基本保障城乡供水需求。通过适时开展山西、河北向北京集中输水，引黄济津，引黄入淀，引江济太，珠江水量调度等一系列水资源调度措施，成功地化解了重要地区和城市的供水危机。

2.2.7　农田水利事业蓬勃发展

到 2008 年，全国已建成万亩以上灌区 6 414 处，其中设计灌溉面积超过 30 万亩的大型灌区 447 处，建成各类小型农田水利工程 2 000 多万处。对全国大型灌区进行续建配套和节水改造，对中部四省 139 处大型排涝泵站进行更新改造。全国农田有效灌溉面积从新中国成立之初的 2.4 亿亩扩大到 8.77 亿亩，占世界总灌溉面积的 20%，居世界首位。在占全国耕地面积 48% 的灌溉面积上生产了占全国总量 75% 的粮食和 90% 以上的经济作物，实现了粮食等农产品供给的历史性转变。我国以占全球6%的径流量、9%的耕地，保障了占全球21%人口的温饱和经济社会发展，这是对世界粮食安全的重大贡献，农田水利设施发挥了至关重要的作用。

2.2.8 用水效率效益明显提高

节水型社会建设全面推进，形成了国家、流域和区域等多层面的节水型社会建设规划体系，建立健全了总量控制、定额管理、取水许可、有偿使用、建设项目水资源论证等一系列用水管理制度，陆续开展了张掖、大连、绵阳、西安等82个全国节水型社会建设试点和近200个省级试点，积极探索不同类型地区节水型社会建设模式和运行机制。全国节水灌溉面积达到3.67亿亩，占农田有效灌溉面积的41.8%，全国农业灌溉水利用系数从改革开放初期的0.35提高到0.475；按2000年可比价计算，万元工业增加值用水量从953立方米降至144立方米。改革开放30多年来，我们以占世界平均水平60%的人均综合用水量，保障了国民经济3倍于世界经济平均增长率的高速增长；在连续30年保持农业灌溉用水量零增长的情况下，扩大有效灌溉面积1.2亿亩，粮食产量提高近50%。

2.2.9 生态文明建设迈出重要步伐

水土资源保护不断加强，水土流失治理成效显著，先后启动实施了黄河中游、长江上游、黄土高原淤地坝、京津风沙源、东北黑土区和岩溶地区石漠化治理等一批国家水土流失重点防治工程，累计治理水土流失面积101.6万平方公里，年均减少土壤侵蚀量达15亿吨以上，增加蓄水能力250多亿立方米。实施封育保护面积70万平方公里，其中39万平方公里的生态环境得到修复。水资源保护力度不断加大，初步形成了以水功能区管理为核心的水资源保护制度体系，全国31个省、自治区、直辖市全部完成水功能区划定并进入实施阶段，以南水北调水源区、饮用水水源地、地下水严重超采区为重点区域的水资源保护不断加强，有效应对了松花江水污染、太湖蓝藻暴发引发的供水危机。以水利措施修复生态与环境的实践逐步拓展，黄河连续 10 年不断流，黑河下游东居延海连续 5 年不干涸，塔里木河下游生态逐年恢复，石羊河综合治理全面推进，南四湖、向海、白洋淀、扎龙等湿地生态环境得到改善，武汉、桂林等水生态系统保护与修复试点取得明显成效。

2.2.10　农村水电惠及亿万山区群众

截至 2008 年底，全国水电装机容量从 1949 年的 36 万千瓦增长到 1.72 亿千瓦，增长了 477 倍，占全国电力装机容量的 21.6%，水电装机容量位居世界第一；年发电量从 1949 年的 12 亿千瓦时增长到 5 633 亿千瓦时，增长了 468 倍。农村水电遍布全国 1/2 的地域、1/3 的县市，先后完成了三批共 653 个农村水电初级电气化县和 409 个水电农村电气化县建设，实施了小水电代燃料生态保护工程。截至 2008 年底，已建成农村水电站 4.5 万座，总装机容量 5 100 多万千瓦，年发电量 1 600 多亿千瓦时，约占全国水电装机和年发电量的 30%；累计解决了 3 亿多无电人口的用电问题，农村水电供电区的户通电率从 1980 年的不足 40% 提高到 2008 年的 99.6%，供电质量和可靠性大为提高。

2.2.11　水利信息化和现代化水平不断提高

新中国成立 60 年来，我国水利科技实现了由简单模仿到自主创新的历史性跨越，水利科技总体水平与国际先进水平的差距不断缩小。水资源演变规律与科学调控、水资源合理配置理论与方法、河流生态修复技术等基础和应用基础研究取得重大进展，成功地攻克了一系列水利水电工程建设技术难题，使我国水利水电工程技术水平跻身世界先进行列。水文基础不断强化，全国各类水文站点从 1949 年的 353 处增加到 2008 年的 37 436 处，基本形成覆盖主要江河湖库、布局较为合理、功能比较完备、自动化程度较高的水文水资源站网体系。水利信息化加快推进，初步形成了由基础设施、应用系统和保障环境组成的水利信息化综合体系，全国省级以上水利部门已建成各类信息采集点约2.7万个，国家防汛抗旱指挥系统、水利电子政务系统、水资源调度与管理系统、全国水土保持监测网络与管理信息系统、农村水利管理信息系统等水利业务应用系统相继建成并投入运行。水利国际合作与技术交流日益活跃，同60多个国家和地区建立了合作关系，与40多个国家签订了水利科技与经济技术合作协议或谅解备忘录，国际地位和国际影响显著提升。①

2.2.12 水利投资特点

2.2.12.1 水利基本建设投资大幅增长

随着我国经济发展，水利基本建设投资持续增长，尤其是1998年大洪水后，水利基建投资大幅增长。据统计，新中国成立60多年来，水利基建投资总额15 121.3亿元，其中前30年水利基建投资总额500.46亿元，占60年投资总额的3.3%；后30年水利基建投资总额达14 620.84亿元，占96.7%。其中“九五”（1996~2000年）期间，水利基建投资突破千亿元；到“十一五”（2006~2010年）期间，水利基建投资突破5 000亿元（见表2.1和图2.1）。

表2.1　　新中国成立60年水利基本建设投资情况

时期（年）	水利基建投资（亿元）
1950~1952	6.15
1953~1957	24.3
1958~1962	96.6

① 资料来源：时任水利部部长陈雷在水利部庆祝新中国成立60周年大会上的讲话，2009年9月29日。

续表

时期（年）	水利基建投资（亿元）
1963 ~ 1965	28. 92
1966 ~ 1970	70. 14
1971 ~ 1975	117. 11
1976 ~ 1980	157. 24
1981 ~ 1985	93. 01
1986 ~ 1990	164. 89
1991 ~ 1995	662. 01
1996 ~ 2000	2 133. 58
2001 ~ 2005	3 653. 75
2006 ~ 2010	7 913. 6
合　计	15 121. 3

资料来源：《水利统计摘要》1950 ~ 2005 年，《全国水利发展统计公报》2006 ~ 2010 年。

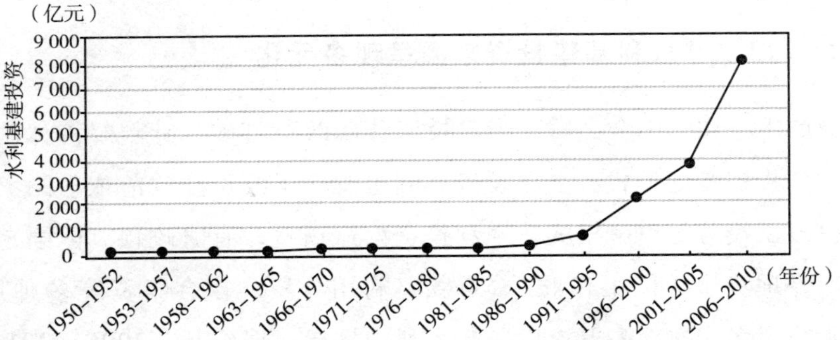

图 2. 1　新中国成立 60 年水利基建投资情况

从新中国成立初期到 2000 年，水利基建投资方向主要为防洪工程、拦蓄水（水库）工程、灌溉排涝工程、供水工程和水电工程，其中，“九五”（1996 ~ 2000 年）期间水利基建投资大幅增长，各类工程新改扩建步伐加快，期间水利基建投资向防洪工程、水库工程和水电工程倾斜，防洪工程和水库工程建设使得我国抵御水旱灾害的能力大幅度提升，有力地保障了人民生命财产安全和工农业生产稳定发展；水电工程建设的长足发展，提高了我国清洁能源开发能力和水平，改变了我国经济发展能源结构（见图2.2）。

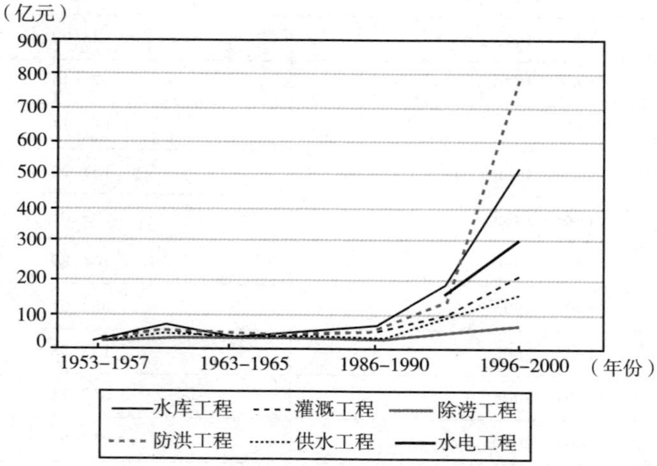

图2.2 "一五"至"九五"期间水利基建投资方向

资料来源：《水利统计摘要》1953～2000年。

2.2.12.2 水利基建投资来源呈现多元化

党的十一届三中全会后，国家投资体制改革打破了计划经济体制下高度集中的投资管理模式，水利投资体制也改变了改革开放前依靠国家财政和农民投工投劳的单一模式，水利投资渠道拓宽，有财政预算内固定资产投资、专项资金、以工代赈①、贷款、利用外资、社会集资等多种形式，逐步形成了多层次、多渠道集资办水利的格局。据统计，2006～2014年，水利基建投资总额23 842.1亿元，除国家投资外，其他来源投资占比达13.7%，其中，国内贷款占比7.4%，利用外资占比0.3%，建设项目自筹资金占比3.2%（见表2.2）。

---

① 是指政府投资建设基础设施工程，受赈济者参加工程建设获得劳务报酬，以此取代直接救济的一种扶持政策。现阶段，以工代赈是一项农村扶贫政策。国家安排以工代赈投入建设农村小型基础设施工程，贫困农民参加以工代赈工程建设，获得劳务报酬，直接增加收入。

表 2.2　**2006～2014 年水利基建投资来源**　单位：亿元

年份	国家投资	国内贷款	利用外资	自筹	其他	合计
2006	749.9	112	11.6	28.9	30.3	932.7
2007	876.3	86.2	8.7	31.1	24.2	1 026.5
2008	1 351.5	178	17.5	31	26.1	1 604.1
2009	1 442.5	192.1	3.5	37.5	27.1	1 702.7
2010	2 386.3	208.4	4.8	50.1	58	2 707.6
2011	2 684.5	322.8	14.6	255.7	174.6	3 452.2
2012	3 761.8	187.1	3.5	103.6	61.2	4 117.2
2013	3 489.5	194.2	10.8	147.8	111.7	3 954
2014	3 840	277.4	3.8	83.8	140.1	4 345.1
合计	20 582.3	1 758.2	78.8	769.5	653.3	23 842.1

资料来源：《全国水利发展统计公报》2006～2014 年。

改革开放 30 多年来，水利事业由主要为农业服务向为国民经济和社会发展全面服务转变；由计划经济下的运行机制向适应社会主义市场经济转变；由以社会效益为主，向实现社会、经济和环境的综合效益转变；由粗放型管理向集约管理转变；由资源开发利用向兼顾资源节约保护转变；由征服自然，获取资源的工程水利向人与水和谐相处的资源水利转变。这些战略性的转变，推动了我国水利事业的巨大发展和深刻变化，为保障我国经济发展、社会进步和人民生活质量提高做出了重大贡献。

第 3 章

水资源资产管理的提出

水资源资产管理的提出是针对性解决新时期水资源新问题的新思路。水资源资产管理的核心是落实水资源资产所有者职责，建立水资源资产所有权以及与所有权相关的财产权制度，推进在政府主导下市场配置水资源，通过价格杠杆实现水资源科学配置、节约高效使用和有效保护目标。落实水资源资产管理的重点任务是健全国家水资源资产管理体制，健全水资源资产产权制度。水资源资产管理与水资源管理是对同一事物不同的管理方式，两者是并行不悖、相辅相成的，是相互制约、相互促进的，而不是以水资源资产管理取代水资源管理。水资源资产管理符合一般国有资产管理的要求和安排，同时体现自然资源管理的特征和规律。

3.1　跨世纪中国水情

随着我国改革开放的深入，经济社会高速发展，人口增长、粮食增收、工业产值快速增长，GDP 连续多年保持两位数增长。到2010年，全国经济总量已跃居世界第二位，仅次于美国。伴随经济社会快速增长的，是水资源的大量消耗，水资源短缺形势严峻、水污染严重、水生态环境恶化成为跨世纪中国水情，水资源已由经济社会发展的动力逐渐转为制约我国经济社会可持续发展的主要瓶颈。

3.1.1　用水需求持续上升

1949 年我国总用水量仅为 1 031 亿立方米，随着人口增长和国民经济的快速发展，我国总用水量以 7.1% 的年增长率快速增加，至 1959 年总用水量增长到 2 048 亿立方米。20 世纪六七十年代，我国总用水量以 5% ~3% 的年增长率增长，至 1980 年达 4 406 亿立方米。1980 年后，我国总用水量年增长率基本稳定在1%～2%，年均增长率趋于下降。1980～2000年，我国总用水量仍处于增长态势，由4 406亿立方米增加到5 621亿立方米，平均年增长率为1.22%，与人口增长速度基本持平，人均用水量基本维持在450立方米左右（见图3.1）。

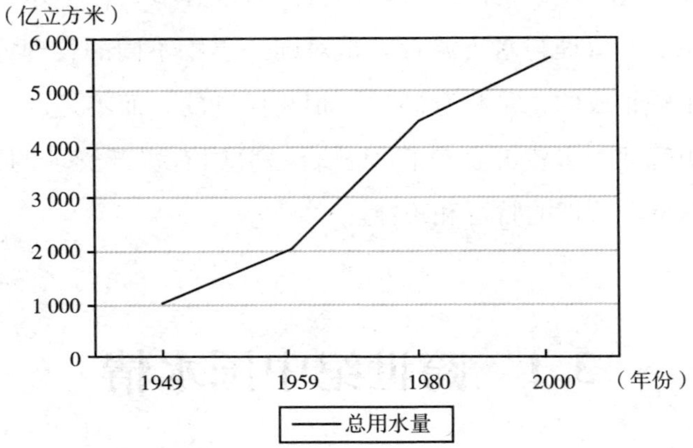

图3.1 我国总用水量增长情况图

根据国民经济和社会各类用水统计，我国用水主要分为三大类，即生活用水、工业用水和农业用水。我国是农业大国，一半以上耕地以及目前可开发的绝大部分土地资源主要分布在需要灌溉的干旱、半干旱和半湿润地区，由此决定了农业成为我国第一用水大户。随着国民经济的发展和城镇化进程的加快，城镇生活用水和工业用水逐年增加，占总用水量的比重也逐年提高。

据统计，1980年我国总用水量4 406亿立方米，到2000年，达到5 621亿立方米，增幅27.6%。其中，工业和生活用水量呈显著增加态势，共占总用水增量的88%，其所占总用水量的比重也不断加大。全国城镇生活用水由1980年的80亿立方米增加到2000年的324亿立方米，增长速度相当快，年均增长率达7.2%，是城镇人口增长速度的1.65倍。随着工业的迅速发展，全国工业用水量由1980年的418亿立方米增加到2000年的1 160亿立方米，年均增长率为5.2%，工业用水占总用水的比例由9.5%提高到20.6%。1980

年以来，全国农田有效灌溉面积增加了 1 亿亩，实灌面积增加了 1. 34 亿亩，但农田灌溉总用水量增加较少，农业用水占总用水的比重由 84. 3% 下降至 68. 6% （见图 3. 2）。

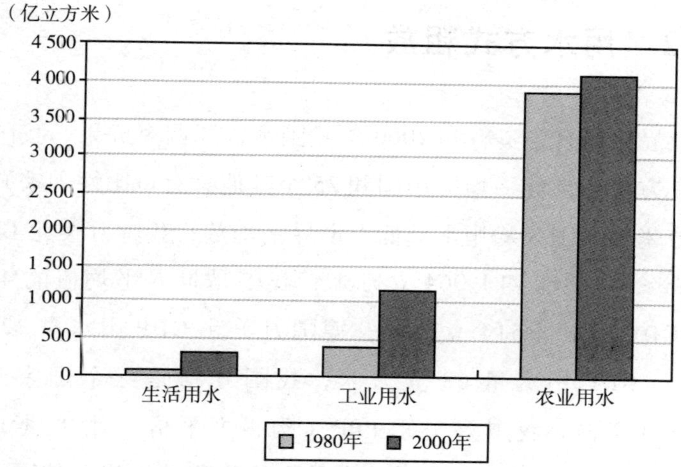

图 3. 2 1980 ~ 2000 年各类用水增长示意图

根据 1990 ~ 2000 年 11 年间平均的水资源量以及同时当地水资源供水量的分析计算，全国水资源开发利用率为 18%，地表水资源开发利用率为 15%，但南北方差异很大。北方地区水资源开发利用率为 46%、地表水资源开发率为 36%、平原浅层地下水开采率为 44%；南方地区水资源开发利用率和地表水开发利用率均为 12%。地表水资源开发利用率以黄河区最高，达 67%；海河区次之，为 57%，其中海河北系和海河南系分别为 66% 和 64%；淮河区为 47%。我国大规模的地下水资源开发始于 20 世纪 70 年代初，主要集中在北方平原地区，南方仅局部地区开发利用地下水资源。1990 ~ 2000 年，北方平原区浅层地下水开采率，海河区高达 113%；辽河区次之，为 74%；黄河区、淮河区和松花江区为 36% ~ 50%。其中，海河南系、海河北系、山东半岛浅层地下水开采率超过 100%，海河南系达 134%，淮河区山东半岛为 114%，是地下水超采最严重的地区。

综上所述，随着我国人口增长与经济社会的快速发展，用水量持续上升，其中工业与生活用水增幅较大。相较于用水消耗量，我国北方地区可供水量严重不足，由于水资源的过度开发，引发了河流断流、地下水严重超采、河流及河口生态与环境恶化等问题。

3.1.2 用水方式粗放

根据世界银行有关资料和2000年我国水资源调查成果，我国人均用水量为445立方米，世界平均（中国和25个其他具有可比性国家）人均用水量538立方米，我国人均用水量低于世界平均数；我国万美元GDP用水量4 810立方米，世界平均1 064立方米，我国是世界平均值的4.5倍。美国万美元GDP用水量514立方米，德国万美元GDP用水量222立方米，英国万美元GDP用水量68立方米，我国分别是三个国家的9.4倍、21.7倍和70.7倍；我国万美元PPP（购买力平价）用水量1 160立方米，世界平均828立方米，我国是世界平均值的1.4倍。美国万美元PPP用水量536立方米，德国万美元PPP用水量252立方米，英国万美元PPP用水量75立方米，我国分别是三个国家的2.2倍、4.6倍和15.5倍（见图3.3和3.4）。

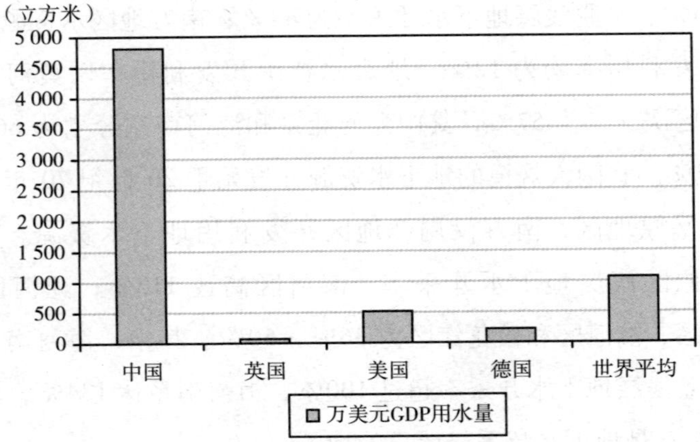

图3.3 2000年多国万美元GDP用水量比较图

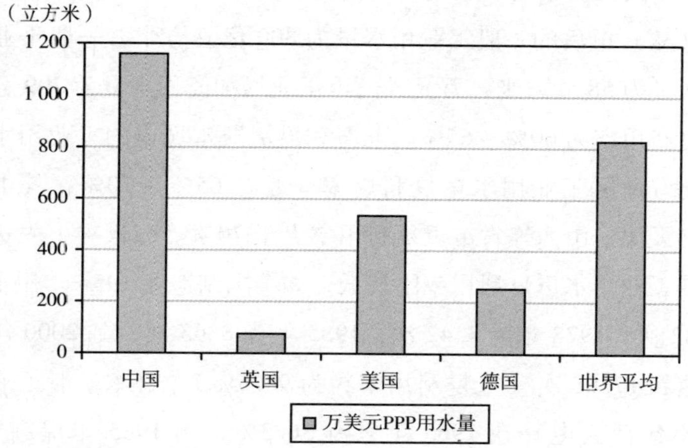

图 3.4　2000 年多国万美元 PPP 用水量比较图

城市供水管网漏失率是指城市供水管网输水过程中，漏失水量占其供水量的百分比。据对 2000 年全国近 600 个城市（建制市）供水设施统计分析，7% 的城市自来水管网的漏失率（跑、冒、滴、漏）超过 30%，84% 的城市自来水管网的漏失率为 10% ~30%，仅 9% 的城市小于 10%，城市供水管网的输水损失十分严重。

灌区渠系水利用系数是指输送于田间的水量与取水口取水量的比值，反映了灌区输水系统的效率高低。灌溉水利用系数是田间作物全生育期净灌溉需水量与灌溉系统取水口取水量的比值，反映渠系和田间水利用的综合效率。根据 2000 年全国 880 多个灌区的统计资料分析，除井灌区外，大部分灌区渠系水利用系数为 0.4 ~0.65，全国平均渠系水利用系数为 0.51，灌溉水利用系数为 0.4 左右。世界上发达国家早在 20 世纪四五十年代就开始采用节水灌溉，许多国家已实现了输水渠道防渗化、管道化，大力发展喷灌、滴灌和微灌，灌溉科学化、自动化，渠系水利用系数已达 0.7 ~0.8。我国与发达国家相比，灌区输水系统的效率存在较大差距，农业灌溉用水效率不高、浪费较大。

工业用水重复利用率是工业生产过程中重复使用利用的水量（包括二次以上用水和循环用水量）与总用水量（新鲜水量与重复利用水量之和）的百

分比，是综合反映工业用水重复利用程度和用水效率的重要指标。2000 年全国扣除火（核）电后的一般工业用水量为 800 亿立方米，一般工业万元人民币产值用水量为 58 立方米，万元人民币工业增加值用水量为 209 立方米，工业用水重复利用率为 60% ~65%。北方和沿海缺水城市的工业用水重复利用率较高，北方地区工业用水重复利用率一般在 65% ~70%，其中北京、山东、辽宁、天津、山西等省市重复利用率大于 70%。与世界上先进水平国家相比，我国工业用水重复利用率比较低，如美国制造业 1954 年用水循环利用次数为 1.82 次，1978 年为 3.42 次，1985 年为 8.63 次，到 2000 年初循环利用次数已达到 17.08 次（重复利用率约为 94.5%）；日本一般工业用水重复利用率（不包括火电）在 1965 年只有 36.3%，到 1985 年提高到 74.6%，1999 年已达到 78.1%；俄罗斯工业用水重复利用率一般在 80% ~85%。我国 2000 年工业用水重复利用率仅相当于先进国家 20 世纪 80 年代初的水平。

根据 2015 年中国水资源公报，2015 年全国人均综合用水量 445 立方米，万元人民币国内生产总值（当年价）用水量为 90 立方米，农田灌溉水有效利用系数为 0.536，万元人民币工业增加值（当年价）用水量为 58.3 立方米。相较于发达国家和世界先进水平在节约用水方面仍有较大差距。

3.1.3 水资源短缺形势严峻

我国是淡水资源严重缺乏的国家，淡水资源总量为 2.84 万亿立方米，仅占全球水资源的 6%；人均水资源占有量 2 100 多立方米，仅为世界平均水平的 28%；全国 660 多座城市中，有 2/3 的城市缺水。① 在淡水资源总量少的情况下，我国水资源供给量和使用量在区域间极为不平衡，总体来说，北方水少，南方水多；加之北方经济发展与人口密集，使得北方用水超标现象普遍，地下水超采严重。

① 《水利——造福民生的伟大事业》中华人民共和国水利部编，中国水利水电出版，2013 年。

3.1.3.1　北方水资源量远低于南方且持续减少

根据水资源调查统计①，1956～2000 年 45 年期间，全国水资源总量为 28 412 亿立方米。其中，北方地区多年平均年水资源总量为 5 267 亿立方米，占全国的 18.5%；南方地区多年平均年水资源总量为 23 145 亿立方米，占全国的 81.5%。全国多年平均年地表水资源量为 27 388 亿立方米，占水资源总量的 96.4%；地下水与地表水资源不重复计算水量为 1 024 亿立方米，占 3.6%。其中，北方地区地表水资源量占其水资源总量的 83.1%，不重复计算地下水量占 16.9%；南方地区地表水资源量占其水资源总量的 99.4%，不重复计算地下水量占 0.6%。海河区地表水资源量占其水资源总量的比重最低，仅为 58.3%，不重复计算地下水量占比最大，为 41.7%（见图 3.5 和 3.6）。

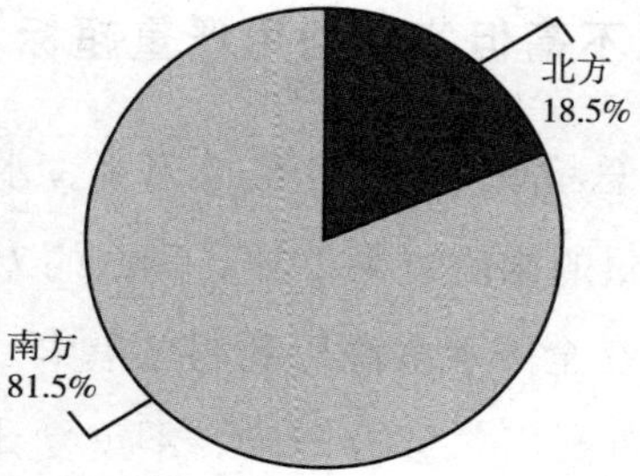

图 3.5　我国南北方多年平均水资源量占比图（1956～2000 年）

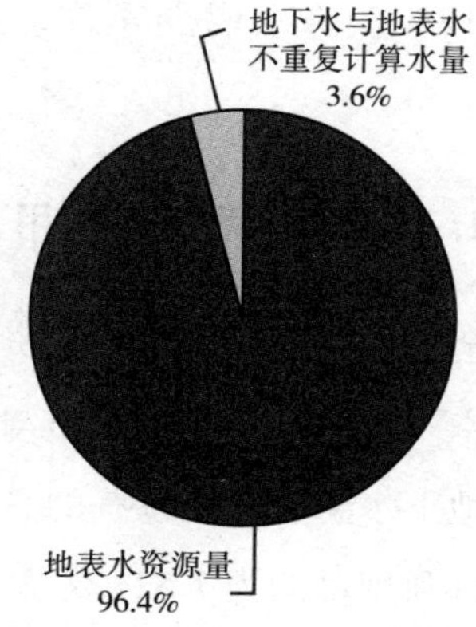

图 3.6　我国地表水与地下水多年平均水资源量占比图（1956～2000 年）

① 水资源调查评价工作是水资源管理重要的基础性工作。20 世纪 80 年代初，国家组织开展了全国第一次水资源评价工作；21 世纪初，根据水资源管理工作需要，组织开展了第二次全国水资源调查评价工作；2017 年，根据 2017 年中央 1 号文件关于“实施第三次全国水资源调查评价”工作部署，全面启动了第三次全国水资源调查评价工作，计划用 2～3 年时间完成新一轮水资源调查评价工作。现有水资源调查评价资料为 2004 年通过的第二次全国水资源调查评价成果。

全国省级多年平均年水资源量统计表明，福建、江西、湖北、湖南、广东、广西、四川、贵州、云南、西藏等10个省区多年平均年水资源总量超过1 000亿立方米，其中西藏4 395亿立方米，四川2 616亿立方米，云南2 210亿立方米；北京、天津、上海、宁夏、香港、澳门不足40亿立方米。

相较于1956～1979年，1980～2000年南方地区地表水资源量和水资源总量增加幅度接近4%；北方部分地区水资源量则明显减少，其中，海河区水资源总量减少25%，淮河区山东半岛减少32%。水资源量减少的主要原因是降水偏少和人类活动对水源涵养的影响。20世纪80年代后，北方大部分地区降水偏少，尤以海河、黄河中下游地区以及淮河山东半岛最为明显。后21年相较于前24年，海河区降水偏少11%、黄河区偏少6.1%、辽河区偏少2.3%、淮河区山东半岛和沂沭泗水系降水分别偏少16%和12%。降水偏少导致上述区域的地表水资源量减少约占总减少量的75%。

3.1.3.2 水资源可利用总量占比不高但实际利用严重超标

在全国水资源总量中，水资源可利用总量约为8 140亿立方米，水资源可利用率（水资源可利用总量与水资源总量的比值）为29%，剩余的71%为河道和地下水生态环境系统的总用水量。在全国水资源可利用总量中，地表水资源可利用量约为7 524亿立方米，占可利用总量的92%，不重复计算的地下水量占8%。

七大江河是我国的主要河流，其范围内地表水资源量和水资源总量占全国总量近60%，水资源可利用量约占全国的65%。黄河、海河、辽河地表水资源可利用率为51%，水资源可利用率为57%，约为全国可利用率的2倍。其中海河不重复供水量大于水资源可利用量36亿立方米，为水资源可利用总量的1.15倍。

我国内陆河地区水资源十分缺乏，生态环境非常脆弱，水资源可利用率不超50%。目前有些水系现状水资源开发利用程度过高，生态环境状况呈继续恶化趋势，石羊河、黑河、塔里木河和天山北麓等诸河现状不重复利用率分别达118%、76%、66%和67%，均超过其水资源可利用率。

3.1.4　水质恶化日趋严重

通过对地表水和地下水的调查评价显示，随着经济社会的发展，我国由于水污染导致水质恶化现象日趋严重。

3.1.4.1　地表水水质恶化情况

地表水水质是指地表水水体的物理、化学及生物学的特征和性质。根据GB3838—2002《中华人民共和国地表水环境质量标准》，地表水水质划分为以下5类：

Ⅰ类　主要适用于源头水、国家自然保护区；

Ⅱ类　主要适用于集中式生活饮用水地表水源地一级保护区、珍稀水生生物栖息地、鱼虾类产卵场、仔稚幼鱼的索饵场等；

Ⅲ类　主要适用于集中式生活饮用水地表水源地二级保护区、鱼虾类越冬场、洄游通道、水产养殖区等渔业水域及游泳区；

Ⅳ类　主要适用于一般工业用水区及人体非直接接触的娱乐用水区；

Ⅴ类　主要适用于农业用水区及一般景观要求水域。

根据GB3838—2002《中华人民共和国地表水环境质量标准》，对河流、水库和湖泊进行评价，情况如下：

根据5 847个河流水质测站2000年及近期的监测资料，对全国河流水质状况进行综合评价。评价结果表明：在全年评价的285 044.5公里总河长中，Ⅰ类水河长约占评价总河长的6.9%，Ⅱ类水河长占37.4%，Ⅲ类水河长占21.7%，Ⅳ类水河长占11.7%，Ⅴ类水河长占6.3%，劣Ⅴ类水河长约占16.0%。全年符合和优于Ⅲ类水标准的河长188 263.5公里，占评价总河长的66.0%（见图3.7）。

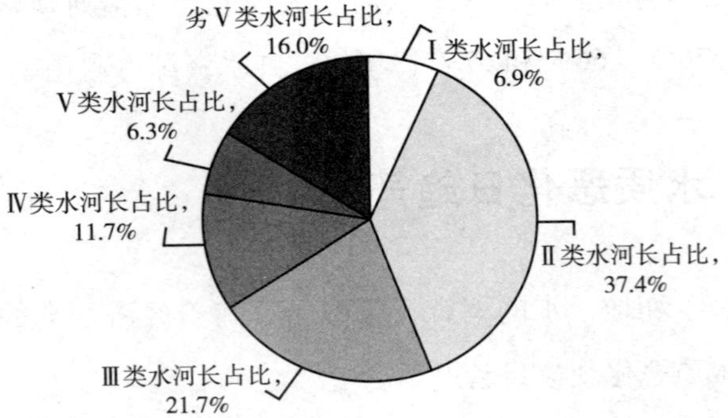

图 3.7　河流水质状况图

河流水质的地域分布特点大致为：河流上游河段水质优于中下游河段，城镇及其下游河段水质普遍较差；南方流域水质状况整体优于北方，东部发达地区，如环京津地区、长三角和珠三角等人口密集、经济相对发达地区的水质差于中西部地区。河流的污染主要以有机污染为主，主要超标项目为氨氮、高锰酸盐指数、化学需氧量、五日生化需氧量、溶解氧和挥发酚。重金属污染出现在西南诸河和长江区等局部区域。全国省级行政区河流现状水质综合评价成果表明：山东、河北、天津等省级行政区河流污染严重，劣Ⅴ类水河长分别占其评价河长的63.9%、59.9%和59.6%；内蒙古劣于Ⅲ类水标准的河长14 145.4公里，占全国劣于Ⅲ类水标准河长的14.6%，是全国劣于Ⅲ类水标准河长最多的省级行政区。西藏、海南、新疆、青海、福建和湖北是全国水质状况最好的6个省级行政区，全年河流水质符合和优于Ⅲ类水标准的河长比例均高于90%。在全国大范围评价的基础上，根据1 070个测站监测数据，对流域面积较大、供水作用较重要的78条重要江河的水质状况进行了评价，评估结果表明，我国重要江河水质状况相对较差，在评价的46 774.7公里河长中，符合和优于Ⅲ类水标准的河长占相应评价河长的59.2%。主要江河水质情况如下：松花江干流符合和优于Ⅲ类水标准的河长占相应评价河长的44.6%；辽河干流污染十分严重，符合和优于Ⅲ类水标准的河长占相应评价河长的比例仅为7.1%，辽河柳河口以上河段劣Ⅴ类水河长占比高达72.8%，以下河段全部为污染河流；海河、滦河水质状况总体较差，海河干流在柳林以上河段为Ⅴ类，以下为Ⅳ类；滦河板城以上河段水质以Ⅲ、Ⅳ类为主，以下恶化至劣Ⅴ类；黄河干流评价河长为5 463.6公里，符合和优于Ⅲ类水标准的河长占相应评价河长的44.2%。以兰州为界，黄河兰州以上河段水质较好，为Ⅱ类水和Ⅲ类水；以下河段较差，其中龙门至三门峡段水质最差，全为劣Ⅴ类；三门峡至小浪底区间次之，为Ⅴ类和劣Ⅴ类；淮河干流全年符合和优于Ⅲ类水标准的河长比例为52.3%。淮河源头至长台关断面水质等于或优于Ⅲ类水；息县断面以下掺杂劣Ⅴ类水，水质状况较差；长江干流符合和优于Ⅲ类水标准的河长比例为94.2%，宜昌至武汉干流河段水质相对较差；珠江东江水系水质状况最好，评价河长574.5公里全部为Ⅱ类水和Ⅲ类水；西江水系水质最差，符合和优于Ⅲ类水标准的河长比例为55.7%（见图3.8）。

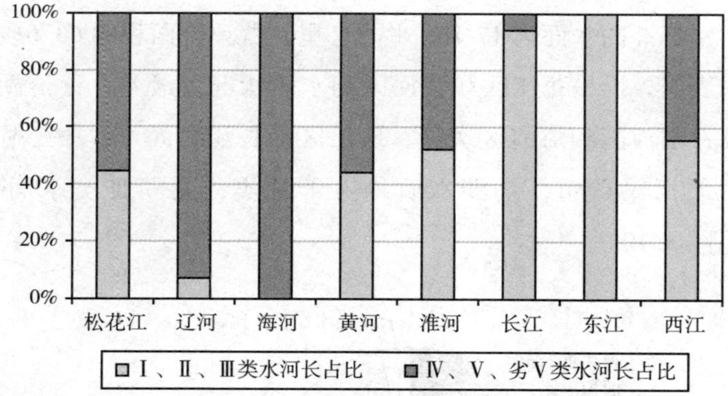

图3.8　各流域水质状况图

在全年评价的636座代表性水库中，符合和优于Ⅲ类标准的水库473座，占评价总数的74.5%。其中，Ⅰ类水质水库64座，占10.1%；Ⅱ类水质水库233座，占36.7%；Ⅲ类176座，占27.7%；Ⅳ类81座，占12.7%，Ⅴ类和劣Ⅴ类各41座，分别占6.4%。从水库蓄水量看，全年评价蓄水量为1 618亿立方米，符合和优于Ⅲ类标准的蓄水量占评价蓄水量的90.7%。其中，Ⅰ类水量占19.9%，Ⅱ类水量占53.0%，Ⅲ类水量占17.8%，Ⅳ类水量占4.8%，Ⅴ类水量占3.4%，劣Ⅴ类水量仅占1.1%（见图3.9）。

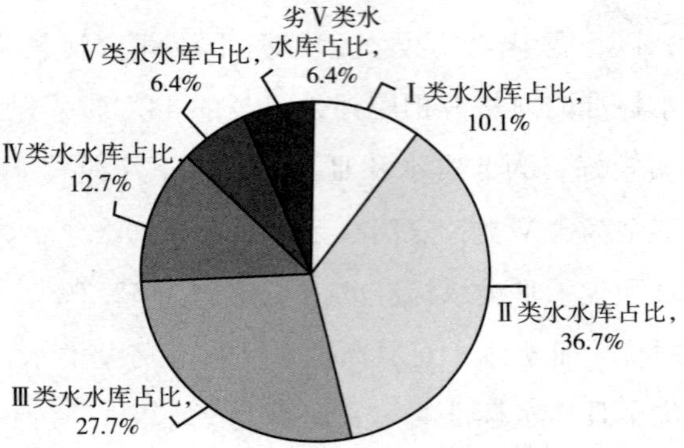

图 3.9　代表性水库水质状况图

全国全年评价代表性湖泊 86 个，评价湖面面积 26 959.1 平方公里。其中，Ⅰ类水域水面占 3.6%，Ⅱ类、Ⅲ类分别占 20.1% 和 39.9%；水质符合和优于Ⅲ类水标准的水面为 17 163 平方公里，占评价面积的 63.6%。全国湖泊评价结果表明，以松花江区和黄河区的水质状况为最差，评价湖泊均劣于Ⅲ类水标准；淮河区和海河区次之；珠江区和长江区尚可；“三湖”中的滇池、巢湖水质污染严重，全湖水质均劣于Ⅲ类，太湖Ⅲ类水面积比例为 92.0%（见图 3.10）。

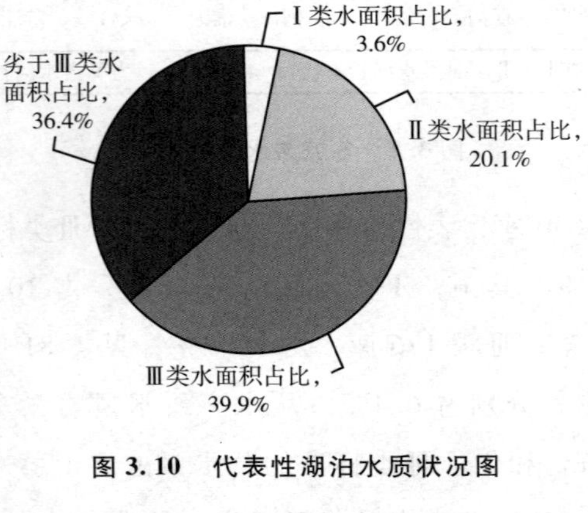

图 3.10　代表性湖泊水质状况图

由于我国工业及城镇生活用水和废污水及其污染物排放量持续增长，再加上农田径流、畜禽养殖、城市径流、农村生活和水土流失等非点源污染物产生量的增长，导致我国地表水污染范围和污染程度均呈持续恶化的趋势。全国第一次地表水水质评价成果显示，在 20 世纪 80 年代初期，我国的水污染主要集中在部分河流的局部河段，按当时的地表水水质评价标准，在 20 世纪 80 年代评价的 89 395 公里河长中，劣于Ⅲ类水标准（当时标准）的河长为 18 506 公里，占比 20.7%，且主要集中在城市河段；根据 21 世纪初河流水质评价成果，在评价的 285 045 公里河长中，劣于Ⅲ类水标准的河长已达 96 781 公里，占比上升到 34.0%，且不仅城市河段污染严重，其他河段以及中小河流的污染也相当严重，表明我国水污染的范围在不断扩大，污染的程度在不断加深。

3.1.4.2　地下水水质恶化情况

地下水水质是指地下水的物理、化学、生物学特征和性质的总称。根据 GB/T14848—1993《地下水质量标准》，地下水水质划分为以下 5 类：

Ⅰ类　主要反映地下水化学组分的天然低背景含量，适用饮用和工农业供水等各种用途；

Ⅱ类　主要反映地下水化学组分的天然背景含量，适用饮用和工农业供水等各种用途；

Ⅲ类　以人体健康基准为依据，主要适用于集中式生活饮用水水源和工农业用水；

Ⅳ类　以农业和工业用水要求为依据，除适用于农业和部分工业用水外，适当处理后可作生活饮用水；

Ⅴ类　不宜饮用，工农业用水需根据其使用目的进行专门评价。

在全国进行地下水水质评价的约 197.43 万平方公里的平原区评价面积中，Ⅰ类和Ⅱ类水质的面积仅为 4.6%，Ⅲ类水质的面积占总评价面积的 34.7%，Ⅳ类和Ⅴ类水质的面积占总评价面积的 60.7%（见图 3.11）。

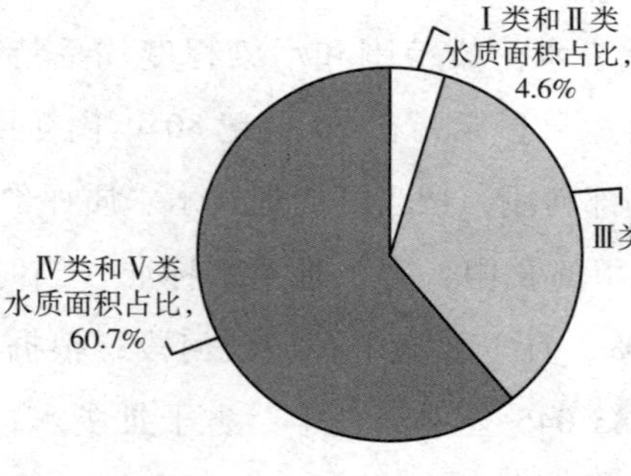

图 3.11 地下水水质状况图

从全国平原区地下水现状水质状况的空间分布来看，经济社会活动强度大、人口密集、天然本底水质较差的平原区地下水水质较差。松花江区平原Ⅰ类、Ⅱ类、Ⅲ类地下水面积占其总评价面积的比例为45.58%，已有超半数的地下水不适宜直接饮用。辽河区平原浅层地下水Ⅰ类、Ⅱ类、Ⅲ类地下水面积占其总评价面积的比例为15.46%，已有84.54%的地下水不适宜直接饮用。松花江和辽河区的水质主要受氟、铁、锰等水化学指标的影响，水致性地方病较为普遍。海河区平原（含盆地）地下水大多数受到不同程度的污染，Ⅳ类、Ⅴ类水面积达11.44万平方公里，占平原区（含盆地）面积的76.47%。黄河区平原Ⅳ类和Ⅴ类地下水面积9.44万平方公里，占其评价面积的48.11%，评价表明近一半地下水不宜直接饮用。淮河区平原Ⅳ类和Ⅴ类地下水面积12.74万平方公里，占其评价面积的71.3%，污染相当严重。长江区平原地下水Ⅲ类水分布的比例较大，为4.02万平方公里，占其评价面积的30%；优于和等于Ⅲ类水的面积比例为43.6%，劣于Ⅲ类水的面积比例为56.4%。太湖流域Ⅳ类和Ⅴ类地下水面积为2.58万平方公里，占其评价面积的91.5%，地下水几乎全部不能饮用，其超标项目为氨氮、总硬度、矿化度、高锰酸盐指数、总大肠菌群等。珠江区平原（含盆地）Ⅳ类和Ⅴ类地下水面积为0.08万平方公里，占其评价面积的3.8%，地下水水质总体较好，局部地区较差（见图3.12）。

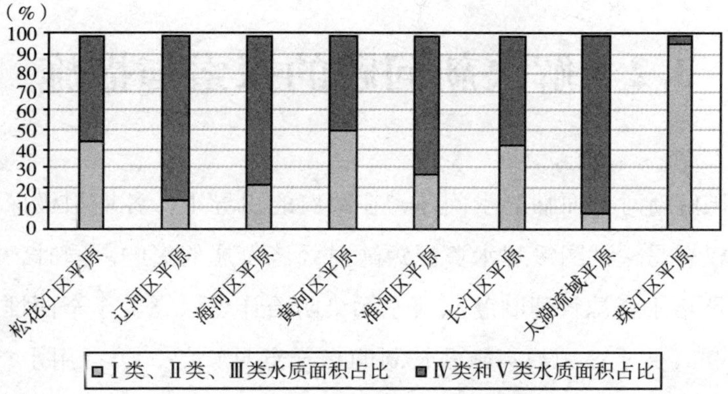

图 3.12　各区域地下水水质状况图

人们生活和社会经济活动的强度直接影响地下水的污染程度。地下水运动缓慢，其污染面积大小和程度与污染源的负荷及其分布状况关系密切。地下水污染主要受点源污染和污染的地表水体的入渗影响，特别是城市生活污水及垃圾、工业“三废”等的排放，农业大量农药、化肥的使用等，导致地下水污染总量日益增大。目前，我国地下水污染严重的区域主要分布在大城市、城镇周围地区、排污河道两侧，地表污染水体分布区及引污水灌溉地区，已有很多地区的浅层地下水不能直接饮用。平原区地下水中，超标污染因子越来越多，而且污染程度也在不断加重，有些地区，如河北，深层地下水中已有污染物检出。海河区和淮河区平原以及太湖水网区、松嫩平原等重要农业地区，浅层地下水已出现面状污染的态势。地下水的污染正由点状污染、条带状污染向面状污染扩散，由浅层向深层渗透，从城市向农村蔓延。由于地下水运动缓慢，一旦遭到污染，恢复是十分困难的。

在我国，资源性缺水与用水效率不高、用水浪费现象并存，资源性缺水和因污染导致的水质性缺水现象并存，由于人类活动和过度开发导致生态环境恶化，破坏了水源涵养条件，又进一步加剧水资源短缺，形成恶性循环。随着我国工业化、城镇化的深入发展，水资源需求将在较长一段时期内持续增长，水资源供需矛盾将更加尖锐，我国水资源面临的形势将更为严峻。

3.2 解决新问题的探索与措施

为了破解新时期面临的水问题，在政府的引导下，各地积极探索，大胆尝试了水权交易，试图缓解水资源短缺对经济发展的影响。同时，国家先后出台《最严格水资源管理制度》、《水污染防治计划》、《关于全面推行河长制的意见》和《关于在湖泊实施湖长制的指导意见》等，实行用水总量控制、全面促进节约用水和综合防治水污染。

3.2.1 水权交易探索

为解决因城市用水短缺，制约当地经济发展问题，2000 年浙江省义乌市和东阳市签订有偿转让横锦水库部分用水权的协议，开创了我国水权交易的先河。与东阳・义乌水权交易类似，浙江省余姚和慈溪、慈溪和绍兴也分别开展了水权交易。2002 年，甘肃省张掖市作为全国第一个节水型社会试点，选择临泽县梨园河灌区和民乐县洪水河灌区试行农民用水户水票交易制度。2003 年开始，在水利部黄河水利委员会的主导下，宁夏、内蒙古两区分别开展了“以工业投资促进灌区节水，以农业节水支持工业发展”的工农业水权转换工作试点。2008 年福建泉州市开展水权交易探索，当年石狮市建设的二期引水工程超配额引用晋江的水量通过水权交易方式获得。2009 年，深圳、香港和粤港供水公司之间试行水量指标交易，香港水量指标未用完部分转让给深圳。2010 年，新疆呼图壁县启动了军塘湖河流域水资源优化配置试点，当年共交易水量 87 万立方米。2011 年新疆吐鲁番探索实行政府有偿出让水权，并颁布实施了《吐鲁番地区水权转让管理办法（试行）》。2014 年，内蒙古探索开展跨盟市水权转让，从巴彦淖尔市河套灌区沈乌灌域一期项目节水 2.35 亿立方米，向鄂尔多斯市、阿拉善盟转让 1.2 亿立方米。同年，新疆玛纳斯县水权交易中心投入使用，试运行的两个月期间完成交易水量调配 20 万立方米，用水户节约的水以 6 倍的价格卖出。

各地探索实施水权交易，打破了一直以来政府单一配置水资源的格局，在水资源配置中引入了市场机制，促进了水资源向高附加值区域和产业流动，为支撑区域、产业经济发展起到了一定作用。

3.2.2　实施最严格水资源管理制度

为解决我国复杂的水资源水环境问题，实现经济社会的可持续发展，2012 年 1 月，国务院发布了《关于实行最严格水资源管理制度的意见》，确立了实行最严格水资源管理制度的“三条红线”和“四项制度”。

3.2.2.1　设置水资源管理“三条红线”

一是确立水资源开发利用控制红线，到 2030 年全国用水总量控制在 7 000 亿立方米以内。二是确立用水效率控制红线，到 2030 年用水效率达到或接近世界先进水平，万元工业增加值用水量降低到 40 立方米以下，农田灌溉水有效利用系数提高到 0.6 以上。三是确立水功能区限制纳污红线，到 2030 年主要污染物入河湖总量控制在水功能区纳污能力范围之内，水功能区水质达标率提高到 95% 以上。

3.2.2.2　建立水资源管理“四项制度”

一是用水总量控制。加强水资源开发利用控制红线管理，严格实行用水总量控制，包括严格规划管理和水资源论证，严格控制流域和区域取用水总量，严格实施取水许可，严格水资源有偿使用，严格地下水管理和保护，强化水资源统一调度。二是用水效率控制制度。加强用水效率控制红线管理，全面推进节水型社会建设，包括全面加强节约用水管理，把节约用水贯穿于经济社会发展和群众生活生产全过程，强化用水定额管理，加快推进节水技术改造。三是水功能区限制纳污制度。加强水功能区限制纳污红线管理，严格控制入河湖排污总量，包括严格水功能区监督管理，加强饮用水水源地保护，推进水生态系统保护与修复。四是水资源管理责任和考核制度。将水资源开发利用、节约和保护的主要指标纳入地方经济社会发展综合评价体系，县级以上人民政府主要负责人对本行政区域水资源管理和保护工作负总责。

3.2.2.3 组织实施考核

2013 年 1 月 2 日，国务院办公厅发布《实行最严格水资源管理制度考核办法》。考核内容为最严格水资源管理制度目标完成、制度建设和措施落实情况。经国务院审定的年度和期末考核结果，交由干部主管部门，作为对各省、自治区、直辖市人民政府主要负责人和领导班子综合考核评价的重要依据。同时，对期末考核结果为优秀的省、自治区、直辖市人民政府，国务院予以通报表扬，有关部门在相关项目安排上优先予以考虑。对在水资源节约、保护和管理中取得显著成绩的单位和个人，按照国家有关规定给予表彰奖励；年度或期末考核结果为不合格的省、自治区、直辖市人民政府，要在考核结果公告后一个月内，向国务院做出书面报告，提出限期整改措施，同时抄送水利部等考核工作组成员单位。整改期间，暂停该地区建设项目新增取水和入河排污口审批，暂停该地区新增主要水污染物排放建设项目环评审批。对整改不到位的，由监察机关依法依纪追究该地区有关责任人员的责任。

3.2.2.4 阶段性成果

自最严格水资源管理制度实施以来，水资源开发利用控制、用水效率控制、水功能区限制纳污“三条红线”已基本覆盖省、市、县三级行政区域。在用水效率方面，开展了 100 个国家级节水型社会建设试点和 200 个省级试点。到 2015 年，全国万元工业增加值用水量由 2010 年的 90 立方米下降到 62 立方米，农田灌溉水有效利用系数由 2010 年的 0.50 提高到 0.53。在保障能力方面，着力加快 172 项节水供水重大水利工程建设，可新增城乡供水能力

800 亿立方米，新增农业节水能力 260 亿立方米，增加灌溉面积 7 800 多万亩。在生态保护方面，启动 105 个水生态文明城市试点建设，年均治理水土流失面积 5 万平方公里，黄河连续 16 年不断流，塔里木河、石羊河等流域生态功能逐步得到恢复。①

3.2.3　出台水污染防治行动计划

2015 年 4 月 2 日，国务院发布《水污染防治行动计划》，就全面防治水污染做出以下规定：

3.2.3.1　防治水污染总体要求

全面贯彻党的十八大和十八届二中、三中、四中全会精神，大力推进生态文明建设，以改善水环境质量为核心，按照“节水优先、空间均衡、系统治理、两手发力”原则，贯彻“安全、清洁、健康”方针，强化源头控制，水陆统筹、河海兼顾，对江河湖海实施分流域、分区域、分阶段科学治理，系统推进水污染防治、水生态保护和水资源管理。坚持政府市场协同，注重改革创新；坚持全面依法推进，实行最严格环保制度；坚持落实各方责任，严格考核问责；坚持全民参与，推动节水洁水人人有责，形成“政府统领、企业施治、市场驱动、公众参与”的水污染防治新机制，实现环境效益、经济效益与社会效益多赢，为建设“蓝天常在、青山常在、绿水常在”的美丽中国而奋斗。

3.2.3.2　防治水污染工作目标

到 2020 年，全国水环境质量得到阶段性改善，污染严重水体较大幅度减少，饮用水安全保障水平持续提升，地下水超采得到严格控制，地下水污染加剧趋势得到初步遏制，近岸海域环境质量稳中趋好，京津冀、长三角、珠

---

① 陈雷：实行最严格的水资源管理制度 2015 年 11 月 09 日 16：07：18 来源：中国经济网—《经济日报》。

三角等区域水生态环境状况有所好转。到2030年，力争全国水环境质量总体改善，水生态系统功能初步恢复。到21世纪中叶，生态环境质量全面改善，生态系统实现良性循环。

主要指标：到2020年，长江、黄河、珠江、松花江、淮河、海河、辽河七大重点流域水质优良（达到或优于Ⅲ类）比例总体达到70%以上，地级及以上城市建成区黑臭水体均控制在10%以内，地级及以上城市集中式饮用水水源水质达到或优于Ⅲ类比例总体高于93%，全国地下水质量极差的比例控制在15%左右，近岸海域水质优良（一、二类）比例达到70%左右。京津冀区域丧失使用功能（劣于Ⅴ类）的水体断面比例下降15个百分点左右，长三角、珠三角区域力争消除丧失使用功能的水体。到2030年，全国七大重点流域水质优良比例总体达到75%以上，城市建成区黑臭水体总体得到消除，城市集中式饮用水水源水质达到或优于Ⅲ类比例总体为95%左右。

3.2.3.3 防治水污染十项具体要求

一是全面控制污染物排放，二是推动经济结构转型升级，三是着力节约保护水资源，四是强化科技支撑，五是充分发挥市场机制作用，六是严格环境执法监管，七是切实加强水环境管理，八是全力保障水生态环境安全，九是明确和落实各方责任，十是强化公众参与和社会监督。由于《计划》提出了十条具体要求，人们也称之为“水十条”。

3.2.4 实施“河湖长制”

2016年10月11日，中央全面深化改革领导小组第28次会议，审议通过了《关于全面推行河长制的意见》。2017年11月20日，十九届中央全面深化改革领导小组第一次会议审核通过《关于在湖泊实施湖长制的指导意见》。

3.2.4.1 实施“河湖长制”的要求

全面推行河长（zhǎng）制、湖长制是以保护水资源、防治水污染、改善水环境、修复水生态为主要任务，全面建立省、市、县、乡四级河长体系，构建责任明确、协调有序、监管严格、保护有力的河湖管理保护机制，为维护河湖健康生命、实现河湖功能永续利用提供制度保障。要求到 2018 年年底前在全面建立“河长制”“湖长制”，建立健全以党政领导负责制为核心的责任体系，落实属地管理责任。

3.2.4.2　实施“河长制”“湖长制”的主要任务

“河长制”工作的主要任务包括六个方面。一是加强水资源保护，全面落实最严格水资源管理制度，严守“三条红线”；二是加强河湖水域岸线管理保护，严格水域、岸线等水生态空间管控，严禁侵占河道、围垦湖泊；三是加强水污染防治，统筹水上、岸上污染治理，排查入河湖污染源，优化入河排污口布局；四是加强水环境治理，保障饮用水水源安全，加大黑臭水体治理力度，实现河湖环境整洁优美、水清岸绿；五是加强水生态修复，依法划定河湖管理范围，强化山水林田湖系统治理；六是加强执法监管，严厉打击涉河湖违法行为。

“湖长制”工作的主要任务也包括六个方面。一是严格湖泊水域空间管控。要依法划定湖泊管理范围，严格控制开发利用行为，将湖泊及其生态缓冲带划为优先保护区，依法落实相关管控措施；二是强化湖泊岸线管理保护。实行湖泊岸线分区管理，强化岸线用途管制和节约集约利用；三是加强湖泊水资源保护和水污染防治。落实最严格水资源管理制度，强化湖泊水资源保护；四是加大湖泊水环境综合整治力度。按照水功能区区划确定各类水体水质保护目标，强化湖泊水环境整治，限期完成存在黑臭水体的湖泊和入湖河流整治；五是开展湖泊生态治理与修复。实施湖泊健康评估。加大对生态环境良好湖泊的严格保护，加强湖泊水资源调控，进一步提升湖泊生态功能和健康水平；六是健全湖泊执法监管机制。建立健全湖泊、入湖河流所在行政区域的多部门联合执法机制，建立日常监管巡查制度，实行湖泊动态监管。

3.2.4.3 阶段性成果

截至2018年6月，全国31个省（自治区、直辖市）已提前半年全面建立河长制。河长制的组织体系、制度体系、责任体系初步形成，全国河湖管理与保护局面发生可喜的变化。

一是河长湖长上岗履职。截至2018年6月，全国已有30多万名党政负责同志上岗到位，担任省、市、县、乡四级河长，很多省份还将河长制体系延伸到村，设立村级河长（部分省份含巡河员）77万多名。不少地方党政主要负责同志主动将问题突出的“老大难”河湖作为自己的“责任田”，形成“头雁效应”，发挥示范作用。二是治水合力逐步形成。各地以河长制为平台，充分发挥河长的统筹协调作用。流域管理机构积极发挥协调、指导、监督、监测作用，协调推进跨省河湖联防联治。三是河湖整治相继启动。各地加快摸清河湖现状，建立河湖名录，制定一河（湖）一策方案，因地制宜开展河湖专项整治行动。四是监督考核压实责任。各地将督查整改、激励问责作为压实责任的重要举措，不少地方还通过党委政府督查、人大政协监督、深改组专项督察，以及明察暗访、媒体曝光、电视问责等多种方式，监督河长履职、部门尽责。五是全民参与社会共治。各地大力宣传普及河长制政策和相关知识，积极推进河长制进企业、进校园、进社区、进农村，涌现出一大批“党员河长”“乡贤河长”等民间河长和志愿者服务队。①

3.3 原水资源管理体制的弊端

在应对水资源短缺、水污染严重与水生态环境恶化问题过程中，尽管

① 《形成人与自然和谐发展的河湖生态新格局》，水利部党组书记、部长鄂竟平，《求是》2018/16。

中央各项节水控污政策密集出台、各地水权交易大胆探索均取得了不小的成效，但是，水资源短缺的严峻形势没有得到根本扭转，水污染现象还没有得到有效遏止，水生态环境持续恶化。根据2015年中国水资源公报，2015年全国人均综合用水量445立方米，与2000年全国综合人均用水量持平；万元国内生产总值（当年价）用水量为90立方米，农田灌溉水有效利用系数为0.536，与2000年全国平均灌溉水有效利用系数比上升了0.136；万元工业增加值（当年价）用水量为58.3立方米。2015年，全国水质评价河长23.5万公里，Ⅰ~Ⅲ类水质河长比例为74.2%。相较于2000年评价，Ⅰ~Ⅲ类水质河长比例上升了8.2%；评估湖泊116个，Ⅰ~Ⅲ类水质湖泊个数比例为25.0%，78.3%的湖泊处于富营养状态。相较于2000年的评价，Ⅰ~Ⅲ类湖泊水质下降41.9%；评价水库736座，Ⅰ~Ⅲ类水质水库座数比例为81.0%，36.5%水库水面处于富营养状态。相较于2000年评价，Ⅰ~Ⅲ类水库水质下降27.2%。2017年中国生态环境状况公报反映，以地下水含水系统为单元，以潜水为主的浅层地下水和承压水为主的中深层地下水为对象，对全国31个省（区、市）223个地市级行政区的5 100个监测点（其中国家级监测点1 000个）开展的地下水水质监测评价结果显示：水质为优良级、良好级、较好级、较差级和极差级的监测点分别占8.8%、23.1%、1.5%、51.8%和14.8%，较好级及以上监测点占比合计33.4%，占监测点总数的1/3。主要超标指标除总硬度、锰、铁、溶解性总固体、“三氮”（亚硝酸盐氮、氨氮和硝酸盐氮）、硫酸盐、氟化物、氯化物等，个别监测站存在砷、六价铬、铅、汞等重（类）金属超标现象。从2000年起，经过十几年的努力，我国用水效率提升有限，而水污染恶化严重。上述分析表明，当前水资源问题解决过程中，存在“政府失灵”，原水资源管理体制存在的弊端越来越多地遭到诟病。

3.3.1 以管理权代替所有权

水是一种物，对水的开发、利用是行为。根据《中华人民共和国水法》（以下简称《水法》）规定，在我国，对水的开发、利用是政府行为或政府许可行为。物权是私权利，对物权的规范属于民法范畴，权利的保护是排他的，权利主体之间的关系是平等的，权利的使用与转让通过平等主体间协商达成一致来实现；而行政管理权是公权力，对政府行为的规范属于行政法范畴，权力的相对人是处于不对等的、弱势地位，权力的实施和维护是通过国家机器实现的。

3.3.1.1 水的所有权与使用权相关规定

1954 年，新中国成立后第一次全国人民代表大会第一次会议通过的《中华人民共和国宪法》第六条第二款规定，“矿藏、水流，由法律规定为国有的森林、荒地和其他资源，都属于全民所有。”明确了在我国，水作为一种自然资源，其所有权属于全民。此后，历次修宪，均没有改动这一规定。

根据 1982 年宪法，1986 年颁布的《中华人民共和国民法通则》，在第五章民事权利、第一节财产所有权和与财产所有权有关的财产权中规定，“国家所有的森林、山岭、草原、荒地、滩涂、水面等自然资源，可以依法由全民所有制单位使用，也可以依法确定由集体所有制单位使用，国家保护它的使用、收益的权利；使用单位有管理、保护、合理利用的义务（第八十一条第一款）”。“公民、集体依法对集体所有的或者国家所有由集体使用的森林、山岭、草原、荒地、滩涂、水面的承包经营权，受法律保护。承包双方的权利和义务，依照法律由承包合同规定（第八十一条第三款）”。“国家所有的矿藏、水流，国家所有的和法律规定属于集体所有的林地、山岭、草原、荒地、滩涂不得买卖、出租、抵押或者以其他形式非法转让（第八十一条第三款）”。根据《民法通则》的规定，可进一步明确，一是水作为一种财产，其所有权属于且仅属于国家；二是水的使用权与所有权分离，水的使用权可依法授予全民所有制单位或集体所有制单位；三是依法拥有水的使用权的单位，其使用水的收益权受国家保护；四是水的使用单位有管理、保护、合理利用水的义务；五是全民所有制或集体所有制单位以外的公民、集体可通过承包方式取得国家所有由集体使用的水的使用权，其使用水的权利义务依法由承包合同规定；六是水的所有权不得用于买卖、出租、抵押或者以其他形式非法转让。通过上述分析，可得出如下结论：一是水的所有权和使用权两权可分离；二是依法取得水的使用权的单位可以取得水的收益权。

2007 年颁布的《中华人民共和国物权法》进一步明确了水的物权，即所有权和用益物权。一是明确水是不动产物权。第九条规定，“不动产物权的设立、变更、转让和消灭，经依法登记，发生效力；未经登记，不发生效力，但法律另有规定的除外。依法属于国家所有的自然资源，所有权可以不登记。”所谓不动产，是指土地以及建筑物等土地附着物；动产是指不动产以外的物。二是明确水的所有权属于且仅属于国家。第四十六条规定，“矿藏、水流、海域属于国家所有”。三是明确水的所有权作为一项财产权受法律保护。第五十六规定，“国家所有的财产受法律保护，禁止任何单位和个人侵占、哄抢、私分、截留、破坏”。四是明确水的用益物权。第一百一十八条规定，“国家所有或者国家所有由集体使用以及法律规定属于集体所有的自然资源，单位、个人依法可以占有、使用和收益”。五是规定有偿取得水的使用权。第一百一十九条规定，“国家实行自然资源有偿使用制度，但法律另有规定的除外”。六是保障水的使用权人的利益。第一百二十条规定，“用益物权人行使权利，应当遵守法律有关保护和合理开发利用资源的规定。所有权人不得干涉用益物权人行使权利”；第一百二十一条规定，“因不动产或者动产被征收、征用致使用益物权消灭或者影响用益物权行使的，用益物权人有权依照本法第四十二条、第四十四条的规定获得相应补偿”。七是明确取水权受法律保护。第一百二十三条规定，“依法取得的探矿权、采矿权、取水权和使用水域、滩涂从事养殖、捕捞的权利受法律保护”。相较于《民法通则》，《物权法》有两方面的进步：一是进一步放宽了单位和个人取得水的使用权的限制。《民法通则》规定，公民、集体不能直接取得水的使用权，取得的方式为，集体所有制单位先依法取得水的使用权，公民、集体再通过承包方式从集体所有制单位处取得水的使用权，相关权利义务依法由承包合同规定；《物权法》规定单位、个人可直接依法取得水的使用权，且对取得的水的使用权可享有占有、使用和收益的权利。二是强化了对水的使用权人的保护。明确了所有权人不得干涉水的使用权人行使权利；明确了依法取得的水的使用权被征收、征用后使用权人可获得相应补偿；将“取水权”纳入用益物权给予法律保护。由于取水许可是行政许可，属于行政法规范的范畴，因此《物权法》所规定的“取水权”实际上是指通过获得取水许可而取得的水资源资产的使用权。

为保护民事主体的合法权益，明确侵权责任，预防并制裁侵权行为，促进社会和谐稳定，2009 年 12 月 26 日，十一届全国人大常委会第十二次会议审议通过了《中华人民共和国侵权责任法》，自 2010 年 7 月 1 日起实施。根据《侵权责任法》第二条规定，侵害民事权益，应当依照本法承担侵权责任。本法所称民事权益，包括生命权、健康权、姓名权、名誉权、荣誉权、肖像权、隐私权、婚姻自主权、监护权、所有权、用益物权、担保物权、著作权、专利权、商标专用权、发现权、股权、继承权等人身、财产权益。《侵权责任法》明确环境污染为侵害民事权益，并在其第八章的环境污染责任中就环境污染侵权责任承担进行了详细规定。第六十五条，因污染环境造成损害的，污染者应当承担侵权责任；第六十六条，因污染环境发生纠纷，污染者应当就法律规定的不承担责任或者减轻责任的情形及其行为与损害之间不存在因果关系承担举证责任；第六十七条，两个以上污染者污染环境，污染者承担责任的大小，根据污染物的种类、排放量等因素确定；第六十八条，因第三人的过错污染环境造成损害的，被侵权人可以向污染者请求赔偿，也可以向第三人请求赔偿。污染者赔偿后，有权向第三人追偿。《侵权责任法》的制定实施是对水资源所有权及与其所有权相关的财产权的保护，水资源资产所有权人、使用权人等用益物权人或担保物权人可依据《侵权责任法》追究水资源资产污染责任，行使向污染者要求停止侵害并请求赔偿的权利。

3.3.1.2　水的管理权相关规定

根据宪法，1988年颁布了《中华人民共和国水法》，此后多次修订完善，最近一次修订于2016年。在《水法》总则部分，重申了宪法关于水资源所有权的规定，明确水资源属于国家所有。水资源的所有权由国务院代表国家行使；要求水的开发、利用、节约、保护和防治水害应当全面规划、统筹兼顾、标本兼治、综合利用、讲求效益，发挥水资源的多种功能，协调好生活、生产经营和生态环境用水；明确国家鼓励单位和个人依法开发、利用水资源，并保护其合法权益。同时要求开发、利用者承担保护水资源的义务；明确由国务院水行政主管部门负责全国取水许可制度和水资源有偿使用制度的组织实施；明确了水的管理体制。即国家对水资源实行流域管理与行政区域管理相结合的管理体制。国务院水行政主管部门负责全国水资源的统一管理和监督工作。国务院水行政主管部门在国家确定的重要江河、湖泊设立的流域管理机构，在所管辖的范围内行使法律、行政法规规定的和国务院水行政主管部门授予的水资源管理和监督职责。县级以上地方人民政府水行政主管部门按照规定的权限，负责本行政区域内水资源的统一管理和监督工作；并进一步明确了水资源管理各级政府有关部门职责分工。

《水法》总则明确了水资源管理的目标任务、主要内容、管理方式和管理体制，在明确水资源的所有权后即对水资源的管理进行了规范，没有划分所有权与管理权，厘清所有权的“权利”与管理权的“权力”关系，默认“国家所有”即“国家管理”，以“国家管理”代替“国家所有”，导致了水资源所有者的虚化。由于水资源所有者虚化，水资源的充分利用、有效保护和收益最大化的权利主张没有发声，致使水资源陷入“公共绿地”悲剧，效益外溢且保护弱化。这是水资源越开发越紧缺，越保护越污染问题产生的根源所在，也是原水资源管理体制存在诸多弊端的根本原因。

3.3.2 “九龙治水”

由于以水资源的管理权代替所有权，原水资源管理体制中没有设置代表国家行使所有者职责的部门，如《水法》第十三条所表述，“国务院有关部门按照职责分工，负责水资源开发、利用、节约和保护的有关工作。县级以上地方人民政府有关部门按照职责分工，负责本行政区域内水资源开发、利用、节约和保护的有关工作”。平行的管理部门之间按照各自的职责管理水资源，管理的边界难以划清，职责交叉、职能重叠、管理真空也就在所难免了。实践中约定俗成一些部门间的分工，如“水利不进城，住建不下乡”、“环保不下河，水利不上岸”等等。一个水库，水面以上旅游部门搞旅游，水面以下农业部门搞养殖，水库由水利部门负责，堤防公路由交通部门负责，护堤林又由林业部门负责……各自为政。当出现问题时，难以分清责任，各执一端，也不利于解决问题。同时，由于所有权人虚化，中央与地方事权不清，责任不明，产生管理真空。

“九龙治水”，治不了一条河。中央和地方多部门参与水资源管理工作，导致一条河按照行政管理职责被“条块分割”，没有作为一个整体来看待、来管理，不能实现多部门联合执法。各部门又均为各行业行政管理部门，面对治污，只能采取行政处罚手段，监管手段不足，往往导致排污者认缴罚款后继续排污；或更有甚者，暴力抗拒行政执法，加之各部门执法队伍建设分散，人手不足、装备不足，面对暴力抗拒执法的情况或束手无策，或因冲突导致伤亡后果。有的排污企业是当地纳税大户，甚至得到地方的保护。

在水污染防治问题上，利益多元，管理条块分割，信息不共享，资金投入和人员配备力量分散，手段单一，致使水污染屡治不愈，水资源质量堪忧。

3.3.3　水资源配置方式单一

新中国成立以来，我国对水资源的配置由政府统一实施。根据宪法，《水法》对政府配置水资源进行了明确。水法第三条规定，“水资源属于国家所有。水资源的所有权由国务院代表国家行使”。第七条规定，“国家对水资源依法实行取水许可制度和有偿使用制度”，“国务院水行政主管部门负责全国取水许可制度和水资源有偿使用制度的组织实施”。第四十四条规定，“国务院发展计划主管部门和国务院水行政主管部门负责全国水资源的宏观调配”。政府配置水资源的主要特点：一是公共财政投资水资源开发和利用。根据宪法和水法，水资源为国有资源，由政府根据规划统一配置。拦、蓄、引、提等开发、利用水资源的水利工程建设投资主要由公共财政负担。二是以流域综合规划为基础制定年度水量分配方案。2007年水利部令《水量分配暂行办法》出台。“十二五”期间，国务院批复了长江、黄河、淮河、海河、太湖、珠江和松花江等七大流域综合规划。三是涉水收费由政府定价。目前涉水收费主要有两项，一项是水资源费。根据水法和2006年国务院颁布实施的《取水许可和水资源费征收管理条例》规定，直接从江河、湖泊或者地下取用水资源的单位和个人，应当按照国家取水许可制度和水资源有偿使用制度的规定，向水行政主管部门或者流域管理机构申请领取取水许可证，并缴纳水资源费，取得取水权。2013年，国家发改委、财政部和水利部联合印发《关于水资源费征收标准有关问题的通知》，规定了“十二五”末各地区水资源费最低征收标准。其中，北京、天津地表水水资源费平均征收标准为1.6元/立方米，地下水为4元/立方米，征收标准最高；上海、四川等13个省（市、区）地表水为0.1元/立方米，地下水为0.2元/立方米，征收标准最低。另一项是水利工程供水水费。根据水法和2004年国家发改委、水利部联合印发的《水利工程供水价格管理办法》规定，使用水工程供应的水，应当按照国家规定向供水单位缴纳水费。2014

年，国家发改委下达《关于南水北调中线一期主体工程运行初期供水价格政策的通知》，对南水北调中线一期主体工程运行初期各口门供水价格进行了定价。水源工程的综合水价、基本水价和计量水价分别为0.13元、0.08元和0.05元；干线工程起点河南省南阳段（望城岗至十里庙）分别是0.18元、0.09元和0.09元，终点北京市（房山城关至团城湖）分别是2.33元，1.12元和1.21元。

这种以单一的行政方式配置水资源，以低价取得水资源使用权，不能体现水资源自身的价值，导致水资源供给不足与需求膨胀矛盾日深，一方面水资源越开发、越不够用；另一方面水利用效率不高、浪费严重。

3.3.4 长期依赖财政投入

以管理权代替所有权，水利建设投入长期依赖公共财政，重投资，轻产出，算社会效益账，不算经济效益账；重建设，轻管理，评价资金争取，不评价资金投入绩效；各部门多头要钱，资金分散；各部门信息不共享，重复建设。就是否投资以及投资额度，发改部门、财政部门与各业务主管部门长期博弈。

这种管理方式，一方面导致各项涉水建设管理资金需求膨胀，与公共财政资金供给相对不足的矛盾日深；另一方面导致公共财政资金使用效率不高、效益不好、浪费严重。

我国原有的水资源管理体制始于新中国成立之初，在计划经济时代，集中人力与财力，大兴水利工程基础设施建设，发挥了巨大作用；在改革开放初期，适应经济社会发展的需要，在原水资源管理体制下，转变工作思路、修订完善制度、提升水资源管理技术水平与管理能力、积极探索科学配置水资源的路径，保障了经济社会的持续发展。但在全面建设中国特色社会主义市场经济新时期，按照《中共中央关于全面深化改革若干重大问题的决定》的要求，经济体制改革是全面深化改革的重点，其核心问题是处理好政府和市场的关系，使市场在资源配置中起决定性作用和更好发挥政府作用。市场决定资源配置是市场经济的一般规律，健全社会主义市场经济体制必须遵循这条规律，着力解决市场体系不完善、政府干预过多和监管不到位问题；必须积极稳妥地从广度和深度上推进市场化改革，大幅度减少政府对资源的直接配置，推动资源配置依据市场规则、市场价格、市场竞争实现效益最大化和效率最优化。政府的职责和作用主要是保持宏观经济稳定，加强和优化公共服务，保障公平竞争，加强市场监管，维护市场秩序，推动可持续发展，促进共同富裕，弥补市场失灵。原水资源管理体制已不适应新形势下经济社会发展的需要，已不能有效解决当前我国水资源突出问题，存在“政府失效”问题，水资源管理体制改革不仅十分必要，而且非常迫切。

3.4　水资源资产管理的提出

针对包括水资源资产管理在内的自然资源资产管理普遍存在的问题，根据党的十八大精神，中共中央、国务院先后提出“建设生态文明”、“健全国家自然资源资产管理体制”、“健全自然资源资产产权制度”等要求，创新了自然资源管理理念，改革了包括水资源资产管理在内的自然资源资产管理体制。

3.4.1　生态文明建设理念的提出

面对我国经济社会发展进程中资源约束趋紧、环境污染严重、生态系统退化的严峻形势，2012 年 11 月，党的十八大从新的历史起点出发，做出“大力推进生态文明建设”的战略决策，认为建设生态文明，是关系人民福祉、关乎民族未来的长远大计，并要求把生态文明建设放在突出地位，融入经济建设、政治建设、文化建设、社会建设各方面和全过程，按照建设中国特色社会主义五位一体的总布局，努力建设美丽中国，实现中华民族永续发展。同时，十八大报告强调指出："必须树立尊重自然、顺应自然、保护自然的生态文明理念"。

自2012年党的十八大首次提出"生态文明建设"，将其作为中华民族伟大复兴"五位一体"的总体布局的重要组成部分。为落实生态文明体制改革的要求，2013年11月，党的十八届三中全会《中共中央关于全面深化改革的若干重大问题的决定》进一步提出，要加快生态文明制度建设，同时明确了健全国家自然资源资产管理体制和健全自然资源资产产权制度的要求。2015年5月5日，中共中央、国务院发布《关于加快推进生态文明建设的意见》。2015年9月11日，中央政治局会议审议通过《生态文明体制改革总体方案》，全面部署生态文明体制改革工作。2015年10月，十八届五中全会，首度将增强生态文明建设写入国家五年规划。2017年10月，党的十九大报告明确指出，"建设生态文明是中华民族永续发展的千年大计"，进一步强调了生态文明建设的重要性和长期性。将治水管水纳入生态文明建设体系，予以重新定位，中国的治水思路进入了一个全新的阶段。

水资源作为自然资源的重要组成部分，水资源资产管理必然成为生态文明建设的重要内容。这就改变了一直以来将水资源管理纳入经济建设范畴的划分方法，也就意味着对水资源管理的评价不再是单一地对经济发展的贡献或单一地追求为经济发展提供水资源供给保障水平的提升。相应地，作为生态文明建设的重要内容，水资源管理首先将立足于生态文明发展的总体目标实现，再根据生态空间统一规划和水资源资产产权制度要求为生活、生产和生态供水，水资源管理将从被动满足经济社会发展对水的需求向主动约束经济社会发展转变，落实"以水定城"、"以水定产"政策要求，推动水资源供给侧改革，以水资源供给量和供给方式变革影响人们的生活方式、生产方式和资源利用方式，实现节约用水、高效用水和清洁用水。

因此，将水资源管理从经济建设范畴划入生态文明建设范畴意义重大且影响深远。从长远看，这种对自然资源在社会经济发展中的重新布局和定位，将彻底转变人们对自然资源的传统认识，深刻影响人们的生活和生产方式。正如习近平在《树立“绿水青山就是金山银山”的强烈意识》中谈到的，“要结合推进供给侧结构性改革，加快推动绿色、循环、低碳发展，形成节约资源、保护环境的生产生活方式”。

3.4.2　自然资源资产管理体制改革的实施

2013 年 11 月 9 日，习近平在《中共中央关于全面深化改革若干重大问题的决定》的说明中指出，我国生态环境保护中存在的一些突出问题，一定程度上与体制不健全有关，原因之一是全民所有自然资源资产的所有权人不到位，所有权人权益不落实。针对这一问题，全会决定提出健全国家自然资源资产管理体制的要求。总的思路是按照所有者和管理者分开和一件事由一个部门管理的原则，落实全民所有自然资源资产所有权，建立统一行使全民所有自然资源资产所有权人职责的体制。国家对全民所有自然资源资产行使所有权并进行管理和国家对国土范围内自然资源行使监管权是不同的，前者是所有权人意义上的权利，后者是管理者意义上的权力。这就需要完善自然资源监管体制，统一行使所有国土空间用途管制职责，构建国有自然资源资产所有权人和国家自然资源管理者相互独立、相互配合、相互监督的关系。

2018 年 2 月 28 日，第十九届中央委员会第三次全体会议审议通过的《深化党和国家机构改革方案》明确，组建自然资源部。主要职责是，对自然资源开发利用和保护进行监管，建立空间规划体系并监督实施，履行全民所有各类自然资源资产所有者职责，统一调查和确权登记，建立自然资源有偿使用制度，负责测绘和地质勘查行业管理等。

健全国家自然资源资产管理体制是建立系统完备的生态文明制度体系的内在要求。通过这次自然资源资产管理体制改革和机构组建，从管理体制和组织机构上实现了水资源资产所有者和管理者分离，改变了一直以来水资源资产所有者与管理者不分，以管理者权力的行使代替所有者权利运用，水资源资产所有者权利虚化的局面。有利于构建水资源资产开发利用与保护的决策、执行与监督的制衡机制。同时，打破政府单一配置水资源的格局，在政府主导下进一步发挥市场在自然资源配置中的作用，进一步厘清政府与市场的关系，解决好政府在市场经济下“越位”与“缺位”问题，两手发力，既要防止“政府失效”，又要弥补“市场失灵”。

3.4.3 自然资源资产产权制度建设的提出

2013 年 11 月，党的十八届三中会会通过的《中共中央关于全面深化改革的若干重大问题的决定》提出，要加快生态文明制度建设，健全国家自然资源资产管理体制，统一行使全民所有自然资源资产所有者职责；健全自然资源资产产权制度，对水流、森林、山岭、草原、荒地、滩涂等自然生态空间进行统一确权登记，形成归属清晰、权责明确、监管有效的自然资源资产产权制度；实行资源有偿使用制度和生态补偿制度。加快自然资源及其产品价格改革，全面反映市场供求、资源稀缺程度、生态环境损害成本和修复效益。并要求推行水权交易制度。2015 年 9 月 11 日，中央政治局会议审议通过《生态文明体制改革总体方案》，全面部署生态文明体制改革工作，明确提出构建自然资源资产产权制度、国土空间开发保护制度、空间规划体系、资源总量管理和全面节约制度、资源有偿使用和生态补偿制度、环境治理体系、环境治理和生态保护的市场体系、生态文明绩效评价考核和责任追究制度等 8 个方面的制度体系。

《中共中央关于全面深化改革的若干重大问题的决定》首次提出健全国家自然资源资产管理体制与产权制度的要求，《深化党和国家机构改革方案》又将“构建自然资源资产产权制度”列在构建生态文明制度体系建设的首位。自然资源资产产权制度建设的提出，必将改变长期以来水资源资产产权制度不健全、以行政管理代替产权管理的局面；必将结束长期以来通过行政审批单一配置水资源的方式，为形成政府主导下市场配置水资源提供了政策依据；必将改变由于稀缺的水资源使用成本过低导致用水效率不高，以及稀缺的水资源破坏补偿成本过低导致污染严重等局面。自然资源资产产权制度建设的提出，是新时期新的水资源管理体制下对水资源管理提出的新要求和新任务，水资源管理理念、管理方式、管理手段必将发生重大变化。

3.5　水资源资产管理

《中共中央关于全面深化改革的若干重大问题的决定》和《深化党和国家机构改革方案》提出健全国家自然资源资产管理体制和自然资源资产产权制度的要求。这是关于自然资源管理全新的理念和要求。那么，什么是自然资源资产管理？什么是水资源资产管理？水资源资产产权制度安排，或者说水资源资产管理的主要内容是什么？水资源资产管理与其他国有资产管理是什么关系？水资源资产管理与水资源管理又是什么关系？

3.5.1　水资源资产管理的涵义

要理解水资源资产管理，首先要认识五个相关概念，即资源、自然资源、水资源、资产和资产管理。

资源（Resources）是一个经济学概念。《辞海》中把资源概括为：资财的来源，一般指天然的财源。

自然资源（Natural Resources），《辞海》的定义是：天然存在的自然物，不包括人类加工制造的原料，如土地资源、水力资源、生物资源和海洋资源，是生产的原料来源和布局场所。《不列颠百科全书》的定义是：

人类可以利用的自然生成物，以及生成这些成分的环境功能。自然生成物包括土地、水、大气、岩石、矿物及以群体森林、草地、矿产和海洋等；环境功能则指太阳能、生态系统的环境机能、地球物理化学的循环机能等。《〈中共中央关于全面深化改革若干重大问题的决定〉辅导读本》指出，自然资源是指天然存在、有使用价值、可提高人类当前和未来福利的自然环境因素的总和。

水资源（Water Resources），《不列颠百科全书》对水资源的定义是“自然界一切形态（液态、固态和气态）的水”。联合国教科文组织（NCESCO）世界气象组织（WMO）在 1988 年定义水资源为：作为资源的水应当是可供利用或有可能被利用，具有足够数量和可用质量，并适合对某地水的需求长期供应的水源。这一定义明确，能够作为资源的水应当满足两个条件，即可供利用的数量和可供利用的质量。

资产（Property/Assets），《辞海》的定义是：“负债”的对称。资金运用的同义语。会计要素之一。指某一主体由于过去的交易或事项而获得或控制的可预期的未来经济利益。包括各种财产、债权和其他权利。《国民账户体系 2008》将资产定义为：一种价值储备，代表经济所有者在一定时期内通过持有或使用某实体所产生的一次性或连续性经济利益。《政府会计准则——基本准则》（2015 年财政部令第 78 号）第二十七条明确，资产是指政府会计主体过去的经济业务或者事项形成的，由政府会计主体控制的，预期能够产生服务潜力或者带来经济利益流入的经济资源。服务潜力是指政府会计主体利用资产提供公共产品和服务以履行政府职能的潜在能力。经济利益流入表现为现金及现金等价物的流入，或者现金及现金等价物流出的减少。

资产管理（Asset Management），一般是指资产所有权人对其拥有或控制的各类资产的经营和使用，进行组织、指挥、协调、监督和控制的一系列活动的总称。

综上所述，水资源资产管理的涵义可以概括如下：水资源所有权人对可供利用的一定数量和质量的水的经营和使用，进行组织、指挥、协调、监督和控制等的一系列活动的总称。水资源资产管理的目标是，维护水资源资产所有权人的合法权益、保护水资源资产安全、提高水资源资产使用效率，实现水资源资产的经济价值。如前所述，在我国，根据法律规定，水资源属于全民所有，水资源资产的所有权归属于国家。水资源资产管理是国有资产管理的重要内容，应当符合国有资产管理的基本原则和一般要求。

3.5.2　水资源资产管理与其他国有资产管理的关系

国有资产是指法律上由国家代表全民拥有所有权的各类资产。国有资产按照与社会经济活动的关系，可分为非经营性国有资产、经营性国有资产以及资源性国有资产。非经营性国有资产是指机关、团体、部队、学校、医院、科研机构等行政事业单位占有、使用的，在法律上确认为国家所有、能以货币计量的各种经济资源的总和。包括：国家拨给行政事业单位的资产、行政单位按照国家政策规定运用国有资产组织收入形成的资产，以及接收捐赠和其他经法律确认为国家所有的资产。经营性国有资产是指国家作为出资者在企业中依法拥有的资本及其权益。具体的说，经营性国有资产，从事产品生产、流通、经营服务等领域，以盈利为主要目的，依法经营或使用，其产权属于国家所有的一切财产。资源性国有资产，在我国，是指法律上明确由国家代表全民拥有所有权的各类自然资源，如所有权归属国家的土地资源、森林资源、矿产资源、水资源等。

国有资产管理，是指国家对国有资产所有权的行使，管理权限的划分，资产的保值增值，收益的享有、处分等进行的监督。由于非经营性国有资产、经营性国有资产和资源性资产的特点各有不同，各类国有资产管理的体制、目标、任务以及具体内容也有所不同。

3.5.2.1 非经营性国有资产管理

由于非经营性国有资产基本上由行政、事业单位占有使用，一直以来，人们将非经营性国有资产管理称为行政事业单位国有资产管理，以明确承担这部分国有资产管理的责任主体。

（1）行政事业单位国有资产管理体制和主要制度

2008年，按照中央关于改革国有资产管理体制的要求，国务院“三定”方案明确，对于行政事业单位国有资产管理，财政部负责制定行政事业单位国有资产管理规章制度，按规定管理行政事业单位国有资产；国务院机关事务管理局（现国家机关事务管理局）负责中央行政事业单位机关和机关服务中心等的国有资产管理；中央行政事业单位按规定负责所属事业单位（机关服务中心等除外）及派出机构的国有资产管理。这是中央层面的行政事业单位国有资产管理分工，地方行政事业单位国有资产管理大体与中央一致，结合各自实际，具体管理略有差别。

截至目前，尚未出台行政事业单位国有资产管理的法律法规，指导全国行政事业单位国有资产管理的制度主要是财政部印发的两个部门规章，即2006年财政部颁布实施的《行政单位国有资产管理暂行办法》（财政部令第35号）和《事业单位国有资产管理暂行办法》（财政部令第36号）。两个《办法》明确了各级财政部门是政府负责行政事业单位国有资产管理的职能部门。行政事业单位国有资产管理“实行国家统一所有，政府分级监管，单位占有、使用的管理体制”。

（2）行政单位国有资产管理

①目标和任务

行政单位一般指国家机关，其占有使用国有资产的目的在于保障行政单位的正常运转与职能的履行。在满足上述目标的基础上，按照廉洁型政府建设的要求，应当合理配置和高效使用国有资产，避免浪费，同时应当维护国有资产的安全和完整，充分发挥国有资产的效用。对于政企尚未分开的行政单位，还负有监管尚未脱钩的经济实体的国有资产、实现国有资产保值增值的责任。

②主要内容

资产配置、资产使用、资产处置、资产评估、产权界定、产权纠纷调处、产权登记、资产清查、资产统计报告和监督检查等。

③基本原则

一是资产管理与预算管理相结合；

二是资产管理与财务管理相结合；

三是实物管理与价值管理相结合。

（3）事业单位国有资产管理

①目标和任务

事业单位是社会服务组织，既承担着社会公益职能，还面向社会提供有偿服务。许多事业单位不仅本单位组织创收，还投资不少企业。因此，事业单位国有资产管理目标呈现出多元化：

一是要满足事业单位正常运转和事业发展的需要；

二是要厉行节约，合理配置与高效利用国有资产；

三是要维护国有资产的安全与完整；

四是要提高投资资产效益，实现国有资产保值增值。

②主要内容

一是资产配置、资产使用、资产处置、资产评估、产权界定、产权纠纷调处、产权登记、资产清查、资产统计报告和监督检查等常规管理工作；

二是根据授权审核报批事业单位利用国有资产对外投资、出租、出借和担保等事项；

三是调剂使用事业单位长期闲置、低效运转和超标准配置资产，优化事业单位国有资产配置，推动事业单位国有资产共享、共用；

四是组织实施事业单位和所投资企业绩效考核；

五是组织按规定缴纳国有资产投资收益。

③基本原则

事业单位国有资产管理活动，应当坚持资产管理与预算管理相结合的原则，推行实物费用定额制度，促进事业资产整合与共享共用，实现资产管理和预算管理的紧密统一；应当坚持所有权和使用权相分离的原则；应当坚持资产管理与财务管理、实物管理与价值管理相结合的原则。

3.5.2.2 经营性国有资产管理

经营性国有资产一般由企业（公司）占有使用，对这部分国有资产的管理，一直以来延用企业国有资产管理的说法，以明确国有资产保值增值的责任主体。区别国家投资企业的股权占比和对企业实际控制情况的不同，分为全资国有企业、控股国有企业和参股国有企业。一般而言，国有企业是指全资国有企业和控股国有企业。按照投资主体的不同，国务院或国务院组成部门投资的企业为中央企业，简称“央企”，各级地方政府或政府组成部门投资的企业为地方国有企业。

（1）企业国有资产管理体制和主要制度

目前，根据履行出资人职责的部门不同，央企的管理体制分为三种类型：

第一类 国务院明确授权国务院国有资产监督管理委员会代表国务院履行出资人职责；

第二类 国务院明确财政部代表国务院履行出资人职责，如铁路、烟草、邮政、金融企业以及中央文化企业等；

第三类 中央各部门所属各级事业单位投资兴办的企业出资人职责分散履行，国务院拟进行集中统一监管。

尽管履行出资人职责的部门不相同，但中央和地方各部门均执行2008年颁布的《中华人民共和国企业国有资产法》。

（2）管理目标

国企承担着经济责任、社会责任和政治责任，但作为经营性国有资产，其管理目标主要还是实现国有资产保值增值。这也是根据各级政府授权履行国企出资人职责的国有资产监管机构的核心任务。

（3）主要职责

一是履行出资人职责的机构代表本级人民政府对国家出资企业依法享有资产收益、参与重大决策和选择管理者等出资人权利。履行出资人职责的机构依照法律、行政法规的规定，制定或者参与制定国家出资企业的章程。

二是履行出资人职责的机构对法律、行政法规和本级人民政府规定须经本级人民政府批准的履行出资人职责的重大事项，应当报请本级人民政府批准。

三是履行出资人职责的机构委派的股东代表参加国有资本控股公司、国有资本参股公司召开的股东会会议、股东大会会议，应当按照委派机构的指示提出提案、发表意见、行使表决权，并将其履行职责的情况和结果及时报告委派机构。

四是履行出资人职责的机构应当依照法律、行政法规以及企业章程履行出资人职责，保障出资人权益，防止国有资产损失。

五是履行出资人职责的机构应当维护企业作为市场主体依法享有的权利，除依法履行出资人职责外，不得干预企业经营活动。

六是履行出资人职责的机构对本级人民政府负责，向本级人民政府报告履行出资人职责的情况，接受本级人民政府的监督和考核，对国有资产的保值增值负责。

七是履行出资人职责的机构应当按照国家有关规定，定期向本级人民政府报告有关国有资产总量、结构、变动、收益等汇总分析的情况。

3.5.2.3 水资源资产管理建议

目前国家尚未制定出台“自然资源资产管理法”或相关条例，实践中，土地、矿产和森林资源资产管理主要由各主管部门商财政部门组织实施。按照《生态文明建设体制改革总体方案》和《党和国家机构改革方案》的总体安排，根据国有资产管理基本原则和内容，现提出水资源资产管理建议如下：

（1）管理体制和主要制度

根据改革精神，水资源资产所有权部门与水资源监管部门、国有资产综合管理部门等共同研究，按照归属清晰、权责明确、监管有效的要求建立健全水资源资产产权制度体系。

（2）目标和任务

水资源资产管理的目标与生态文明建设目标相一致，呈现多元化，即社会效益、经济效益与生态效益相统一。

（3）主要内容

按照一般国有资产管理的规定和水资源特点，水资源资产管理应当包括以下主要内容：

一是水资源资产确权登记；

二是水资源资产有偿出让；

三是水资源资产转让；

四是水资源资产价值评估；

五是水资源资产价值核算与收益管理；

六是水资源资产绩效评价考核；

七是水资源资产统计报告。

（4）基本原则

一是所有权与使用权相分离的原则；

二是有偿使用的原则；

三是社会效益、经济效益与生态效益相统一原则；

四是中央所有权与地方所有权划分的原则。

综上，水资源资产管理与非经营性国有资产管理、经营性国有资产管理均属于国有资产管理，有共同的理论基础、管理原则，以及相似的管理方法和手段。只是各自肩负的任务与目标不同，非经营性国有资产管理的主要任务是保障行政事业单位职能履行，在此基础上注重节约高效，因此管理目标是社会效益优先，兼顾经济效益；经营性国有资产管理的主要任务是支撑国有经济发展，在此基础上承担国有经济布局、就业与社会稳定等任务，因此管理目标是国有资产保值增值优先，兼顾社会效益。至于水资源资产管理，作为生态文明建设的组成部分，按照“以建设美丽中国为目标，以正确处理人与自然关系为核心，以解决生态环境领域突出问题为导向，保障国家生态安全、改善环境质量，提高资源利用效率，推动形成人与自然和谐发展的现代化建设新格局”这一生态文明体制改革的要求，其主要任务和目标是统筹兼顾社会效益、经济效益和生态效益。与非经营性国有资产管理和经营性国有资产管理相较而言，水资源资产管理目标多样，任务更重，要求更高，工作更复杂。因此，在国家新的水资源资产管理体制下，十分有必要加以深入研究，建立健全水资源资产产权制度体系，规范水资源资产管理，并确保采取的各项措施精准有效、任务落实到位和目标按时实现，全面落实水资源资产所有者和监管者职责，实现水资源节约、高效利用和严格保护。

3.5.3　水资源资产管理与水资源管理的关系

水资源资产管理与水资源管理的对象均为水资源，管理的任务和目标均是节约和高效利用水资源，有效保护水资源；但是，水资源资产管理与水资源管理的理论基础、法律关系，以及水资源配置、保护的方式方法又各不相同。

3.5.3.1　理论基础不同

水资源资产管理以经济学理论为基础，其核心是产权管理，建立“归属清晰、权责明确、保护严格、流转顺畅”的现代产权制度是我国国有资产产权管理的基本指导思想。

水资源管理以公共行政管理理论为基础，其核心是实现政府对社会公共事务的管理，提供公共产品，保障人民福祉。

3.5.3.2 法律关系不同

水资源资产管理是所有权人根据对水资源资产的所有权进行权属管理，相对人为平等的民事主体。因水资源资产管理产生的法律关系主要由民法来规范。

水资源管理是行政机关根据国家公共事务管理职权进行的管理，相对人为权利不对等的当事人。因水资源管理产生的法律关系主要由行政法来规范。

3.5.3.3 水资源配置方式方法不同

水资源资产管理对水的配置主要由所有权人或使用权人与受让方通过市场竞争，双方达成合意来实现。即水资源使用权的获取是通过水权交易合同实现的。

水资源管理对水的配置主要通过社会组织或个人申请，各级政府行政许可审批来实现。即水资源使用权的获取是通过行政许可实现的。

3.5.3.4 水资源保护方式方法不同

水资源资产管理对水资源的保护主要是通过所有权人或使用权人的维权来实现的，如提起侵权之诉，要求侵权人停止侵害、损害赔偿等。

水资源管理对水资源的保护主要是通过行政处罚来实现，如罚款、停止营业、取消取水许可等。

综上，水资源资产管理与水资源管理是对同一事物的两种管理方式，如一个硬币的两个面，任何一种管理方式都不能取代另一种管理方式。因此，应避免以下认识误区：

误区一：水到底是资源还是资产？一谈到水资源资产管理，就有人提出这样的疑问。根据上述分析，水是一种自然资源，同时，在一定时间和工程技术条件下，也能够作为资产来管理。这是由水资源价值的双重性决定的，水有使用价值，也有交换价值；水是自然资源，也是经济资源。

误区二：如果说水是资产，那流到海里的水算不算资产流失？这就涉及上文所述资产的特征，能够界定为资产的资源一定是能够由社会组织或个人实际控制或拥有的资源。流到海里的水是不能或没有必要由社会组织或个人实际控制或拥有的资源，不能界定为资产，因此，也就谈不到资产流失。

误区三：如果水是资产，是不是应当对全国的水进行价值评估，以确定水的总价值？这就涉及对资产评估的认识。资产评估，是由资产所有权人或持有人对特定评估对象因特定用途而委托专业机构开展的资产价值评定与估算工作。就目前水资源资产管理相关工作进展而言，对全国水资源进行价值评估条件尚不具备：一是资产权属界定工作尚未全面开展，无法就水资源进行全面确权；二是空间规划“多规合一”尚未实现，无法确定水资源的具体用途；三是资产评估结果具有时效性。在没有明确评估价值使用目标时，不能启动资产评估工作。不过，随着水资源规划的整合，不同层级水量分配工作的完成，水资源资产作为国民经济核算和政府资产统计的内容，其经济价值核算理论上是能够实现的。

3.5.4　水资源资产管理制度建设建议

根据国家关于生态文明建设的决定，自然资源资产管理体制改革的推行，对自然资源资产产权制度建设提出的新要求，按照《生态文明建设体制改革总体方案》和《党和国家机构改革方案》的总体安排，结合国有资产管理基本原则和内容，水资源资产管理制度建设思考如下：

3.5.4.1　建立水资源资产使用权确权登记制度

主要是通过确权管理，明确水资源资产使用权及与所有权相关的其他财产权的归属。通过确权登记，颁发水资源资产使用权证、其他用益物权或担保物权证明。水资源资产权证是法律文书，是水资源资产使用权人以及其他财产权人依法使用、收益、处置水资源并受到法律保护的证明。

3.5.4.2 建立水资源资产有偿出让制度

根据所有权与使用权分离的原则，落实水资源资产有偿使用制度，在继续实施取水许可制度的基础上，制定水资源资产出让制度。按照法定程序和要求取得出让资金和取得出让资产使用权的社会组织或个人，在缴纳水资源资产出让金后，办理确权登记，取得水资源资产使用权证。

3.5.4.3 建立完善水资源资产转让制度

对于通过出让方式取得水资源资产使用权的社会组织和个人，可依法对取得的水资源资产使用权进行转让。通过引入市场机制，推动水资源资产使用权流转，实现水资源资产使用权二次配置，通过市场竞争反映稀缺资源价值，以水资源资产价格杠杆引导和促进提高水资源使用效益与效率，强化水资源保护约束力。

3.5.4.4 建立水资源资产价值评估管理制度

通过对水资源资产使用权的价值估算或评定，指导确定水资源资产出让、转让底价，杜绝无偿或低价获取水资源资产使用权，规范水资源资产使用权市场交易行为。

3.5.4.5 建立水资源资产价值核算与出让收益管理制度

设立水资源资产收益会计核算科目，实施水资源资产价值核算，统筹水资源资产出让收益管理。

3.5.4.6 建立水资源资产管理绩效评价考核制度

建立水资源资产绩效评价考核制度和绩效评价指标体系，防范使用风险和国有资产流失，促进提高水资源资产产权管理效益与效率。

3.5.4.7　建立水资源资产管理统计报告制度

建立水资源资产确权登记、出让、转让、交易价格及出让收益情况信息报告制度，为水资源资产管理相关决策提供支持。

第 4 章

我国水权交易的探索与思考

根据 1988 年颁布的《中华人民共和国水法》，1993 年 8 月国务院颁布实施了《取水许可制度实施办法》（国务院令第 119 号）。《实施办法》明确，该办法所称取水，是指利用水工程或者机械提水设施直接从江河、湖泊或者地下取水。《实施办法》要求，一切取水单位和个人，都应当依照该办法申请取水许可证，并依照规定取水，少量自用水或应急用水除外；国务院水行政主管部门负责全国取水许可制度的组织实施和监督管理；取水量与取水期限依申请审批；取水许可申请经审查批准并取得取水许可证的，载入取水许可登记簿，定期公告。同时，《实施办法》还规定，取水许可证不得转让。取水期满，取水许可证自行失效。需要延长取水期限的，另行申请。根据《实施办法》相关规定，在我国，水资源配置是由政府以取水许可审批的方式进行的。

为解决水资源短缺问题，保障经济社会可持续发展，2000 年浙江东阳、义乌两市率先探索开展了水权交易，此后，各地陆续开展了城市间、产业间、灌区内和区域内水权交易实践。水权交易探索与实践，创新了我国水资源配置方式，改变了单一的由政府审批取水许可配置水资源的局面，在一定时期、一定区域内缓解了水资源供需矛盾。随之而来的，是在水权交易实践探索中人们不断深入的思考：“水权”是一种什么性质的权利，水权交易与取水许可是什么关系，以及水权交易的法律依据是什么，等等。

4.1　城市间水权交易的探索与思考

我国水权交易是从城市间水权交易探索开始“破冰”的。2000 年浙江东阳·义乌水权交易是我国首例水权交易。此后，我国水权交易由点到面、自下而上，不断拓展。

4.1.1　首例水权交易——浙江东阳·义乌水权交易

浙江省的东阳和义乌两市毗邻，同在钱塘江重要支流金华江上游。改革开放前，两市经济发展在浙江省均处于落后水平。改革开放后，两市商品经济发展起步较早，形成了各具特色的区域经济，经济水平在全省上升到领先水平。

浙江省义乌市水资源匮乏，人均占有量不及全省一半。而与义乌相毗邻的东阳市水资源却相对丰富，拥有横锦、南江两座大型水库，每年除了满足东阳本市的正常供水外，还向金华江弃水 3 000 多万立方米。2000 年 11 月 24 日，义乌和东阳两市政府本着资源共享、区域共建的理念，签订了有偿转让用水权的协议，核心内容如下：东阳市同意以人民币 2 亿元的价格一次性把东阳横锦水库每年 4 999.9 万立方米的永久用水权转让给义乌市，并保证水质达到国家现行 I 类饮用水标准；义乌市从横锦水库一级电站尾水处接水计量，计量设备、计量室由义乌市投资建设，双方共同管理。义乌市负责向供水方支付当年实际供水 0.10 元/立方米的综合管理费（含水资源费、工程运行维护费、折旧费、大修理费、环保费、税收、利润等）。综合管理费中除水资源费应按浙江省有关文件规定中生活用水、其他用水的平均价格进行调整外，其余费用一次商定；输送水管道工程由义乌市负责统一规划设计并投资建设；如因东阳市原因，未能按要求供水，每少供 1 万立方米水，东阳市向义乌市赔偿 1 万元；如东阳市毁约，东阳市应双倍返还义乌市已支付的水权转让费，并双倍赔偿义乌市已投入的管道等工程投资费用及利息；如义乌市未能按合同规定时间付款，东阳市将向义乌市按日征收 1‰的滞纳金。逾期一个月以上，东阳市有权暂停供水，直至停止供水。

2005 年初，全国首例“跨城市水权交易工程”——义乌·东阳横锦水库引水工程全线完工。经过历时 4 年的等待，义乌市民终于喝上了来自东阳的水。通过水权交易，东阳、义乌两市实现了双赢。义乌·东阳横锦水库引水工程建成通水后，每年将有 5 000 万立方米的横锦水流入义乌。不仅有效地解决了义乌市用水紧张问题，也为义乌市中长期发展提供了强有力的水资源支撑。与此同时，东阳市把无偿弃水和农业节水变为了有偿收入。

4.1.2　其他城市间水权交易探索

浙江省绍兴市汤浦水库修建于 1997 年，总库容 2.35 亿立方米，多年平均可供水量 2.76 亿立方米。汤浦水库作为虞绍平原区域性供水专用水源，主要负责向绍兴市区、绍兴县和上虞市供水。

2003 年 1 月 9 日，浙江省绍兴市汤浦水库有限公司与慈溪市自来水公司在两市政府代表的见证下，签署了一份《供用水合同》：自 2005 年 1 月 1 日起至 2040 年 12 月 31 日止的 36 年内，汤浦水库向慈溪市提供每日 20 万立方米的引水权，每年供水 3 650 ~ 7 300 万吨，以 18 年为界分两个阶段实施。第一阶段，慈溪市投资建设 50 多公里的输水管线和水厂，并向汤浦水库支付水权转让费 1.533 亿元，慈溪可从汤浦水库引入 12 亿立方米优质原水，并另行支付水价。水价标准可享受汤浦水库三家股东单位执行的政府定价，初期为 0.40 元/立方米，此后可随政府定价的调整而调整。第二阶段的供水价格及补偿费另行商定。

4.1.3　城市间水权交易思考

浙江省东阳、义乌两市水权交易的大胆探索，打破了以政府通过行政许可单一配置水资源的传统模式，开创了我国运用市场机制配置水资源的先河，推动了我国水资源配置的一场革命。东阳 · 义乌首例水权交易以及此后的城市间水权交易引发了人们对我国市场配置水资源的思考。

思考一：水资源是全民所有的自然资源，水资源的所有权属于国家。那么，所谓“水权”，即东阳 · 义乌交易的“用水权”以及汤浦水库与慈溪市供水合同中的“引水权”，是一种什么权利？与水资源所有权又是什么关系？

思考二：东阳 · 义乌以协议方式一次性买断了永久水权，水量是每年 5 000 万立方米；汤浦水库有限公司与慈溪市自来水公司的《供用水合同》

期限为36年，水量为每日20万立方米、每年3 650～7 300万吨。双方交易的水权额度和交易的期限是依据什么确定的？

思考三：东阳市通过永久交易每年5 000万立方米水权获得2亿元的水权转让费；同时再以当年实际供水0.10元/立方米向义乌市收取综合管理费（含水资源费、工程运行维护费、折旧费、大修理费、环保费、税收、利润等）。汤浦水库在18年内以2亿立方米优质原水获得1.533亿元水权转让费；同时水权受让方又另行支付水价，初期为0.40元/立方米。水权转让费是什么性质的收益？是水资源的价格？还是水权的价格？这价格又是根据什么确定的？综合管理费与水价又是什么性质的收益？

思考四：在东阳·义乌签订了水权转让协议之后，嵊州市提出了异议，认为东阳·义乌水权交易实施的跨流域引水影响了其可持续发展。水权交易应该如何与流域内、流域间，以及区域内和区域间的原用水分配、使用相协调？因水权交易给利益相关方造成的影响应如何进行评价与补偿？

思考五：东阳·义乌水权交易后，人们对交易合同执行的稳定性持有疑虑，担心由于该项水权交易合同没有明确的法律依据，是一份政府担保性协议，一旦政府相关负责人变化将导致合同履行的不确定性。由此，人们呼吁关于水权交易尽快立法，以引导水权交易实践，规范交易管理，明确行为预期。

4.2 产业间水权交易的探索与思考

如本书第三章所述，我国是农业大国，农业灌溉用水占用水总量近70%，而工业用水占用水总量20%多。随着我国工业化发展，工业用水需求快速增长，而农业灌溉用水效率不高，存在用水浪费现象。水权交易的探索实践，打开了工农业间水权交易的“窗口”，推动实现了工业投资农业灌区改造，农业节水“反哺”工业。工农产业间水权交易典型案例是2003年起水利部黄河水利委员会牵头组织开展的宁蒙工农业间水权转换试点。

4.2.1　宁蒙工农业间水权交易探索

黄河流域水资源缺乏。黄河流域面积占全国国土面积的 8.3%，流域内人均河川径流量仅为全国人均河川径流量的 22%；耕地亩均河川径流量仅为全国耕地亩均河川径流量的 12%。此外，由于黄河泥沙含量大，黄河水资源还必须承担一般清水河流所没有的输沙任务，扣除必需的输沙、生态水量之后，黄河流域可利用水量更为有限。水资源总量不足，水资源供需矛盾突出，严重制约了流域经济社会和生态环境的协调发展。1987 年国务院批准的黄河可供水量分配方案将黄河 580 亿立方米的水资源总量扣除冲沙、生态、损耗之后的 370 亿立方米分配到沿黄 9 个省区和河北省、天津市。这是黄河历史上第一次真正意义上的全流域范围实施配水，标志着黄河水资源的统一管理进入依照规划进行宏观分配的新阶段。随着改革开放的深入，各省区经济社会快速发展，相应地，耗水量也快速增加，到 21 世纪初，按照“丰增枯减”的年度用水分配原则，部分省区的耗用黄河水量指标已接近或超过 1987 年国务院批准的黄河可供水量分配指标。

同时，黄河流域水资源利用呈现出一种相互矛盾的局面：一方面随着流域相关地区的经济发展，工农业用水和人民生活用水量急剧增长，水资源供需矛盾日益尖锐；另一方面，沿黄地区水资源利用又普遍存在着惊人的浪费现象，农业用水表现尤其明显。黄河每年分给内蒙古的 58.6 亿立方米水中，农业用水占到了 95%，工业用水仅占总用水量的 3% 左右，远低于全国 20% 的平均水平，用水结构不合理。同时，引黄灌区灌排工程老化失修严重、渠道衬砌率低、渠系渗漏严重、灌溉用水利用率不足 40%，用水浪费严重。在黄河可供水量既定的条件下，要解决黄河流域水资源的供需矛盾，只能从节约用水、提高用水效率方面想办法。节约用水的重点在农业。

2003 年，水利部黄河水利委员会（以下简称黄委）结合宁蒙两区经济社会发展情况和水资源条件，在农业灌区和火电企业之间试点开展以农业节水支持工业发展用水，以工业投资支持农业灌区改造，成功地解决了宁蒙经济社会发展中水资源短缺、灌区建设资金不足两个难题，促使经济、社会、资源、环境进入协调发展的良性轨道，为我国流域水权交易开创了先河。

4.2.2 宁蒙工农业间水权交易相关规则探索

2003 年宁蒙工农业间水权交易是按照治水新思路，应用水权、水市场理论，寻求的一条解决干旱地区经济社会发展用水新途径的有益探索。在水利部的大力支持下，黄委总结实践经验，对水权交易相关规则进行了探索。

4.2.2.1 指导意见

为进一步引导、规范和推进宁蒙工农业间水权转换工作，2004 年水利部印发了《关于内蒙古宁夏黄河干流水权转换试点工作的指导意见》（水资源〔2004〕159 号），明确了宁蒙水权转换的指导思想、基本原则，水权转换的界定、范围和条件，水权转换的期限与价格以及水权转换的程序。

水权转换的指导思想。即按照国家新的治水方略，坚持科学发展观，以水权、水市场理论为指导，以流域和区域水资源总体规划为基础，以实现水资源合理配置、高效利用和有效保护、建设节水型社会为目标，以节约用水和调整用水结构为手段；通过政府调控，市场引导，平等协商，兼顾效率与公平，统筹水权转换工作；农业节水支持工业和城市发展，工业发展积累资金又转而支持农业，促进经济社会协调发展。

水权转换的基本原则。（1）总量控制原则。开展水权转换工作应遵循 1987 年国务院批准的黄河可供水量分配方案，服从黄河水资源统一调度。（2）以明晰初始水权为前提的原则。应在建立和完善水资源宏观控制和微观定额两套指标体系的基础上，明晰初始水权，作为水权转换工作的前提条件；依照取水许可管理权限，逐步建立水权转换审查制度，分级负责组织实施。

(3) 水资源供需平衡原则。水权转换工作应依据全面建设小康社会的目标以及国家和地区的国民经济和社会发展规划，做好水资源供需平衡预测，统筹配置地表水和地下水以及其他水源，统筹协调生活、生产和生态用水，实现区域水资源在现状水平和转换期限内的供需平衡。(4) 政府监管原则。应建立和规范水权转换秩序，加强政府监管，鼓励社会的广泛参与和监督，防止造成市场垄断；切实保障农民及第三方合法权益，保护生态环境。水权转换必须符合国家产业政策，严格限制水资源向低水平重复建设项目转移。(5) 市场调节原则。逐步建立和完善公开、公平、公正、有序的水权转换市场，通过有偿转换制度，充分发挥市场机制在资源配置中的作用，鼓励水资源向低耗水、低污染、高效益、高效率行业转移。

水权转换的界定、范围和条件。意见所称水权是指取水权，所称水权转换是指取水权的转换。直接从江河、湖泊或者地下取用水资源的单位和个人，应当按照国家取水许可制度和水资源有偿使用制度的规定，向水行政主管部门或者流域管理机构申请领取取水许可证，并缴纳水资源费，取得取水权。内蒙古、宁夏自治区水权转换试点范围近期暂限于黄河干流取水权转换（区域间的水权转换可参照执行）。水权转换出让方必须是已经依法取得取水权，并拥有节余水量（近期主要指工程节水量，暂不考虑非工程措施节水量）的取水权益人。水权转换不得违背现行法律法规和有关政策的规定。

水权转换的期限与价格。对于水权转换期限，意见提出，水权转换的期限要与国家和自治区的国民经济和社会发展规划相适应；综合考虑节水工程设施的使用年限和受水工程设施的运行年限，兼顾供求双方的利益，合理确定水权转换期限。水权转换期满，受让方需要继续取水的，应重新办理转换手续；受让方不再取水的，水权返还出让方，并由出让方办理相应的取水许可手续。水权转换期内，受让方不得擅自改变所取得水量的用途。对于水权转换价格，意见所指水权转换价格为：水权转换总费用/（水权转换期限 × 年转换水量）。水权转换总费用包括水权转换成本和合理收益。水权转换总费用要综合考虑保障持续获得水权的工程建设成本与运行成本以及必要的经济补偿与生态补偿，并结合当地水资源供给状况、水权转换期限等因素合理确定。涉及节水改造工程的水权转换，其转换总费用应涵盖：(1) 节水工程建设费用，包括灌溉渠系的防渗砌护工程、配套建筑物、末级渠系节水工程、量水设施、设备等新增费用；(2) 节水工程的运行维护费，是指上述新增工程的岁修及日常维护费用；(3) 节水工程的更新改造费用，是指当节水工程的设计使用期限短于水权转换期限时所必须增加的费用；(4) 因不同用水保证率而带来的风险补偿；(5) 必要的经济利益补偿和生态补偿等。

水权转换的程序。水权转换依照下列程序进行：

书面申请。水权转换双方向自治区水行政主管部门提出书面申请，并提交出让方的取水许可证复印件、水权转换双方签订的意向性协议、《水权转换可行性研究报告》和《建设项目水资源论证报告书》等有关材料。其中，由黄河水利委员会审批取水许可的，自治区水行政主管部门受理水权转换申请后，提出初审意见并报送黄河水利委员会。

审查公示。黄河水利委员会和自治区水行政主管部门应按照有关规定全面审查，并向社会公示，符合转换条件的，予以批复。

签约并办理取水许可。水权转换双方应正式签订《水权转换协议书》，制定《水权转换实施方案》，报黄河水利委员会和自治区水行政主管部门备案，并办理取水许可相关手续。

工程建设。水权转换涉及节水改造工程的，应严格按照国家基本建设程序的要求进行节水改造工程建设和管理。节水改造工程竣工后，由黄河水利委员会会同自治区水行政主管部门等有关部门，根据施工、监理单位出具的工程竣工验收申请报告和监理报告，对节水改造工程进行现场验收，并核定是否满足节水目标要求。验收合格后，水权转换双方方可到自治区水行政主管部门或黄河水利委员会办理取水许可申请相关手续。

取水许可变更。由水权转换出让方办理取水许可变更，受让方领到取水许可证后，水权转换生效。

为加强指导和监督，《指导意见》要求，宁蒙两区要尽快明晰初始水权，编制《自治区水权转换总体规划》，并报黄河水利委员会审查；要加强项目审批和资金管理，确保水权转换资金的专款专用，并切实保障水权转换所涉及的农民利益；要成立水权转换工作领导小组和办事机构，负责当地水权转换工作的协调、管理，并及时协调处理在转换期内发生的涉及水权转换双方利益的问题。黄委、宁蒙两区水行政主管部门可根据指导意见，结合实际情况，制定水权转换实施办法和细则。

4.2.2.2　实施办法

根据水利部的《指导意见》，2004 年，黄委出台了《黄河水权转换管理实施办法（试行）》，2009 年，《黄河水权转让管理实施办法》颁布，2004 年《实施办法》同时废止。《实施办法》结合黄河特点，提出黄河水权转换的原则，规定了黄河水权转换的审批权限和程序，建立了黄河水权转换的管理制度，初步规范了黄河水权转换的行为。

4.2.2.3　总体规划

以《实施办法》为基础，黄委编制了宁夏、内蒙古自治区水权转换总体规划，一是在一定程度上对经济社会布局进行了具体安排，并在一些重大建设项目的安排上起到了约束作用。根据水资源条件的限制，对农业种植结构的调整、工农业用水比例等进行具体安排，并对近远期重大建设项目的建设规模、用水量等进行具体规划；二是为一些主要水权转换工程的可行性研究和初步设计打下了基础；三是作为流域内各区域水权转换活动的依据。在一个特定的区域内，水权转换的实施常涉及相关地区、部门的利益，通过规划，从全局出发，协调各方关系，取得比较一致的认识。

4.2.2.4　可行性研究报告

根据《实施办法》相关规定，黄河水权转换双方需联合向所在省级人民政府水行政主管部门提出水权转换申请，并附《黄河水权转换可行性研究报告》，包括以下主要内容：

（1）水权转换的必要性和可行性。主要从经济社会发展方面论述水权转换的必要性，从法律政策依据以及节水潜力方面论述水权转换的可行性。

（2）受让方用水需求（含用水量、用水定额、水质要求和用水过程）及合理性分析。

（3）出让方现状用水量、用水定额、用水合理性及节水潜力分析。

（4）出让方为农业用水的，应提出灌区节水工程规划，分析节水量及可转换水量；出让方为工业用水的，应分析水平衡测试和工业用水重复利用率，提出节水减污技术改造措施和工艺，分析节水量及可转换水量。

（5）转换期限及转换费用。根据《指导意见》，确定水权转换期限和总费用，并计算水权转换价格。

（6）水权转换对第三方及周边水环境的影响与补偿措施。包括对农业、水管单位、地下水及植被等的影响与补偿。

（7）用水管理与用水监测。改革传统用水管理，分析农民参与用水管理的方法，以及细化测流量水工作的方法。

（8）节水改造工程的建设与运行管理。分析节水改造工程的施工总进度及主要工程量，确定工程建设及运行管理单位，确定管理办法及管理体制。

（9）有关协议及承诺文件。

4.2.2.5 水权转换期限

按照《指导意见》的要求，综合考虑我国相关政策法律法规的有关规定、节水工程设施的使用年限、工业项目主要设备更新改造和南水北调西线工程生效时机，兼顾供求双方的利益，确定水权转换期原则上不超过25年（见图4.1）。

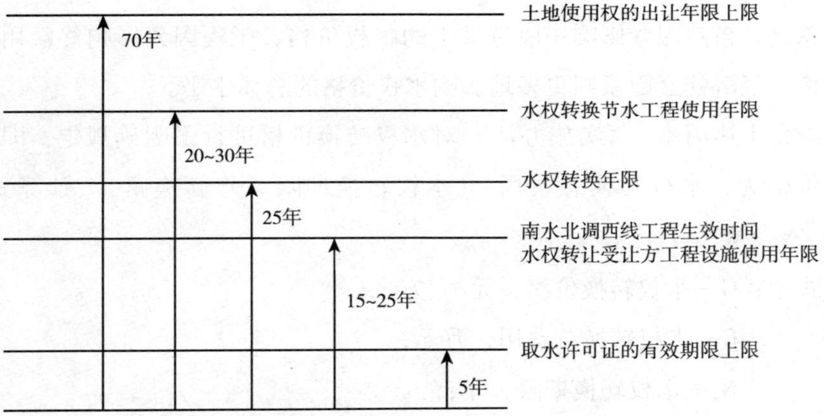

图 4.1　水权转换期限确定示意图

资料来源：《黄河水权转换制度构建及实践》水利部黄河水利委员会编，黄河水利出版社，2008。

4.2.3　水权转换价格和费用

4.2.3.1　水权转换价格

试点水权转换中，认为水权价格决定于该部分水资源利用的增加值，即为受让方所能带来的收益，或出让方因减少用水而带来的损失。受让方的收益或出让方的损失越大，价格越高。具体而言，影响水权价格的因素主要如下：

（1）自然因素：主要包括水量和水质、水资源的开发条件和时空分布等。自然因素从整体上决定了水资源供求数量和质量，影响水资源的供给，对水价有着极其重要的影响。一般情况下，水权价格是水资源稀缺程度的度量。水资源的稀缺程度越高，水权的价格水平也越高。

（2）经济社会因素：主要包括经济社会发展水平、水权主体承受能力、政策因素、体制因素、市场因素和环境保护因素等。

（3）工程因素：主要取决于取水设施的工程状况、投资规模、供水保证率等因素。

总之，自然因素影响一般意义上的水权价格，工程因素影响终端用户用水价格，经济社会因素则更多地影响水权价格的总体水平。

综合上述因素，《实施办法》对水权转换价格进行了明确规定，即水权转换价格为：水权转换总费用/（水权转换期限×年转换量）。计算式为：$G = C/N_z \cdot W_n$

式中：G—水权转换价格，元/立方米；

C—水权转换总费用，万元；

N_z—水权转换期限，年；

W_n—年水权转换水量，万立方米。

4.2.3.2 水权转换费用

根据水利部的《指导意见》和黄委的《实施办法》，水权转换总费用包括水权转换成本和合理收益。涉及节水改造工程的水权转换，其转换总费用涵盖以下几方面：

（1）节水工程建设费用，包括灌溉渠系的防渗砌护工程，配套建筑物，末级渠系节水工程，量水设施、设备等新增工程费用。

（2）节水工程的运行维护费用，指上述新增工程的岁修及日常维护费用。

（3）节水工程的更新改造费用，指当节水工程的设计使用期限短于水权转换期限时所必须增加的费用。

（4）因不同用水保证率而带来的风险补偿，如农业风险补偿。

（5）必要的经济利益补偿和生态补偿等。生态补偿是指水权转换的实施，加大了灌区节水改造的力度，灌区灌溉过程中的渗漏量将大大减少。这种减少一方面节约了用水，但另一方面也减少了对地下水的补水，从而影响了原有生态的平衡，因此造成的生态破坏考虑予以补偿，作为生态保护资金来源。

4.2.4　宁蒙工农业间水权交易成效

水利部《指导意见》和黄委《实施办法》及相关配套制度的制定和实施，有力地指导了黄河流域水权转换工作实践，宁蒙工农业间水权交易有序推进，2003 年到 2012 年十年间，宁夏水权转换由最初的 3 个试点项目增加到 7 个，年总节水量超过 6 000 万立方米，转让水量达 5 200 多万立方米；内蒙古水权转换项目达到 41 个，节水总量 4.49 亿立方米，计划转换 3.3 亿立方米。黄河流域水权转换取得了显著成效。

4.2.4.1　拓宽了地区经济发展的空间

宁夏、内蒙古自治区经济社会发展相对滞后，农业是其传统的主导产业，尽管两区矿产资源丰富，但工业基础薄弱。为加快区域经济发展，两区分别提出了利用区域矿产资源优势，建设宁夏宁东煤炭、电力、重化工基地和内蒙古鄂尔多斯煤炭、电力和重化工基地的重大战略，以加快两区工业化进程。相应地，两区工业发展用水量将大幅度增加。根据 87 分水方案，在西线南水北调工程建设运行前，宁夏、内蒙古自治区引黄水量不可能增加。即将开工建设以及规划的工业基地，由于水资源的短缺，发展受到了严重制约。通过农业灌区节水是解决两区工业用水短缺的有效途径。

试点期间，宁夏青铜峡河东灌区、河西灌区节水改造后，每年可节约水量 5 976 万立方米。内蒙古南岸灌区、镫口扬水灌区、孪井滩扬水灌区和乌达扬水灌区节水改造后，每年可节约水量 16 032 万立方米。这意味着宁蒙两区实施水权转换的 19 个工业项目发展用水将可以得到保证。通过宁蒙引黄灌区的节水改造工程建设，节约水量流转至工业领域，解决了拟新建工业项目用水的约束问题，拓宽了区域经济发展的空间。

4.2.4.2　拓展了灌区基础设施建设融资渠道

长期以来，宁蒙两区农业引黄灌区依靠公共财政支持。尽管自 1998 年以来，国家实施了大型灌区续建配套与节水改造工程，每年都投入较大规模资金对灌区实施节水改造。但由于灌区数量多，历史欠账多，灌区实际投资与所需投入资金相差甚远，灌区节水改造工程建设进展依旧缓慢。宁蒙两区引黄灌区 2015 年的节水改造规划目标与试点期间实际投资相比，实际投入资金仅占所需投资比例的 4.5% ~10%，投资缺口比例高达 90% 以上。

实施水权转换试点，宁蒙两区 19 个水权转换项目共为灌区节水工程建设融资 8.75 亿元，拓展了灌区基础设施建设融资渠道，有力地推动了灌区节水改造步伐。内蒙古南岸灌区，节水改造后，渠系水利用系数由原来的 0.348 提高 0.636，灌溉水利用系数由原来的 0.24 提高到 0.54。

4.2.4.3 提高了区域节水意识

宁蒙两区虽然是水资源缺乏地区，但农业灌溉一直沿用传统的粗放用水模式，农业用水大水漫灌，工业用水重复利用率低，生活用水跑冒滴漏严重。“企业花钱买水”的水权转换方式，引导水资源向高效益、高效率产业流转，促进了区域节水意识的普遍提高。作为企业，花钱买水，要进行成本核算，节约用水，就是节约成本，就要充分发挥每一滴水的效用。国家重点工程达拉特电厂，在一到三期工程实施过程中，用的水是国家配置的水，水价很低。电厂第四期工程使用水权转换的水，企业投资了 1.26 亿元用于购置 25 年的水指标，在这 25 年当中，电厂每年还将拿出 200 万元用于灌区渠道的维护管理。为了节约用水，电厂首先加大对原机组的节水改造，同时四期工程采用先进的空冷方式，4 台 600MW 机组，耗水量每年不过 1 000 万立方米，而原来使用的湿冷方式的 6 台 330MW 机组，每年的耗水量接近 3 000 万立方米。

对于灌区农民来讲，根据分配水量调整种植结构，以有限的水资源，实现农业效益的最大化，节水意识普遍提高。同时，水权转换节水改造工程结束后，由于用水采取的是市场化运行机制，按用水量计价收费，实行累进加价制度。农民节约的水越多，农业成本越低。水权转换对农民节水增收产生了积极深远的影响。

宁蒙水权交易，突出了政府在水资源优化配置中的宏观调控作用。水利部、黄委，宁蒙两区政府、水利厅等政府部门在水权转换试点工作中切实加强了宏观指导和组织协调。在试点初期就制定四条政策：一是把控制宁蒙黄河用水总量不增加作为水权转换的基本原则；二是切实加强水资源规划、水权转换试点的可行性研究等基础性工作；三是加强水权转换工作的监督管理，严把审批关；四是严格资金管理，确保水权转换资金全部用于农业灌溉工程节水改造。实践证明，这四条政策对正确引导、保证试点工作顺利进行发挥了极其重要的作用。

4.2.5　宁蒙工农业间水权交易思考

宁蒙工农业间水权交易活动组织实施的时间长、范围广、影响深远。通过交易试点实践推动了制度的变迁，并为其他水权交易实践提供了示范。

4.2.5.1　有组织性、计划性和制度保证的水权交易

相较于浙江东阳·义乌等城市间水权交易，宁蒙产业间水权交易更具有组织性、计划性和制度保证。一是黄委——国家水行政主管部门流域派出机构，具体组织实施了宁蒙工农业间水权交易。期间，结合实际，有针对性地组织制定了一系列制度与操作规范，保障了水权交易的实施，实现了水权交易第三方协调与监管；二是建立了包括交易制度、规划、可研报告等一整套水权交易的制度办法，规范了水权交易行为，使得水权交易有章可循，避免了无序交易，降低了交易成本，在一定程度上体现了市场经济的法制精神；三是结合水资源管理和水利工程投资实际，提出了水权交易的期限和价格的测算方法，为水权交易合同确定提供了可供参考的依据，引导了交易行为，减少了水权交易的盲目性；四是实现了流域区域的统筹规划，避免了水权交易损害的外溢，既在一定程度上解决了水资源短缺的问题，又保护了周边用水户利益；五是实现了水

资源从低附加值行业向高附加值行业的流动，引发了人们对水资源资产价值发现的思考；六是由于人们看到了水的价值，找到了水的市场，从而极大地激发了节水的主动性和积极性，农民通过水权交易提高了灌溉用水利用效率，节约了用水水费支出，更加主动地节水以换取更多的工业企业资金投入；而工业企业通过水权交易获得更多的用水实现生产规模的扩大，企业因为加大了用水成本投入，更加珍惜用水，采取多种措施，努力通过节约用水降低企业成本，提高企业生产运营效益；七是探索出一条新的水利发展建设筹资渠道。通过工业投资为灌区农业节水改造筹集了资金，缓解了灌区投入资金需求与公共财政支持相对不足的矛盾，为筹集灌区改造资金开辟了一条新渠道。

4.2.5.2 明确了“水权”为取水权，并实现了制度突破

相较于浙江东阳·义乌等城市间水权交易，宁蒙产业间水权交易明确了“水权”为取水权，并实现了制度突破。宁蒙工农业间水权交易是在黄河流域 87 分水方案基础上进行的二次分配。根据水利部《指导意见》，这里的“水权”是指“取水权”。由于 1993 年国务院《取水许可证制度实施办法》明确“取水许可证不得转让”，所以《指导意见》对宁蒙工农业间水权交易行为用取水权“转换”来表述，而不是表述为取水权“转让”。因此，可以说，自 2003 年起，黄委主导的宁蒙工农业间水权交易实践，在水利部的指导下，在制度层面和操作层面，都实现了对 1993 年《取水许可证制度实施办法》的制度突破，即对取水许可不能转让的突破。

2006 年 2 月，国务院颁布《取水许可和水资源费征收管理条例》（国务院令第 460 号），《条例》第二十七条规定，“依法获得取水权的单位或者个人，通过调整产品和产业结构、改革工艺、节水等措施节约水资源的，在取水许可的有效期和取水限额内，经原审批机关批准，可以依法有偿转让其节约的水资源，并到原审批机关办理取水权变更手续。具体办法由国务院水行政主管部门制定”。该条例自 2006 年 4 月 15 日起施行。1993 年 8 月 1 日国务院发布的《取水许可制度实施办法》同时废止。从取水许可条例的颁布实施

可以看到，社会实践发展推动了相关制度变迁。

4.2.5.3　研究提出了水权交易价格计算方法，但没有体现水资源价值

相较于浙江东阳·义乌等城市间水权交易，宁蒙产业间水权交易研究提出了水权交易价格计算方法。宁蒙水权交易相关制度安排中，考虑了水权转换价格的影响因素，如自然因素、经济社会因素和工程因素等，但在实际确定水权转换相关费用构成时，更多地考虑了输水工程建设投资和运营管理费用以及相关利益方补偿等要素，基本上弥补了水权交易的成本，而没有体现出水的资源价值，或者说，水权的交易价值。如何在水权交易中体现水资源的经济价值是水权交易制度建设应当进一步思考与研究的问题。

4.3　区域内水权交易的探索与思考

福建省泉州市是我国区域内水权交易探索实践起步较早的区域，同时在实践中通过制定水量分配方案、组建水权交易管理机构、出台水权交易制度、筹措工程建设资金以及搭建交易平台发布信息等，逐步形成了相对完善的管理模式。

4.3.1　福建泉州水权交易背景

福建省泉州市多年平均水资源总量近 100 亿立方米，人均仅 1 272 立方米，低于全国和全省平均水平。其中，沿海人口密集、经济相对发达的地区，人均水资源量仅有 205 ~ 417 立方米。全市流向境外的外流域和直接入海的水资源量约 40 多亿立方米，下游 500 多万人的生产和生活用水基本依靠晋江流

域不足50亿立方米的水资源支撑。泉州市又是福建省经济发展最快、最具市场活力的地区之一，以占全省8%的水资源量，养育着全省20%的人口，支撑着全省27%的地区生产总值。同时，由于水资源时空分布不均，现有水工程对晋江以外河流调蓄能力不足，部分河流污染等问题，泉州市水资源供需矛盾日益突出，面对晋江流域水资源利用率超过总量40%的极限和经济社会的迅猛发展，单纯依靠工程措施已经无法从根本上解决泉州缺水问题，建立水市场、开展水权转让是确保泉州经济社会可持续发展的必由之路。

4.3.2 泉州市水权交易探索

泉州市水权交易探索起步于1996年，为国内相对较早的水权实践。开始时主要是进行水量分配，此后在实践中逐步引入“水权”的概念，以此应用于一系列水资源管理问题的解决。

4.3.2.1 制定了晋江流域水量分配方案

作为泉州市的主要水系和基本水源，晋江流域全境均在泉州市境内，分为东溪和西溪。1996年，泉州市制订了《泉州市晋江下游水量分配方案》，对晋江流域金鸡闸以下的水资源按县级行政区进行了分配。方案针对晋江金鸡闸来水保证率97%时的流量，各县（市、区）的水量分配比例以1994年经济社会发展和用水状况预测为基础，以2000年水资源需求和可供流量为依据，政府预留10%作为泉州发展和应急水源，余下的90%以各县（市、区）的需水量比例进行分配。2010年，随着需水量的不断增长及各区域经济发展不平衡和行政区域划分调整，对上述水量分配方案进行了重新调整。

4.3.2.2 出台了水权交易相关规则

2008年，泉州市出台了《泉州市水资源配置调度管理规定》，明确了实行水权转让的有关规则。一是任何单位和个人需要在年度水量调度计划外使用其他县（市、区）计划内水量分配指标的，应当向泉州市水资源调配中心提出方案，报市水行政主管部门批准后，按照水权转让的原则组织实施。二是流域上下游、各县（市、区）、各引水工程超出或节余水量分配方案的分配定额，经市水行政主管部门批准，可以进行跨流域、跨县（市、区）、跨工程水权转让。如石狮二期引水工程申请超配额的2.54立方米/秒水量，就是通过水权转让的方式获得的。三是在水权转让中，超出水量分配方案分配定额的县（市、区），除按有关规定交纳水资源费和水利工程水费外，还需要向市水行政主管部门缴纳水权补偿费，由市水行政主管部门对相应的县（市、区）或水利工程管理单位进行补偿。四是在现有引蓄水工程基础上的水权转让，水权补偿费暂按福建省水资源费标准执行；通过新增的引蓄水工程增加可供水量的，水权补偿费暂按福建省水资源费标准的两倍执行，交纳的水权补偿费纳入财政专项管理，专项用于水资源调配工作。

4.3.2.3　建立了水利工程建设资金分摊机制

泉州市依据水量分配方案，实行流域重点水源工程建设资金由下游受益县按水量分配比例出资建设，有力地保障了上游水源工程建设。一是山美水库扩蓄工程。在水量分配方案实施后不久，为提高流域供水保证率，1996年实施山美水库扩蓄工程，工程投资6 880万元，泉州市政府出台了《山美水库扩蓄工程下游受益县（区、市）承担工程资金分配方案》，工程资金除市政府出资外，其余部分按水量分配方案中的水量指标由下游受益县（市、区）分摊。二是金鸡拦河闸重建工程。2005年开始实施重建工程，总投资2.58亿元，除上级财政投入大部分以外，其余项目资金由下游受益县（市、区）按水量分配方案共同分摊。三是南北干渠改造工程，总投资4亿多元，除中央补助和市级财政资金支持外，其余资金也是由受益县（市、区）按水量比例分摊。

4.3.2.4　建立了水资源保护工程受益补偿机制

2005年，泉州市印发《晋江、洛阳江上游水资源保护补偿专项资金管理暂行规定》，据此 2005～2009 年每年筹集专项资金 2 000 万元，除市级财政投入 500 万元，其他由下游受益县（市、区）按初始水权分配比例合理分摊。资金主要用于晋江、洛阳江上游地区政府组织实施并经市政府审批或报备的水资源保护建设项目。2010 年补偿标准提高至 3 000 万元，2011 年补偿资金提高至 1 亿元，2012 年超过 2 亿元以上。在此基础上，带动 15 亿元以上的社会资金投入，有力地促进了上游地区近百个水资源保护项目的建设。

4.3.2.5 搭建了区域水权交易平台

泉州市在水权交易实践中，逐步建成了水资源动态管理系统及水权交易平台。泉州市在已建成的水质水量自动监测系统、入河排污口信息管理系统和取用水监控系统基础上，整合环保、气象、水文、防汛、公用事业等涉水相关信息，自主研发建成水资源动态管理系统。通过对全市供水水源地实时水质水量信息和用水状况的在线监控分析，进行实时调度配置管理，实现了全市水资源的科学调度和优化配置。该系统同时具有水权交易平台功能，包括市县间水权交易，丰水县、缺水县间水权交易，县与企业用水大户间的水权交易和企业用水户之间的水权交易。2009 年，在市县政府的引导下，石狮市建设的火电厂就是通过该水权交易系统，以供热补偿的形式受让了若干家企业的水权，解决了用水问题。

4.3.4 福建泉州水权交易成效与经验

福建省泉州市举全市之力，用近 20 年的实践探索水权交易，取得了较好的成效和有借鉴意义的经验。

4.3.4.1 福建泉州水权交易成效显著

福建泉州水权交易取得了明显的成效：一是在区域水资源有限的情况下，

解决了新兴企业新增用水需求，一定程度上缓解了区域新老用水户间用水矛盾，以水资源保障促进了区域经济的发展。二是建立了新增用水量与投资分摊挂钩机制，解决了供水、输水工程建设运营资金来源问题，缓解了水利工程投资公共财政供给不足问题。三是倡导了水资源的价值理念，提高了工业用水成本，有力地促进了节约用水，提高了用水效率。四是建立了水权交易平台，实现了水权交易信息交换与交易公开。

4.3.4.2　福建泉州水权交易经验

福建泉州水权交易实践取得了一些值得借鉴的经验：一是以水权初始分配为水权交易前提。1996 年，泉州市制订了《泉州市晋江下游水量分配方案》，对晋江流域金鸡闸以下的水资源按县级行政区进行了分配。这个水量分配事实上涉及流域上游所有县（区、市），隐含着将晋江流域（枯水期）彻底分配给流域内所有行政区。这是后来泉州市以水权思想为指导开展一系列有关水权转让相关工作的前提。二是以落实“三条红线”为水权交易保障。泉州市从 2012 年起就建立了水资源“红黄蓝”动态分区管理机制，科学确定水资源开发利用、用水效率、水功能区限制纳污“三条红线”的控制指标和红线值。将泉州市 13 个县（市、区）划分为 5 个红区、4 个黄区和 4 个蓝区。通过对水源点、取水点、水质监测站、入河排污口的水量、水质达标情况进行实时在线监控。泉州市提出，到 2015 年全市用水总量控制在 35 亿立方米以内；万元工业增加值用水量降到 46 立方米以下，农业灌溉水有效利用系数提高到 0.55 以上；主要水功能区水质达标率保持在 90% 以上。三是以工程控制监测手段为水权交易条件。由于晋江从上游发源到下游最后入海，均在泉州市境内，这为泉州市在晋江流域开展水权转让提供了较好的自然条件。同时，泉州市通过在晋江流域进行金鸡拦河闸重建和山美水库及东、西两溪改造，加紧建设湄洲湾南岸供水应急备用水源工程、石狮市引水二期工程、晋江引水第二通道等工程建设，逐步完善了对取水、用水、排水过程的实时调控、实时监测、实时评价和实时管理，为水权转让提供了有力的数据支撑和考核支持。四是以政府宏观管理为水权交易主导。泉州市之所以能较好地实施最严格的水资源管理制度，开展水权转让，从一开始就成立了较高规格的水资源管理机构是重要原因之一。2010 年，泉州市成立由市长担任主任，分管副市长担任常务副主任，23 个市直部门以及 13 个县（市、区）政府分管领导组成的泉州市水资源管理委员会，作为全市水资源管理议事协调机构，办公室设在市水利局。泉州市水资源管理委员会负责全市水资源的宏观管理，统筹水资源管理中的重大问题。在泉州市近年来开展的水权转让中，管委会从方案拟定、价格确认、收益处置、决策审批和组织实施入手全过程参与，既提高了工作效率，又保证了实施效果。

泉州市水权转让实践，不是单纯的水量二次分配，在其基础上还开展了工程建设资金分摊、环境治理及生态补偿等工作，构建了水资源开发、利用和保护的激励和约束机制，有效缓解了当地水资源供需矛盾，促进了经济社会发展。

4.3.5 福建泉州水权交易思考

福建泉州水权交易取得较好成效，一定程度上解决了新增用水问题，为区域经济发展提供了水资源供给保障。但也引发一些思考：

思考一：水权交易没有法律依据。关于水权转让，除了在《取水许可与水资源费征收管理条例》里面提到的“依法获得取水权的单位或者个人……可以依法有偿转让其节约的水资源”之外，再无其他切实可依的规定或办法，对于水权是一种什么性质的权利，各主体间水权转让的方式、年限、定价以及是否应履行一定的行政审批程序等方面，由于缺乏依据，交易实践中存在不少困惑。

思考二：从泉州市组织开展的水权转让情况来看，基本上均由政府统一组织开展，并没有完全对应的买卖双方价格撮合，更没有形成竞价机制。正如上文所述，考虑到水权转让价格确定的难度，当地直接参照了水资源费标准征收水权补偿费。这种简单笼统的价格确定，既不能充分准确反映水权的价值，也没有体现水权与环境、水质、工程投资、稀缺程度、用水效率等因素的相关性。尽管称之为“水权交易”，但实质上是政府借市场之名组织实施的水资源二次分配。

思考三：泉州市开展的水权转让基本上是短期的临时水权转让，尚未实施相对长期的水权转让。这无论对受让方，还是出让方，都存在一定的不确定性。用水户没有用水的稳定预期，势必影响长远稳定发展。

4.4　其他水权交易实践

除上述城市间、产业间以及区域内水权交易实践外，各地还因地制宜地开拓探索了其他形式的水权交易，如灌区内农户间的“水票交易”，跨流域的水权交易以及由地方政府统一组织的水权交易等等。

4.4.1　灌区内水权交易

4.4.1.1　甘肃张掖灌区水权交易

2002年，甘肃省张掖市被水利部正式确定为全国第一个节水型社会试点后，开始探索新的水资源管理模式，在总量控制、定额管理的基础上，进行了水票交易形式的水权转让实践。张掖市在水务部门全面调查区域水资源及用水状况的基础上，核定农户灌溉用水面积、分析确定用水定额、层层分配水量，向农户核发《水权证》，规定了持证人拥有的水权定额。农户以持有的水权证上核定的用水量作为依据购买水票，用水时先交水票再放水。水票作为水权转让的载体，在同一渠系内的水票可自由转让。如果有农户超额度用水，可向其他水票节余农户购买水票。张掖市的水票交易限制在农业用水范围内且同一灌区范围内，这种“水票交易”，强化了农户的节水意识，推动了农业种植结构的调整，丰富了我国水权交易的形式。

4.4.1.2 其他灌区内农业用水水权交易实践

铜仁桥水库位于湖南省长沙县，水库建成于1979年，总库容1 870万立方米。水库作为唯一水源地，灌区覆盖高桥、路口、果园、福临、青山铺等5个乡镇内16个行政村，灌溉面积3.2万亩。2012年，按照“定额供水、计量收费、阶梯计价、节约有奖、超用加价、水权可流转”的原则，铜仁桥水库管理所改革水费计收方式。在全灌区实行统一的水费收取办法和标准，按照距离远近及水损多少，核定各用水户协会、村组的基础水权。在此基础上引水灌溉，基础水权部分平价计费，少用水加价回购，超用水加价收费，基础水权水费返还。这种方式既节约了用水，又减轻了农民负担，还解决了支、斗、农渠及田间渠系的建后管护问题，取得了较好的效果。

4.4.2 跨流域水权交易

2000年，浙江省有关部门批准在庆元县兴建装机3.6万千瓦的大岩坑水电站。该水电站主要依靠从浙闽界河托溪引水发电，由此引发了省际边界用水矛盾。水利部太湖流域管理局以水权理论为指导，提出必须充分考虑下游生活、生产和生态用水需求，对下游给予必要的补偿，明确引水权限，实行有偿引水。经过大量的协商沟通，2003年双方达成一致意见，同意在福建境内修建补偿水库，浙江方面给予300万元的现金补偿；在补偿资金到位后，大岩坑水电站按设计规模引水。

4.4.3 政府统一组织水权交易

2011年，新疆吐鲁番开展水权交易试点，颁布了《吐鲁番水权转让管理办法（试行)》。一是明确新增工业用水一律通过购买水权的形式取得水资源使用权。原则上石油工业企业置换水权的价格不低于 20 元/立方米，其他工业企业置换水权的价格不低于 10 元/立方米，置换获得水资源使用权以 20 年为限；企业取得初始水权后，水利工程水价、水资源费按现行价格标准执行。企业取得水权后不使用的，政府无偿收回水资源使用权；不足量使用的，无偿收回剩余水资源使用权。对于超计划用水或超定额用水的，实行累进加价收费制度。超计划用水在 20% 以内的，水权转让费、水费、水资源费、水资源补偿费按 2 倍收取；超计划用水达 20% ~50% 的，按 3 倍收取；超计划用水 50% 以上的，按 5 倍收取。二是规范水权转让费的使用和管理。水权转让费 60% 留县市财政，40% 上交地区财政；专户储存，专款专用；全额用于农业节水、水利基础设施建设、“退地减水”补偿等方面。截至 2014 年 9 月，吐鲁番已与万向集团、神华集团、中铝公司等 10 余家企业签订了水权交易协议，完成了水权交易 8 812 万立方米，水权转让费达 8.6 亿元。

4.5　水权改革试点与思考

为贯彻党的十八届三中全会《决定》和习近平保障水安全讲话精神，水利部于 2014 年初发布了《关于深化水利改革指导意见》，提出要健全水权配置体系和建立健全水权交易制度，并对开展水权确权登记、鼓励和引导水权交易、完善水权用途管制制度等提出了明确要求。随后，水利部印发《关于开展水权试点工作的通知》，综合考虑东、中、西部，南方和北方，缺水和丰水等不同地域和水资源条件的代表性，同时考虑当地水资源管理工作基础、工程设施和监测计量手段条件，经深入调研及与有关省区充分沟通，提出在宁夏、江西、湖北、内蒙古、河南、甘肃和广东等 7 个省区开展水权试点，试点内容包括水资源使用权确权登记、水权交易流转和开展水权制度建设三项内容，试点时间为 2 ~3 年。

4.5.1 水权改革试点工作成效

到2017年，各省（自治区）基本完成了试点任务，宁夏、江西、河南、甘肃、广东5省（自治区）已完成水权试点验收。此外，河北、新疆、山东等省（自治区）开展了省级水权试点。试点工作取得了实质性进展。

4.5.1.1 宁夏回族自治区试点工作及主要成效

宁夏属于西部缺水地区，水资源开发利用以引用黄河水为主，水文条件比较简单，用水关系较为清晰。黄河可供水量和用水总量控制指标已经分解到市县，具有较为完备的水资源监测计量设施，建立了覆盖面较广的农民用水户协会，为确权登记奠定了较好的工作基础。在宁夏开展水权确权试点的主要任务：一是开展确权登记，基本完成引黄灌区农业用水确权登记工作，建立确权登记数据库；二是实行用途管制，明确水资源使用用途，并对用途变更进行严格审核，保障生态和农业基本用水不被挤占；三是开展确权登记制度建设。宁夏拟在已列入立法计划的《宁夏回族自治区水资源管理条例》中纳入确权登记、用途管制等内容，并出台专门的确权登记和用途管制等政策文件。在开展确权登记和用途管制基础上，宁夏可进一步探索实行多种形式的水权交易。

2017年11月，宁夏水权试点成为全国首个通过验收的试点。试点3年来，宁夏坚持总量控制、定额管理，推动以水定产、以水定城。据统计，宁夏农业水权确权涵盖灌区农业直开口4 293个，确权水量45.64亿立方米，向乡镇、部分农民用水协会和用水大户颁发水资源使用权证353本；工业水权确权涉及60家工业企业，确权水量1.27亿立方米，以已发的取水许可证为依据进行了确权。[①] 试点期间，宁夏通过水资源刚性约束倒逼产业转型，

---

① 全国水权改革试点宁夏率先通过验收，水权改革取得重要进展，2017年12月09日06：54来源：中国经济网—《经济日报》乔金亮。

用水效率明显提升，万元 GDP 用水量下降 28.7%，万元工业增加值用水量下降 29.8%。3 年间，全区用水总量减少 7.2 亿立方米，GDP 实现年均增长 7.6%，实现了经济社会发展和水生态环境改善的双赢，探索出一套切合实际、行之有效、可复制可推广的经验做法。①

4.5.1.2　湖北省宜都市试点工作及主要成效

宜都市属于南方丰水地区，自 2005 年起率先开展小型水利设施产权改革，目前 83% 的堰塘进行了水利设施产权改革，发放了农村小型水利设施权属证书，在证书中明确了权利人的灌溉受益面积及在工程中所占的份额，为开展农村集体水权确权登记奠定了良好基础。在宜都市开展农村集体水权确权登记试点的主要任务，一是开展摸底调查，对农村集体经济组织修建的水库、堰塘的水资源量以及水资源开发利用现状进行调查统计；二是开展确权登记，对已经完成农村小型水利设施产权改革的水库、堰塘等进行水权确权登记；三是建立确权登记制度。宜都市政府拟出台农村集体水权确权登记办法，对确权主体、条件、程序等进行规定。

试点主要成效：一是湖北省宜都市结合农村小型水利工程产权改革，对农村集体经济组织堰塘中水资源进行了确权；二是湖北省宜都市将农村堰塘工程确权与水权确权相结合，水权与工程产权相互匹配，充分调动了农民用水管理的积极性；三是制定出台了水权交易相关制度办法。

4.5.1.3　江西省试点工作及主要成效

江西在水利工程产权制度改革方面积累了工作经验，且已于 2008 年完成了全省江河水量分配方案，具有一定的工作基础；江西属南方丰水地区，在江西开展试点有利于探索推动南方丰水地区水权工作。在江西开展水权确权试点的主要任务，一是对已经发证的取水许可进行规范，对取用水户进行水

① 人民日报：宁夏水权试点率先通过验收 3 年省水 7 亿方（记者赵永平），2017 年 11 月 25 日 01 版。

权确权登记；二是结合小型水利工程确权、农村土地确权等相关工作，采用多种形式和途径对取用水户水权进行确权登记；三是对农村集体经济组织的水塘和修建管理的水库中的水权进行确权登记。

试点主要成效：一是江西省在新干、高安、东乡 3 个试点县，对纳入取水许可管理的取用水户、灌区内用水户及农村集体经济组织水塘和水库中的水资源分类进行了确权；二是将江西省水资源确权和交易纳入了地方水资源管理条例。

4.5.1.4 内蒙古自治区试点工作及主要成效

内蒙古水资源短缺，用水已超过黄河可供水量分配指标，新增工业项目多、用水需求强烈。自 2003 年起已在鄂尔多斯等盟市内部开展了农业用水和工业用水之间的水权转让，目前鄂尔多斯内部的节水潜力有限，正在推动开展盟市间水权交易，力求在更大范围内通过水权交易手段解决新增工业用水需求。内蒙古开展盟市间水权交易试点的主要任务，一是开展盟市间水权交易，通过鄂尔多斯企业在巴彦淖尔市的沈乌灌域进行节水工程投资，灌区节约的水量部分偿还超引黄河水量，部分转让给鄂尔多斯企业；二是建立健全水权交易平台，内蒙古已于 2013 年底成立了内蒙古自治区水权收储转让有限公司，通过试点进一步探索交易平台的运作机制和方式；三是探索建立水权交易的规则、定价、第三方影响评价等运行机制。

试点主要成效：一是内蒙古自治区鄂尔多斯市和巴彦淖尔市开展了跨盟市水权交易。巴彦淖尔市将农业灌区节约的水资源有偿转让给鄂尔多斯市的工业企业 1.2 亿立方米；二是制定出台了水权交易相关制度办法。

4.5.1.5 河南省试点工作及主要成效

河南省涉及长江、淮河、黄河、海河四大流域，水资源分布不均。南水北调工程中线通水后，河南省内配套工程短期内难以建成，郑州航空港区和新密市用水缺口很大，在地区间开展跨流域水量交易具有实际需求。《南水北调工程供用水管理条例》的颁布实施，为南水北调水量交易提供了法律依据。河南省开展南水北调水权交易试点的主要任务，一是开展河南省内区域间、受水区省际间等不同形式的水权交易，探索开展年度水量调度计划分配的水量交易，以及一定期限（如 3 ~ 5 年）内的水量交易；二是建立南水北调水权交易平台，河南省水利厅拟组建南水北调中线河南省水权交易中心，同时建立健全水权交易信息系统、交易规则、风险防控机制等。河南省可进一步对省内不同流域、不同水系之间水权转换的可行性开展专项研究。

试点主要成效：一是河南省依托南水北调中线一期工程，组织平顶山市与新密市、南阳市与新郑市、南阳市与登封市开展了水量交易，交易水量达 3.24 亿立方米；二是河南省在新密市与平顶山市水权交易中，根据南水北调中线一期工程基本水价、供求关系、交易成本、交易收益等因素研究确定了交易价格；三是出台了水权交易相关制度办法。

4.5.1.6　甘肃省疏勒河流域试点工作及主要成效

疏勒河属于西北内陆河，为实施《敦煌水资源合理利用与生态保护综合规划》，甘肃省对疏勒河流域进行综合治理，并成立了省水利厅直属的疏勒河流域水资源管理局。疏勒河流域水资源管理局直接管理着干流全部三座水库和三个灌区，并直接负责流域水资源调度。在用水总量控制的刚性约束和确保敦煌生态用水的条件下，流域内一批煤化工、磷化工、能源、核废料处理等项目正在规划建设之中，需要通过水权交易解决新增项目用水需求，实现经济社会发展和确保生态需水的双赢。疏勒河流域开展用水户间水权交易试点的主要任务，一是以流域为单元，统筹考虑流域上下游和生态用水需要，开展流域水资源分配和确权登记；二是开展水权交易平台建设，疏勒河流域水资源管理局拟设立水权交易中心，建立水权交易信息平台；三是开展灌区内农户间、农民用水户协会间、农业与工业间等不同形式的水权交易；四是开展水权交易制度建设，明确可交易水权范围以及交易的方式、价格、程序、监管等内容，保障农业和农民用水权益，并防止水权交易对第三方和生态环境造成影响。

试点主要成效，一是甘肃省疏勒河流域将用水总量控制指标细化到农业、工业等各用水行业，明确到地下和地下水源，将水权确权到农业用水户协会；二是甘肃省疏勒河流域对水权额度内的农业用水执行基本水价；超水权额度用水，按基本水价的2倍收取；三是制定出台了水权交易相关制度办法。

4.5.1.7 广东省东江流域试点工作及主要成效

广东东江流域已明确了水量分配方案，成立了东江流域管理局，建立了东江水量水质监测系统，每年制定并下达调度方案，流域内部分地区新增用水需求强烈、部分地区尚有富裕水量指标，广东省拟在东江流域用水总量控制的前提下，在东江流域开展流域上下游水权交易试点。广东东江流域水权交易试点的主要任务，一是以已有的南方联合产权交易中心为依托，组建省级水权交易平台，合理制定水权交易规则与流程；二是引导鼓励东江流域上下游区域与区域之间开展水权交易；三是建立水权交易信息化管理体系，在南方联合产权交易中心建立水权交易的资格核查、账户注册、交易形成、价格确定、金额结算、信息公开和争议调解等相关交易环节的信息化管理系统；四是建立水权交易监管体系，维护水权交易市场秩序。

试点主要成效：一是广东省东江流域上游惠州市将结余的东江水有偿转让给下游的广州市，年交易水量1.02亿立方米；二是广东省以省政府规章形式出台了水权交易管理办法。

此外，河北省在地下水超采综合治理试点地区同步实施水权改革试点，一是将地下水可开发利用量细化到灌区，确权到农户，倒逼用水户调整种植结构和节水；二是将水资源税改革和水权改革统筹考虑，对工业用水户，以取水许可为依据下达用水计划，超计划按3倍征收水资源税；对农业用水户，以水资源可利用量为依据确权，超水权指标用水实行高价水。上述措施的实施，有力地推动了河北省地下水压采。①

---

① 注：资料来源：《水权改革工作成效显著》水利部水资源司，《2018中国水利发展报告》，中华人民共和国水利部编，中国水利水电出版社，2018。

4.5.2　水权改革试点工作思考

水权改革的关键点，一是怎么确权，二是如何交易，三是制度建设。围绕这三个关键点，在水权改革试点中有如下思考。

4.5.2.1　关于怎么确权

水权交易从点到面，从城市间到产业间，从流域内到流域间，从自下而上到自上而下，从交易实践到组织试点，已历经十几年，“水权”到底是一种什么权属？水权跟所有权的关系、跟取水许可的关系是怎样的？以及水权的主要内容是什么？对上述问题的回答是水权确权登记的前提。有水利部专家表示，“水权确权是将水资源使用权逐级分解明确到行政区域和取用水户。对纳入取水许可的取用水户，根据《取水许可和水资源费征收管理条例》，通过发放取水许可证明确取水权；对灌区内农业用水户，由地方政府或其授权的水行政主管部门发放水权证，因地制宜将水权明确到农村集体经济组织、农民用水合作组织、农户等”。“确权主要包括 4 个步骤，即明确区域用水总量控制指标、明确各行业水资源配置方案、明确各取用水户的可用水量、发放水权证书”。① 水利部专家对上述问题的回答，涉及了“水资源使用权”与“取水权”两个概念，水资源使用权是水资源所有权派生出的一项物权，由民法来规范；而取水权是根据政府取水许可审批获取的一种行为的行政许可，由行政法来规范。这两种“权”是什么关系？对这个问题的回答，决定了水权确权证书是民事权利证书还是取水许可证书，对证书载明的权利保护适用民法还是行政法。同时，也只有明确“水权”的性质和内涵，才能进一步界定水权的责任主体，进行责任划分。

---

① 全国水权改革试点宁夏率先通过验收，水权改革取得重要进展，2017 年 12 月 09 日 06：54 来源：中国经济网—《经济日报》乔金亮。

4.5.2.2 关于如何交易

在水权改革中，关于如何交易问题，首先要确定交易的标的，也即水权，明确交易的水权是什么；其次就是要解决好两种关系：一是水资源作为国家所有的一种资源，在水权改革中，围绕水权的权、责、利划分，明确中央和地方、流域和区域在水权交易中的各自角色定位；二是谈到交易，必然涉及市场，在水权交易中，也即水资源配置中，明确政府与市场在水资源配置中各自发挥的作用，清晰政府与市场的作用边界。当前的水权交易实践，基本上是地方政府主导下的水权交易，而且政府主导下的水权交易基本上是协商定价。水权交易是政府配置水资源，还是市场配置水资源，政府与市场在水资源配置中是什么关系？各自应如何定位？政府主导下的协商定价式的水权交易是否真正反映了水资源的稀缺程度，反映了水资源的资源价值？实践中，水权交易价格是否应当反映水资源供求关系，反映水资源的稀缺性？这些问题是需要深入思考和回答的。

4.5.2.3 关于制度建设

围绕水权交易，其制度建设应当包括以下内容：一是关于水资源所有权以及与所有权有关的财产权的内容和界定；二是取水许可与水资源所有权及与所有权有关的财产权的关系界定；三是水资源确权登记的内容是取水许可登记还是与水资源所有权及与所有权有关的财产权的登记应予以明确；四是以确权登记为基础，组织水权出让的制度安排；五是水权转让制度安排；六是水权交易平台制度建设；七是水权交易价格制度安排；八是水权交易收益使用管理制度安排。

在上述制度建设中，前两项制度建设是前提。没有对水权明晰的界定，就谈不到水权交易及管理等后续问题；第三项确权登记是制度建设的核心。没有确权登记，水权交易就没有法律依据和制度保障；第四项水权出让制度建设是关键。根据这一制度安排来划分政府配置水资源与市场配置水资源的边界；第五项水权转让制度建设是重点。也即水权交易制度的主要内容，是确立市场配置水资源的重要制度安排；第六项水权交易平台制度建设是条件。是规范水权交易、全面掌握水权交易动态信息的手段；第七项水权交易价格制度建设是难点。这是水权交易实践以来，专家学者、政府官员、水权交易主体等一直以来研究与思考的问题。目前实践中一般以交易成本 + 相关利益方补偿的方式确定水权交易价格，水资源费（税）以及水利工程供水价格由水权交易受让方另行交纳。这种水权交易价格没有反映水资源的稀缺程度、没有反映水资源自身的资源价值。价格是调节供求的杠杆，市场价格是反映市场供求的信号。水权交易价格由政府确定还是由市场竞价？这又是一个需要深入研究思考的问题；第八项水权交易收益管理制度建设是保障。水权交易收益是通过水权交易多渠道筹集资金以弥补公共财政投入不足的重要途径，水权交易收益管理是水权交易健康发展的重要保障，因此，规范水权交易收益管理是水权交易制度建设的重要内容。

4.6　水权交易平台建设与运营

水权交易市场是推动水权交易、发现和培育水市场的重要手段，其主要职责是为水权交易提供居间服务、汇集和发布水权交易信息、发现交易价格、开展交易咨询和培训等。

水权交易市场有广义和狭义之分。广义的水权交易市场是指水权在不同主体之间进行有偿转让的场所、领域和经济关系的总和。狭义的水权交易市场特指有偿转让水权的场所。水权有偿转让的实现形式是水权交易。水权交易市场既是产权市场，也是生产要素市场。从市场的形态来划分，水权交易市场有正式和非正式两种类型；从对水资源配置的作用来划分，水权交易市场可以分为一级市场（出让市场）和二级市场（转让市场）。水权交易市场的组织形式有交易所（交易中心）、“水银行”、水权收储转让机构等。

4.6.1 内蒙古水权收储转让中心的建设与运营

2013年6月17日，内蒙古自治区人民政府主席办公会决定，同意由内蒙古水务投资集团牵头组建“水权收储转让中心”，作为自治区水权收储转让的交易平台，推进自治区境内跨盟市水权转换工作。同年12月17日，内蒙古自治区水权收储转让中心正式组建成立。

根据《内蒙古自治区水权收储转让中心组建方案》，该中心的主要职能包括：（1）资金筹措：水权置换项目的前期工作及项目建设资金的筹措、水权收储资金的筹措等；（2）收储：受自治区水利厅委托，承担跨盟市水权的转换收储；各盟市及企业空占水权的收储；现有企业节水改造节余水权的收储；新建设水利工程（水库）水权的收储；（3）交易：经自治区水利厅批准，作为交易平台，完成地区间、企业间以及行业间的水权交易。

内蒙古自治区水权收储转让中心不单纯是交易平台，同时还是一个交易主体，区域内企业和灌区富余的水权并不是通过交易平台直接转让的，而是先由收储中心统一回收后，再由中心对外转让。中心通过水权收储、转让所得，全部用于内蒙古自治区节水改造项目的投资和水权收储。

内蒙古自治区水权收储转让中心在内蒙古境内实施盟市间水权收储转让；行业、企业节余水权和节水改造的节余水权收储转让；投资实施节水项目并对节约水权收储转让；新开发水源（包括再生水）的收储转让；水权收储转让项目咨询、评估和建设；国家和流域机构赋予的其他水权收储转让等。

内蒙古自治区水权收储转让中心的组建，开启了我国水利行业尝试通过组建专门机构实施水权转让的先河，通过实施农业、工业节水改造，将结余的水资源用于其他领域的生产建设，为缓解内蒙古水资源短缺问题实现了新的突破。

4.6.2　新疆玛纳斯县塔西河灌区水权交易中心的建设与运营

2014 年 7 月，新疆首个水权交易中心——玛纳斯县水权交易中心挂牌成立，此前中心试运行的两个月内完成水量交易 20 万立方米。玛纳斯县位于塔西河流域，是新疆水资源最丰富的地区之一。为解决玛纳斯县农业用水比例高达 92%，且存在种植结构单一、阶段性供水不足等问题，玛纳斯县采取“定额到地、赋权到户、管理到会、效益兼顾”的管理模式，以农户为单位，全面分解了塔西河流域的农业用水初始水权，再由农民用水协会将农户节约的水量在交易大厅统一交易，通过“水银行”（水库）调蓄，由碧源供水公司回购后，经塔西河工业供水工程供给工业园区企业。水权交易中心回购水价格为原水价的 6 倍，除去交易费与协会提留费，农户每立方米水权直接收益为 0.30 元。玛纳斯县水权交易对于实现农业节水与高效用水具有现实意义。

为规范水权交易，玛纳斯县陆续制定了《玛纳斯县初始水权划分管理办法》、《玛纳斯县初始水权交易管理办法》、《玛纳斯县塔西河流域水权交易实施方案》以及未来阶段工业用水需求评估方案等，为水权交易的实施提供了制度依据。

4.6.3　中国水权交易所的建设与运营

4.6.3.1　水交所设立

中国水权交易所股份有限公司（以下简称水交所）是贯彻落实党中央、国务院关于水权水市场建设决策部署，经国务院批准，由水利部和北京市政府联合发起设立的国家级水权交易平台。

2014 年 10 月，水利部、北京市人民政府联合向国务院呈报了《关于申请设立中国水权交易所的请示》，正式申请在北京设立中国水权交易所。2015 年 11 月，清理整顿各类交易场所部际联席会议复函同意设立水权交易场所并使用“交易所”名称。2016 年 3 月，北京市金融工作局批复设立中国水权交易所。2016 年 6 月 28 日，水交所正式开业运营。

4.6.3.2 水交所的经营宗旨、范围与交易方式

水交所的经营宗旨：贯彻党中央、国务院关于建立水权水市场的战略决策部署，围绕水利中心工作，充分发挥市场机制在水资源配置中的重要作用，提高水资源的利用效率和效益，打造符合国情水情、具有国际影响力的国家级水权交易平台。

水交所的经营范围：组织引导符合条件的用水户开展经水行政主管部门认可的水权交易，以及开展交易咨询、技术评价、信息发布、中介服务、公共服务等配套服务。

水交所的交易方式：依据《水权交易管理暂行办法》（水政法〔2016〕156 号文）规定，水权交易有三种类型：区域水权交易、取水权交易、灌溉用水户水权交易。经北京市金融工作局核准，中国水权交易所采用两种交易方式：公开交易——由买方或卖方启动（挂牌）；协议交易——无需挂牌，申请核准后直接交易。

4.6.3.3 交易案例

2016 年 6 月 28 日，河南省平顶山市——新密市跨流域水权交易签约，这是水交所开业后的首单交易。截至 2017 年 12 月，水交所在北京、河北、山西、内蒙古、河南、宁夏等 6 省区促成了 31 单水权交易，累计实现交易水量 11.8 亿立方米，交易价款 7.32 亿元，实现了区域水权交易、取水权交易、灌溉用水户水权交易三种交易形式的全覆盖，交易方式包括协议交易、公开

竞价、政府回购等①。典型交易案例如下：

协议转让案例：根据《河南省南水北调水量交易管理办法（试行）》有关“各市、县（区）及引丹灌区以省人民政府明确的南水北调水量指标为基础，协商开展年度以及一定期限内节余或节约水量的交易”的规定，经省水利厅协调，同为南水北调受水区的南阳市向郑州新郑市每年转让 8 000 万立方米的南水北调用水指标，转让期限为 3 年，自 2016 年 9 月 19 日至 2019 年 9 月 18 日。按照河南省《关于南水北调水量交易价格的指导意见》，明确交易价格应以南水北调中线工程综合水价为参考，适当增加一定的交易收益。根据河南省水利厅、河南省南水北调中线工程建设领导小组办公室联合印发的《关于规范南水北调水量交易综合水费缴纳渠道的通知》，通过水量交易获得南水北调用水指标使用权的，基本水费按照转让方所在地（南阳市）的基本水价标准，计量水费按照受让方（新郑市）取水口门所在地计量水价标准。

公开交易案例：根据《内蒙古自治区盟市间黄河干流水权转让试点实施意见》和《内蒙古自治区水利厅关于对盟市间水权转让收回指标开展交易的函》，2016 年 11 月 21 日，内蒙古水权收储转让中心通过水交所公开挂牌，向鄂尔多斯市、乌海市、阿拉善盟三个盟市公开转让合计 2 000 万立方米/年的水权指标，交易期限 25 年。根据水利部黄河水利委员会批复的《内蒙古黄河干流水权盟市间转让河套灌区沈乌灌域试点工程可行性研究报告》、内蒙古自治区水利厅关于《内蒙古黄河干流水权盟市间转让试点工程初步设计报告》水权转让价格包括以下五项内容：（1）节水工程建设费；（2）节水工程和量水设施运行维护费；（3）节水工程更新改造费；（4）工业供水因保证率较高致使农业损失的补偿费用；（5）必要的经济利益补偿和生态补偿费。最终确定，水权交易首付款为 15.00 元/立方米。

---

① 水权改革取得重要进展，多模式水权交易格局初步形成，2017 - 12 - 22 09：06：19 来源：经济日报。

第 5 章

国外水资源资产产权制度

进入 21 世纪以来，水资源短缺已经不是个别国家、个别区域的个性化问题，而是一个具有普遍意义的全球问题。经合组织（OECD）2012 年全球环境展望预测，2000～2050 年，淡水供应将面临持续增长的压力，有 23 亿人（超过全球人口的 40%）预计将生活在严重缺水的地区，尤其是在北美、南非、南亚和中亚。预计全球水需求（淡水取水）将增长 55%，其中制造业用水将增长 400%、热力发电用水将增长 140%、家庭用水将增长 130%。假设水需求呈线性增长趋势且没有影响这些增长趋势的新政策出现，到 2030 年，全球缺水比例将达到 40%，一些国家和流域已经处于严重缺水状态。[①] 由于水—粮食—能源之间的密切关系，区域水资源短缺导致的粮食和能源需求的向外溢出将直接影响全球经济。水不再是单一行业。

联合国教科文组织总干事伊琳娜·博科娃在《世界水发展报告》第四版序言中指出，“世界水资源现状如何？未来会怎样？我们现在必须采取哪些行动才能创造一个更美好的未来？这些问题关系到全世界无论男女能否有尊严地生活。这些问题触及以可持续的方式管理好地球日益有限资源的需要。”报告的结论非常清晰：“淡水资源是跨领域的问题，在为发展所做的种种努力中处于中心位置。世界范围内淡水资源所面临的挑战在不断增加，这些挑战来自于城市化与过度消费，投资不足与能力欠缺，管理低下与浪费，以及农业、能源和粮食生产对水的需求等。从多种需要和多种需求的角度看，淡水没有被可持续地利用。准确信息缺乏关联性，管理职责被人为割裂。在此背景下，未来显得愈加不确定，而各种风险也进一步加剧。今天如果我们不能将水变成和平的工具，那么明天它可能会成为冲突的主要渊源。”

20 世纪以来，随着经济社会的发展，用水量急剧增加，水资源短缺问题逐步凸显，水危机出现并不断加剧。为解决水资源短缺问题，缓解不断加剧的水资源供需矛盾，世界各国在立法与司法实践中，逐渐确立了有关水资源权益归属的各种制度，现代意义上的水权制度随之出现。随之而来的是基于水权制度安排的水权交易实践。各国水资源资产管理立法、水权制度安排和

① 联合国世界水发展报告 2016，中国水利水电出版社，2017。

水权交易实践，给我国水资源资产产权制度建设带来启示。

5.1 美国水资源资产产权制度

5.1.1 美国水资源概况

5.1.1.1 美国自然地理

美国位于北美洲中部，北接加拿大，南靠墨西哥和墨西哥湾，西临太平洋，东濒大西洋。国土面积约 985 万平方公里，其中陆地面积 917.2 万平方公里，水面面积 67.8 万平方公里。美国本土的地理特征是主要山脉和河流呈南北走向，西部有落基山脉，东部有阿巴拉契亚山脉，中部的河流从北向南流入墨西哥湾。

美国本土基本上介于北纬 30 度至 49 度之间，属温带和亚热带范围，仅佛罗里达州南部和夏威夷州属热带，阿拉斯加州属寒带。美国大陆年平均降水总量 58 008 亿立方米，分布不均匀。根据降水的地区和季节分布，美国本土大致以西经 100 度为界，分为两个不同的区域，西部为干旱和半干旱区，东部为湿润和半湿润区。西部包括加利福尼亚州、科罗拉多州、堪萨斯州等 17 个州。

5.1.1.2 美国水资源管理体制

美国联邦政府实行多部门的水管理体制，各部门根据授权承担一定的水管理职能。水管理体制涉及联邦政府行政机构、国会、州和流域机构四方面。参与水管理的主要联邦部门和机构有：内政部的地质调查局、垦务局，陆军部的陆军工程师兵团，农业部的自然资源保护局、环境保护局，国土安全部的联邦紧急事务管理署和能源部等。美国联邦机构水管理体制是随着 19 世纪后期联邦政府逐步介入水资源开发而形成的，也随着形势变化和水资源管理需要进行了调整。垦务局和陆军部的陆军工程师兵团这些业务实体机构，长期稳定，兼具建设和管理职能。美国国会通过制定水管理的法规参与水管理。美国水法规的数量庞大，大量水资源事务是先立法、后实施。作为联邦制国家，美国各州有较大的水管理权限。许多水资源管理事务一般要经过州立法后才能执行。州的水管理体制是州议会颁布州的水法规，州政府设置有水管理机构，各州的水管理机构名称和设置不尽相同。美国没有统一体制的流域机构，各流域机构是根据流域业务管理需要，一般经立法而成立，各流域机构成员构成和职能也不尽相同。主要代表性的流域机构有密西西比河流域委员会、田纳西流域管理局、特拉华河流域委员会等。

5.1.1.3　美国水资源管理制度建设情况

迄今为止，美国没有综合性水法，但几乎所有重要的水事务都要通过相关立法确定，包括一些涉水联邦机构的设置和撤销等。已经制定的涉及水资源的联邦法规有 200 多部。美国各州有立法权，各州均有各自的水法规体系，一般都是根据联邦的水法规要求制定本州的水法规。

5.1.2　美国水权制度

美国早期水法受英国普通法影响，将水资源资产产权作为土地所有权的附属，由土地所有者任意支配。也即美国的水权制度建立在私有制基础上，作为公民的私有财产受到法律的保护。这种资产产权的配置保障了土地所有权人的利益，但对于对水资源有需求的非土地所有权人则没有保护，尤其是忽视了社会公共利益、国家战略利益的需要。为了达到物尽其用，实现水资源资产效益最大化，合理地配置水资源，以满足社会公共利益、国家战略利益的需要，有必要在法律上分别承认土地所有权和水资源所有权。由于美国的水权制度以州法律为主，实践中呈现出地区差异性，主要分为滨河水权、优先分配水权、混合水权和公共水权等四种。①

5.1.2.1 滨河水权

滨河水权，主要适用于水资源较为丰富的东部地区，与临近水边的陆地联系在一起，授予土地所有者使用流过其土地的一定份额的用水的权利。

5.1.2.2 优先分配水权

优先分配水权，主要适用于缺水的西部地区，一般包括三个法则：一是先占用者有优先使用权；二是水的使用不能损害别人的利益；三是不用即作废。

5.1.2.3 混合水权

混合水权，即滨河水权与优先分配水权综合使用，既包括优先分配水权吸收滨河水权部分要素的类型，也包括滨河水权经过调整后与优先分配水权相适应的类型。一般情况下，滨河水权优先于优先分配水权。

5.1.2.4 公共水权

公共水权，即用于航运、渔业、商业目的（如游泳、水上娱乐、休闲）、科学研究以及为满足生态和环境要求对河道内的水资源进行保护等的地表水使用权。公共权利已经成为在评价水资源利用时考虑公共利益的一个重要因素。

5.1.3 美国取水许可制度

美国实行取水许可制度。取水许可制度由各州制定和管理，各州实行的

① 资料来源：《美国水权交易制度》[J]，王小军，中南大学学报（社会科学版），2011，12。

取水许可制度以水权制度为基础，一般通过立法确定取水许可制度及管理。取水许可制度包括以下主要内容：

（1）规定需要申请取水许可的范围。除规定的少量生活用水不需申请许可外，其他各类取水都要申请许可，如城镇供水系统、大量的生活用水、抽取地下水、筑坝取水、大量灌溉用水、工业用水、商业用水等。

（2）对申请许可的用水要求。如取水不能对现有的用水权利造成损害、取水应符合公共利益、取水必须是“有效益的”等等，一般都会列出各类有效益的用水，包括旅游休闲用水、鱼类和野生动物的用水。

（3）申请取水许可由州水资源管理机构负责办理。申请许可包括了申请取水的数量、时间、取水方式等，取水许可在申请、批准、修改、撤销等方面有许多程序上的规定。

美国各州实行的取水许可制度是以水权制度为基础的。取水许可实际上是取水权的许可。如西部一些实行优先占用水权的州，在相关法规中，对于立法之前的实际取水一般都予以认可。一些州的法规中都有预留水权的条款，对于市镇、州机构、用水区、资源保护区、灌区等各类公共机构，可以预留水权，以便今后取水。预留水权需要定期进行评估。

5.1.4　水权获取程序

水权获取的程序在美国各州并不一致，主要有法庭判决和行政许可两种方式。如科罗拉多州的水权，是依据优先占用权原则，由水法庭根据实际占用情况和第三方影响作出判决。而包括加利福尼亚州在内的美国绝大部分州，则通过政府发放水权许可。从地表水源引水进行直接利用或者以水库进行储蓄以备此后利用，都必须申请水权许可。美国《堪萨斯州水分配法》规定，作为不动产权的水权，有的附属于土地，有的与土地分离；它随着土地的出卖、出租、抵押、遗赠或者其他自愿处分的方式、继承而转移。纯粹的土地所有权未被授与水权，所有权人须另外申请水权，无许可证用水负刑事责任。

为解决用水因其目的不同导致水权的效力冲突，堪萨斯州按下列规则确定水权的先后顺序：家庭用水；市政用水；灌溉用水；工业用水；娱乐用水；水力用水。当水源不足以满足所有的水权需要时，则遵循“先占原则”，按照取得水权的先后顺序来确定利用水资源的权利。①

美国明晰水权的程序非常完备。主要包括以下程序：一是对水权申请进行评估，特别是对环境影响进行评估，如明确要求满足渔业和其他河道内用水的最小流量等。二是解决异议和冲突。申请水权要综合考虑经济、社会、环境和其他有益利用，保护河道内其他用水者利益，兼顾生态环境用水。三是满足许可条件，如水库用水应满足生物生存和维持环境功能所需的河道水量，被许可者需要拟定水资源保护计划等。四是后续监管。政府监管可能对水权的明晰带来不确定性，但为保护环境和维护社会公益，政府还需加强监督管理。

5.1.4.1 滨河水权取得

滨河水权取得的前提是必须为河岸所有权人，并且由于美国许可制的发展，其取得水权必须取得行政机关许可。滨河水权人因许可后所取得的水权，并非水的所有权，而是取得合理取用水的权利（包括家庭、工业与商业用水），水质纯净权、垂钓权、通行河川权、堤防保护权、水力发电权等相关权利。在程序审查上，行政机关对申请人提出的申请，必须审查水源类型、取水量、取水地点以及对公众的影响等内容。申请的用水量应介于能维持河川最小流量范围内，以期能确保河川鱼类与野生动物的生存和其他公共利益。具体程序如下：（1）用水人提出申请；（2）公告和异议程序；（3）对于可能对水资源造成重大影响的用水举行听政；（4）审核；（5）完成审查。实行滨河水权制度的各州一般都为上述过程设定了日期限制，行政机关在法定期限内未做出决定的，视为同意申请。对于通过审查，同意申请用水的，由行政机关颁发取用水许可证。许可证应载明以下事项：注明被许可人记录用水情

① 《美国西部水权管理制度及启示》，李可可、邵自平，《中国水利》，2004.6。

况并定期向主管机构汇报的义务、满足最小流量的保护措施、用水地点、取水流量限制、用水目的、行政机关认为对于实现法律目的非常必要的其他条件、取用水量、取水地点和方式、保护水资源的措施等。由于取用水许可证一般都要求用水人记录用水情况并定期向行政机关汇报以实现自查自检。

5.1.4.2　优先分配水权取得

对于优先分配水权的取得，各州审核核发水权情况不尽相同。一般需要经过以下程序：首先由申请人提出书面申请，然后行政机关或司法机关受理，经审查后接受申请，由行政机关发布或水利法庭核发许可令；如收到反对意见，则召开听证会。在一个法律规定的期限内，优先分配水权被证明无用就会被没收。

5.1.4.3　混合水权取得

美国加利福尼亚州最先开始实行混合水权制，其管理制度也最为完备。

滨河水权的取得，对于附着于地权、紧邻河岸土地直接取得滨河的水权，无须取得许可即可使用，但应遵守合理有效率的用水原则。在枯水期时，所有滨河水权人可按比例获得水量。但在持有滨河水权的人欲将水资源取出而用于其他土地的情况下，则必须申请水权许可。优先分配水权的水权取得，在1914年加州水法制定前，以“先占先用”的原则取得优先分配水权；自1914年起，任何人需要取得优先分配水权，都必须向州立水资源管理委员会提出申请，经州立水资源管理委员会审核、环境评估、公告、异议后，核发许可证，才能获得水权。待相关引水工程结束，如用水情况均符合申请书上所载内容，再颁发水权执照。取得水权者，依其申请先后顺序享有优先权，在枯水期时，先取得水权者比后取得水权者享有优先用水的权利。此外，当州立水资源管理委员会有理由确信申请人确实有紧急的用水需要且必须立即取得优先分配水权时，可依法核发取用水临时许可。这种临时许可的有效期仅为180天，用水权人可视情况需要申请延展，每次延展以不超过 180 天为限。

5.1.4.4 公共水权取得

根据联邦法律和习惯法，各州水法所规定的水权，必须遵守公权力的限制。主要包括：可航行水面、公众信托原则、保留权利原则与联邦对水资源的管制权力。从公共水权安排可以看到，尽管在美国水权管理归属于各州，但也须在联邦政府的统一约束下行使权力。

由于需水量增加与地下水资源保护意识的增强，美国近年来相当注重地下水权的管理。地下水权发展，最早源于滨河水权概念。一般认为水权依附于土地所有权，因此将地下水权视为土地所有人的财产权。然而这种仅以地权为取得地下水权的唯一依据，已渐渐不能满足公众用水的需求，因此相继发展公共用水权、许可制等原则与制度，以分配与管制地下水权。在此基础上，美国进一步发展了用水经营管理权制，将原私有的地下水权转换为以公益为目标的水权，即由各州根据公益目标，以地下水权许可证的方式经营地下水，并在地下水管制区内严格限制地下水的抽取。

5.1.5 美国水市场

由于水资源资产产权可独立于土地所有权，且可开发的水资源已被占用。基于对用水的需求，美国实践了水资源资产的转让，如水资源资产的占有者将富余的或节省出的水资源实施暂时或长期转让。在自由市场经济环境下，这种水资源资产转让是双方自愿进行的，而不是政府为满足特定的计划目标通过对水资源资产的再分配实现的。这种依据“私法自治”原则进行的转让一般实现了水资源资产从较低收益向较高收益的经济活动转让，其典型代表是由灌溉农业用水向城市和工业用水的转让。

5.1.5.1 加利福尼亚州水市场

美国加利福尼亚州（以下简称加州）的水市场代表了一种政府管控程度

较高的水市场类型，其主要表现形式之一是水银行。同时，跨行业的水市场及其水权交易也具有典型性。

（1）水银行

在 1976～1977 年的干旱期，美国内务部垦务局根据中央峡谷计划设立了水银行，购买了超过 5 700 万立方米的水量，价格是 40 美元/千立方米，又以 41 美元/千立方米卖给可能毁于干旱的果园和多年生作物供水需求者，以避免出现灾难性后果。20 世纪 80 年代，加州立法部门不断通过新的法案推动水市场形成。如设立计划，建立有兴趣进行水权交易的主体的数据库，以方便长期水权交易；成立水资源部和其他机构协作，调配闲置输水能力，以方便水权交易的水量调配等等。1991 年，为了应对大旱，加州以紧急法案要求在州水资源部内部设立干旱期水银行，负责回购用水权拥有者的供水份额，作为缓解旱灾影响的临时措施，旨在发展一种永久性方法，回购用水权并按年度出租。加州水银行是以满足 1987～1992 年期间干旱紧急情况的需要而设立的。为此，州水资源部购买了超过 9.75 亿立方的水，均价为 102.5 美元/千立方米，管理方的定价规则是出售水权的农户如果用来灌溉高收益作物的收入，再加上促进交易的额外激励。州水资源部总计支出了大约 1 亿美元用于建立水银行。存储到水银行中的水以 144 美元/千立方米外加输水成本的价格优先卖给高收益农业和城市用水。卖出去的水中，80% 是用于南加州和旧金山湾区的市政。但是，实际上由于水文情况变化加之当年 3 月份开始下雨，水银行只卖出不到一半的购入水量，剩余水量被用于改善萨克拉门托三角洲的水质。州水资源计划也购买了 3.25 亿立方水以应对旱灾，耗资 4 000 万美元。这些储备水量，最终用于向州计划中的合约方输送。

水银行这种高度管控的水市场的总体经济效果是积极和有益的，但实践中也遇到一些问题。如在特定地区，对间接的用水户产生了不良影响，由于多达 69 000 公顷土地的休耕，该计划也对一些地方的整体经济产生了不利影响。这些地方失业和社会服务的成本随之增加。一些判决导致对州水资源部就后续损失进行补偿。此外，环保主义者认为，对于耕作格局的剧烈改变导致粮食减产，以及水禽栖息地的破坏，退水（回流）方式的重塑导致河道流量萎缩，对这些地区的野生动物产生了负面影响。由于降雨量的增加等原因，水银行的运作在接下来的一年有所减少，总计只买入了2.32亿方水，价格是61美元/千立方米，主要水源为地下水。此次购水不涉及土地休耕，州水资源部仅在找到一位买主并且得到其购买确认的情况下才买入水量。目前，作为概念的水银行仍具有官方地位，州水资源部也仍在调查通过水银行减轻干旱的办法，高度管制的水市场无疑会继续被用来稳定水资源供给，其管理方式也在完善过程中。不过，这种高度管制的水权交易并没有充分发挥市场配置水资源的优势。

（2）跨行业（农业向城市用水）的水权交易

南加州都市水资源管理区（MWD）与帝国谷灌区（IID）二者都是科罗拉多河水的主要用户，并且均位于该州南部沙漠边缘。IID长期以来按照科罗拉多协议中加州份额规定从科罗拉多河大量引水，用于灌溉高产值作物。IID的灌溉相对而言是低效的，且对于采用更有效率的灌溉技术缺少经济激励。20世纪90年代，MWD随着用水需求增加，经过长期谈判，愿意支付2亿美元用于采取保护措施，通过改善IID范围内的输水系统和灌溉技术，在35年内每年获得1.22亿立方节约下来的水。1992年，MWD与Palo Verde灌区的灌溉用水户达成交易协议。据此协议，灌区的灌溉用水户同意以轮作方式休耕部分土地，共持续两年。这些农户得到了休耕期间每年每公顷1 575美元的补偿，而MWD共支付约2 000万美元，以获得每年1.1亿立方水量。作为这种概念的继续发展，圣地亚哥水资源管理当局和MWD同意与垦务局合作，衬砌沿着美国－墨西哥边界的全美水渠（All－American Canal），这条渠道漏失大量水而补给了地下水盆地。但衬砌渠道的工作启动后引发了国际争端。墨西哥一方的地下水用户，紧邻边界南侧，一直以来就依赖渠道的漏失来补给他们所倚靠的地下水，同时利用回流水量的用户也受到威胁。

5.1.5.2 科罗拉多州水市场

在美国西部各州中，科罗拉多州的水权交易和水市场代表了一种更加自由的模式，政府干预和管控较少。科罗拉多州的水市场历史悠久且高度自由，政府很少介入，如有纠纷，则通过法庭裁判解决。以下几个代表案例，可以说明该州水市场水权交易价格变动、供需平衡得以实现的市场机制，第三方影响及其纠纷解决和市场化补偿机制，跨州交易对更开放的水市场的限制等。

（1）汤普森地区交易

科罗拉多州的水权交易与其都市区的成长相伴而行。从 1961 年以来，大汤普森地区合同水权的价格飙升。最初，由于担心大汤普森项目的合同水权并非物有所值，加之为了回收固定投资设置的对土地的留置权可能导致土地提前收回，水权交易价格非常低。20 世纪 60 年代，逐渐在周边形成的乡村供水区向乡村社区和牧场供水，由于大汤普森地区的供水稳定性很高且没有第三方影响，加之可以零售方式买入，而不必新建工程设施，这些乡村供水区开始越来越多的从大汤普森地区买入水权，水权价格也随之攀升。在许多案例中，职业经理人从那些并不真正了解其水权价值的农民手中买入土地及其合同水权，再以高价出售这些水权以弥补购买土地的支出。此后农民开始意识到其土地上的水权的价值，不再轻易出卖水权。水权的价值也逐渐被留置权拥有者、银行业者和抵押品公司所认识到。在以后的 15 年间，由于一些大的电力公司进驻该地区而购买水权，以及市政设施对水权的竞争，水权价格进一步快速上升。最后，几个大的市政公司由于顾虑到过高的水权价格而开始转向其他供水途径，而地方政府也开始意识到农业水权的过度流失造成了农业的萎缩和一些第三方损失。

（2）风谷项目

1969 年，周边城市决定利用大汤普森地区的储水和引水能力，从科罗拉多流域获取更多的水资源。大汤普森项目中已有亚当隧道，风谷项目可以从这个长达 21 公里、直径 3 米的隧洞跨过大峡谷将水引到东部用于市政和工业。大汤普森项目中一个单元水权包含 854 立方米，每方水价格为 3. 28 美元，而风谷项目的水价为每方水 2. 05 美元，是最为经济的选择。该项目在 1985 年建成。在此期间，许多投机者进入市场，购买价格快速上涨的大汤普森项目区的水权单元，甚至将其作为养老投资。但是当时推动大汤普森项目区水权需求的许多市政企业，在风谷项目建成并获得未来供水保证后迅速退出原先的市场，而与此同时，利率升高导致许多农户竞相出售水权支付债务，供给增加而需求减少，大汤普森项目区的水权价格出现跳水，1990 年一度降到每方 1.05 美元，那些期望水权价格持续上涨的投机者遭受严重损失。该区域继续发展，风谷项目的供给被吸收后或被市政设施转卖，后者转而购买此时价格已经被低估的大汤普森项目区的水权。而风谷项目的水权则被丹佛市区范围内与大汤普森项目区不相接地区的市政当局所购买。这样一来，风谷项目的受水区内的用户可以利用价格差异。巨大的价格差异和获利机会导致先前对科罗拉多北部地区确保供水的关注降低。竞争加剧的结果，是大汤普森项目区的单元水权价格再次上升，而当同样水量的大汤普森和风谷项目区的水权单元的价格持平的时候，市场均衡初步达成。由于两个项目区的供水存在保证率的差别，根据买方和卖方的具体情况，市场可以使得这种差别的价值出清。水市场发展过程及其价格升降背后的原因，清楚的表明了水市场如何能够有效运作并使得供给符合需求。

（3）Thornton 项目

在同一时期，丹佛市郊区的 Thornton 市寻求向拥有水权股份的灌溉供水公司购买水权。该市之前已经通过一个橡皮公司购买了这家灌溉公司名下 47% 的水权。灌溉公司的其余股份持有者反对该市继续购买公司水权股份，使其不至于成为控股者。该市提出诉讼，希望将这些水引入市区并转而用于市政用途。而另一个供水公司、许多下游用户、毗邻地区的回流水用户以及其他股份持有者表示反对。他们担心继续向该市出售水权会导致无法弥补灌溉的渗漏和蒸发损失。诉讼持续多年后，裁定该市最终可以得到其已经拥有水权的 50% 。剩余的水权要么是作为渠系水以减轻渗漏和蒸发，要么是留在河道以保障下游回归水用户的水权。而该市只被允许利用那些消耗性的水量。该市要求采取广泛的措施以恢复干旱土地，避免风蚀和有毒杂草生长。同时，该市还需要兴建高成本的长管道和在其以南 90 公里的抽水系统。实际上，该市最好的选择是购买已经被其吸收的郊区的灌溉公司的水权，或者和近邻城市一样购买风谷项目区的水权。最终结果是，购买水权股份的费用，修建设施的投入，以及兑现各项承诺的支出，使得该市的花费远远超出从风谷项目区购买水权的花费。这个案例特别清晰的反映了因第三方影响导致的交易成本是如何对水权市场的水权价值造成影响的。市场对这些费用迅速出清，并且对真正购买到的水权的真实成本进行定价。那些储备好可以随时供应的水权在市场上的定价也很高，而那些“机会水权”，即那些只有在丰水期才能获取或者需要经过很长输水距离才能得到的水权，定价则很低。有经验的购买方基于其知识和信息，可以很快理解这种差别并调整其定价。这同时也表明，在水市场上没有轻易可得的便宜。有人认为这是对市场交易的障碍，但实际上这正表明了市场的正常运作机制。这是市场公平而合理地纳入那些外围成本或者间接成本的最好方式。如果跨流域输入或输出水，对流域内部各个利益主体以及环境造成的影响，在短期内确实不会被市场机制充分、及时地反映，但是在长期内仍可以被察觉并通过司法途径解决。

5.1.6　美国水资源资产管理启示

通过对美国水资源资产管理制度和实践的分析，可以得到以下启示：

5.1.6.1　确权管理是水权制度的重要内容

尽管美国各州因水资源供求关系不同而确定了不同的水权制度，但是均因地制宜地建立了取水许可制度，设计了完整的取水许可申请审核程序，或通过行政机构审批，或通过法庭判定，以取水许可的方式，明确地界定了水权的归属。避免了用水纠纷，也使得水权流转成为可能。

5.1.6.2　公共用水是取水许可的审查要素

美国各州政府都将公共用水纳入取水申请和发放取水许可的审查要素。

避免了个体用水对公共用水的影响，保障了公共用水需求，是美国州政府社会公共管理职能的具体体现。

5.1.6.3 水资源保护义务与取水许可统筹考虑

美国各州政府将水资源保护义务和措施作为取水许可审查的重要内容，未明确水资源保护措施的取水申请不能通过审查并获得取水许可；已经获得取水许可的，对水资源保护不利也将受到政府惩罚。将水资源保护义务与取水许可统筹考虑，在授予取水许可的同时，也明确了水资源保护义务的主体、范围和责任，体现了权利与义务相统一的原则，成为保护水资源的有力举措。

5.1.6.4 司法介入水资源资产配置和保护

根据美国有些州的相关法律规定，法庭介入取水许可的判定和水资源保护不利的惩处，改变了一般水资源资产配置和保护由政府通过行政管理实施的单一格局，体现了水资源资产管理的法制化，有利于实现水资源公平配置与有效保护。

5.1.6.5 多方参与水资源资产配置

根据美国有些州的相关规定，水流影响范围内的各方均能通过各种途径和机制参与到水资源资产配置、使用与保护当中，为取水许可审查与判定，以及为水权侵害和保护提供有益信息，参与意见。

5.1.6.6 应正确处理水资源资产配置中政府与市场的关系

通过上述案例分析，政府高度管控的水银行，其运行机制远不如应用市场机制配置水资源灵活；而市场充分发挥作用的水资源配置，又由于投机行为导致价格失控，而引发区域经济波动，产生大量损失。因此，正确处理政府与市场的关系，在水资源配置中必须予以高度重视。

5.2　智利水资源资产产权制度

5.2.1　智利水资源概况

5.2.1.1　智利自然地理

智利位于南美洲西南部，安第斯山脉西麓。东邻阿根廷，北接秘鲁和玻利维亚，西濒太平洋，南与南极洲隔海相望。国土面积（含岛屿面积）为 75.66 万平方公里，海岸线总长约 1 万公里，南北长 4 352 公里，东西宽 96.8 ~362.3 公里，是世界上最狭长的国家。智利国内的地形：东为安第斯山脉的西坡，约占全境东西宽度的 1/3；西为海拔 300 ~2 000 米的海岸山脉，大部分地带沿海岸伸展，向南入海，形成众多的沿海岛屿；中部是由冲积物所填充的陷落谷地，海拔在 1 200 米左右。全国有河流 30 余条，较重要的有比奥比奥河（Bio - Bio）等。由于智利南北跨度大，其气候差异也大，可分为北、中、南 3 个明显不同的区域段：北部地区为常年无雨的热带沙漠气候，中部是冬季多雨、夏季干旱的亚热带地中海式气候，南部为多雨的温带阔叶林和寒带草原气候。

智利的年降水量一般随海拔增加而减少，主要分为 4 个气候区：（1）大北部地区为沙漠气候，高原地区为山区气候，在海拔为 3 800 ~4 000 米以上的高原区，年降水量约为 300 毫米；（2）小北部地区仍为沙漠气候，年降水量只为 10 毫米，降水量比内地略有增加，如科皮亚波的年均降水量为 24.2 毫米；（3）在中部地区，比奥比奥河以北，气候干旱，80% 的年降水量集中在 7 ~8 月，在圣地亚哥以南降水量随纬度增大而增加，圣地亚哥和塔尔卡的年均降水分别为 367 毫米和 735 毫米；（4）在南部地区，平均降水量可达

3 000 毫米。

5.2.1.2 智利水资源管理体制

智利的水资源管理体制属于中央、流域和地方相结合的管理模式。中央政府制定水资源的开发利用保护制度，对重要河流进行宏观管理，公共事务部作为水行政主管部门，行使主要水管理职能，其他有关部门参与相关管理。地方水管理，由大区、省环境部门行使水管理职能，包括供排水、水污染防治、制定水价政策等，随着中央行政权力机关的下放，地方水管理职能在不断拓展。以江河流域为单元进行管理的计划是2004年提出的，在比奥比奥河流域进行了尝试，主要负责流域内的水资源管理、调控、环境保护等。

5.2.1.3 智利水资源管理制度建设情况

智利在1981年颁布的《水法》中规定，水是公共使用的国家资源，所有权归国家所有，国家负责初始水使用权的分配，个人可以根据法律申请地表水和地下水使用权。根据法律可向个人授予永久和可交易的水使用权。法律规定现有的水使用者可以免费获取地面和地下水的财产权利，新的和未分配的水权通过拍卖向公众出售。水权的监控、分配和实施由水管理协会负责。

5.2.2 智利水权制度

智利水资源所有权属于国家，国家负责初始水资源使用权的分配，并根据法律向个人授予可交易的使用权。智利水资源使用权可以分为永久性水权和暂时性水权，也可以分为消耗型水权和非消耗型水权，其中永久性的消耗型水权是按照用水体积来划分的。对于暂时性水权，只有在所有永久性水权得到满足后才能使用，当水资源不能满足所有永久性水权拥有者的水权需求时，将可利用的水资源按比例进行配置。对于所有需要用水的个体用水户来讲，初始水使用权都可以免费获取，不需要交纳水权费，而且不限量，可以永久持有。同时规定，当有两个以上用水户对同一水资源提出申请，而且没有足够的水来同时满足他们的用水需求时，水权就采取拍卖的方式进行分配。对于新的和未分配的水权也将通过拍卖的方式向公众出售。

在水权的确权登记方面，智利水法规定，水权只有在当地的不动产权利办公室登记后，才能取得财产的法律地位，所以，所有水权，包括新水权，必须在当地的不动产权利办公室保留记录。

智利的水权管理具有以下特点：一是水权都具有共有产权特性。法律规定水资源为国家所有或州所有，水权的分配是水资源使用权的分配。二是水权和地权分离。法律授予公民获取水资源使用权的权利，公民获取水权的标志是获取用水许可证或在公共登记处注册。三是水权采用比例水权体系。水权是可变的流量与水量的比例，当水资源不充足时，水权与河流流量或渠道流量成比例缩减，按比例计量，这样就可以保证每个水权拥有者都可以得到一定数额的水量。四是水权分配考虑用水现状。个人在申请获取水资源使用权时，需要以现状用水为前提，管理部门在进行审批时也会要求申请者提供现状用水证明材料。五是预留水权与新增水权采取市场配置模式。对于新的和未分配的水权，通常是采用水权拍卖的方式向公众出售。六是排水无需拥有水权。使用者在不拥有水权的情况下，可以在使用区域附近排水。七是水权可以用来抵押和担保。水权作为一种财产权，可以设定抵押或者作为贷款担保。八是水权可以自由交易。水权持有者不需要征得国家水董事会同意就可以自由地改变水权使用的地点和形式，而且除个别限制外，水权持有者可以向任何人以双方自由协商的价格出售水权。九是水权持有者需要缴税。水权像其他财产一样要缴税，这在一定程度上促使水权持有者采用更先进的灌溉技术，提高灌溉效率，并将节余的水进行出售，以减轻税赋。十是智利水法对水权交易中的水质做出了明确要求，在一定程度上提高了水资源使用权人的环境保护意识，遏制了水资源和环境恶化。

5.2.3 智利水权交易

智利是水资源相对短缺的国家，也是在水资源管理中鼓励通过水市场配置水资源的发展中国家之一。智利1981年水法首次提出水权交易的完全市场化，要求政府尽少干预私有水权、保护私有水权、减少交易成本和交易壁垒，认为自由市场会使水权价格合理化，可以增强人们节约用水的动机。为了加强对水权交易中公众利益的保护，2005年新的《水权法》在社会公众参与水市场管理方面作了特别规定，鼓励用水户参与公共决策，允许成立地下水用水户协会，准许水管理社团成为法定实体，拟在公共利益与个人权利之间，以及社会生产与环境保护之间，建立一种更加稳定的平衡。

在水市场管理机构建设方面，智利成立了国家水总指挥，负责国家水资源的监测和水政策、计划的制定；分配新水权，负责水权管理、水工程建设、特定的水权转让和环境水的批准；登记所有与水有关的信息并向政府和公众提供这些信息以供决策。成立了水使用者协会，负责建立和管理水账户，同时负责仲裁成员之间的纠纷，监测和执行本地区水权使用情况。[①]

5.2.4 智利水资源资产管理启示

5.2.4.1 以法律规范水资源产权与配置

智利通过修订颁布新水法，全面规范了水资源的所有权与使用权，明确了使用权的分配与内容，为水资源市场配置奠定了法律基础。

---

① 《智利水权水市场的改革》[J]，刘洪先，《水利发展研究》，2007.3。

5.2.4.2　建立了水资源资产所有权与使用权分离制度

智利通过法律明确水资源为公共资源，所有权归国家所有，国家负责初始水使用权的分配，个人可以根据法律申请水资源使用权。

5.2.4.3　建立了水资源使用权分配制度

智利在水资源使用权分配中，明确了以现状用水为前提，在水资源不充足时，按比例分配水资源使用权的制度。

5.2.4.4　建立了水资源使用权转让和抵押担保制度

智利水法明确规定水资源使用权可以通过水市场，经买卖双方协商一致自由转让，并且可以用水资源使用权设定抵押和贷款担保。以此激励水资源使用权人节约用水，提高水资源使用效率，进而实现水资源价值最大化。

5.2.4.5　建立了水权的确权登记制度

智利水法规定，水权只有在当地的不动产权利办公室登记后，才能取得财产法律地位。水权的确权登记是明确水资源使用权的法律依据，也是水权人交易水权或以水权设定抵押和贷款担保的法律基础。

5.2.4.6　规定了水资源使用权人的纳税义务

智利通过法律规定了水资源使用权人纳税义务，以此激励水资源使用权人充分利用水资源，通过提高用水效率降低税负。

5.2.4.7　通过法律界定了政府与市场的关系

智利水法明确，水是公共使用的国家资源，水资源所有权归国家所有，国家负责初始水资源使用权的分配；水权人获得水权后即可自由交易，而无需征得国家相关部门或机构同意，除个别限制外，水权持有者可以向任何人以双方自由协商的价格出售水权。

5.2.4.8 强化了水资源管理中的公众参与

在智利水资源管理中，通过成立水使用者协会等方式，强化了公众参与；通过明确协会的职责与任务加强了水资源使用权的分配、使用与管理。

5.2.4.9 实现了水量与水质的统筹

在智利水资源使用权流转中，对水量与水质同时做出了要求，实现了水资源量与质的统筹，进而实现在配置水资源的同时保护水资源和生态环境的多重目标。

5.3 澳大利亚水资源资产产权制度

5.3.1 澳大利亚水资源概况

5.3.1.1 澳大利亚自然地理

澳大利亚地处南半球，位于南太平洋和印度洋之间，由澳大利亚大陆与塔斯马尼亚岛等岛屿及海外领土组成。四面环海，东濒太平洋珊瑚海和塔斯曼海，西、北、南三面临印度洋及其边缘海，东南隔塔斯曼海与新西兰为邻，北隔帝汶海和托雷斯海峡与东帝汶、印度尼西亚和巴布亚新几内亚相望。国土总面积为769.2万平方公里，是世界上唯一拥有整个洲的国家。澳大利亚在自然地理上明显分成三个部分：东部澳大利亚山区，山地东坡较陡，沿海有狭窄平原，西坡缓斜，向西逐渐展开为中部平原；中部平原区，其中北部为卡奔塔利亚平原，中部为大自流盆地，南部为墨累—达令河平原；西部为高原区，大部分为沙漠和半沙漠。

澳大利亚位于南半球，9～11 月为春季，12 月至次年 2 月为夏季，3～5 月为秋季，6～8 月为冬季。北部属热带干湿季气候，夏季多雨，冬季干燥；西部高原和中部沙漠地区属热带沙漠气候。

澳大利亚是五个大陆中（不包括南极洲）降雨最少的大陆，且澳大利亚各地区降水量差异较大。西部高原和中部沙漠地区降水量不足 250 毫米；北部半岛沿海地区降水量在 750～2 000 毫米，是全国最多雨的地区；东部降水量在 500～1 200 毫米。自 1961 年以来，澳大利亚降水量总体上呈下降趋势，2004～2005 年尤其自 2006 年受"厄尔尼诺"现象的影响，澳大利亚大陆降雨大幅减少，各大城市普遍出现缺水现象。

5.3.1.2　澳大利亚水资源管理体制

澳大利亚设 3 级政府，即联邦政府、州政府和地方政府。水资源管理从历史上就是州政府的职责，澳大利亚宪法也确立了州政府是本辖区内自然资源管理的第一责任人地位。同时，关于自然资源管理，联邦政府和州政府均有立法权，两者发生冲突时，联邦制定的法律法规有优先权；但一般而言，联邦政府和州政府关于水资源管理各自的职责通过协议确定。依照这些协议，联邦政府通过不同的主体，主要是通过国家水委员会，对遵守协议的情况进行监督。同时，澳大利亚建立了政府理事会和部长理事会机制，在水管理方面也发挥着重要作用。

澳大利亚流域管理主要有墨累—达令河流域管理、大自流盆地地下水管理和艾尔湖流域管理。

5.3.1.3　澳大利亚水资源管理制度建设情况

澳大利亚联邦宪法明确规定，自然资源包括水资源管理属于州的责任。有专门条文规定，限制联邦在水管理方面的立法。因此，澳大利亚联邦的水法规较为有限，主要如下：

（1）1993 年《墨累—达令流域法》。该法主要是确立了 1992 年签订的《墨累—达令流域协议》的法律地位。

（2）2004 年《国家水委员会法》。该法决定成立国家水委员会。

（3）2007 年《水法》。该法主要内容：一是加强墨累—达令流域的水资源管理，建立墨累—达令流域管理局，接管墨累—达令流域委员会的职能，并负责流域水资源规划；二是联邦环境水持有者有关规定；三是有关水信息的收集、发布体制和技术标准，明确由环境、水、遗产与艺术部内设的气象局负责水信息工作；四是有关水价和水市场问题，澳大利亚竞争和消费者委员会在水价的定价和发展水市场中的咨询地位和作用。2007 年《水法》涉及澳大利亚水改革诸多问题。

5.3.2 澳大利亚水改革

为保障社会经济发展，直到 20 世纪 80 年代，澳大利亚各州水资源管理政策重心还是发展水利基础设施。在水改革前，澳大利亚水资源管理具有如下特征：一是通过法律将水资源管理权授予州政府，由州政府对水进行管理；二是州政府颁发取水许可，作为控制取水的方法；三是成立主要从事水工程和资源开发的政府机构，该机构负责建设州政府补助的基础设施，这些设施大部分是用于灌溉。水资源主要通过许可的形式分配给用水户。取水许可没有统一规划，而是对个案进行评估。取水许可一般会设定固定的期限，通常在 2～10 年之间，不能延期。取水许可可以随时被取消、补充或变更，且无权得到补偿。

20 世纪 90 年代，随着澳洲各地用水需求大幅攀升，同时环境用水需求压力增大，对可持续水资源管理提出新的要求：一是在个案评估基础上获取的取水许可不断增加，影响了现有许可用水的可靠性；二是由于取水许可附属于土地，不允许交易，使得没有获得取水许可的人，只能通过购买土地来获得用水权；三是没有考虑到环境用水需求，但有现实需求不断增长；四是由于取水许可随时可以被取消、补充或变更，且无权得到补偿，这种取水许可的不确定性，威胁了水利基础设施的投资以及和水有关的开发项目的实施；五是想要以水价改革解决水资源管理外部性问题和回收水工程投资则需要明确权力（如取水许可）和商品（如水权）。

20 世纪 90 年代中期，澳大利亚政府理事会根据《国家竞争政策》制定了关于水行业改革的协议，以此推动各州水行业改革，要求州政府承诺实施以下措施实现有效和可持续的水行业，澳大利亚政府提供一定资助：一是将水权与土地分离，实施综合的水权管理；二是实施水权交易；三是实施建立在成本回收和实际用水量基础上的水价政策；四是建立和明确界定管理机构和服务供应商的职责；五是将环境作为法定的用水户，向其配置水（见图 5.1）。

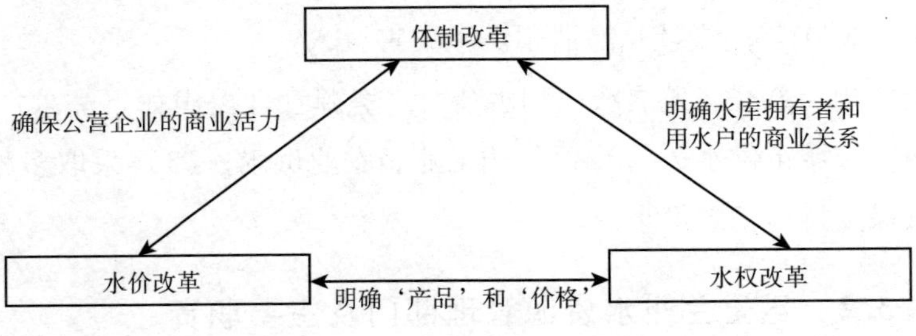

图 5.1　澳大利亚水改革示意图

资料来源：澳大利亚水资源中心。

实施以上政策，需要在体制、定价和水权方面进行改革。在联邦政府和各州及领地政府的共同推动下，澳大利亚全国推行“水改革”。此次改革的主要成果是：将水权从土地所有权中分离出来，使得水资源统一规划、调配和水权自由流转成为可能。

5.3.3 昆士兰州水资源资产管理实践

5.3.3.1 昆士兰州概况及基本水情

昆士兰州位于澳大利亚东北部，面积173万平方公里，居澳大利亚各州面积的第二位。2011年，昆士兰州人口450万，居澳大利亚各州人口第三位，三分之二的人口聚集在位于州东南部的首府布里斯班市及周边。昆士兰州经济主要依赖出口矿产（煤矿）、农产品和旅游。

昆士兰州降水时空分布不均，由西南向东北递增，年度降水州西南200毫米，而北部热带雨林区高达3 500毫米。昆士兰州的降水主要集中在夏季，西部和卡奔塔利亚湾附近的河流在一年中经常有六个月断流，而昆士兰州东海岸的河流往往常年川流不息，但有明显季节变化。昆士兰州降水年际波动大，多年平均降水从900～1 600毫米。经历了2003～2008年连续6年的干旱后，2010～2011年昆士兰州遭遇了洪水灾害。

昆士兰州社会经济发展状况和水情对水资源管理提出如下需求：（1）保障州东南区域城市供水；（2）保障州工业、农业供水；（3）采取多种措施开源节流以保障持续稳定供水。

5.3.3.2 昆士兰州水资源管理部门及主要职责

昆士兰州水资源管理部门是环境与资源管理局（The Department of Environment and Resource Management，以下简称Derm），成立于2009年3月。该局由气候变化、环境、土地和水资源4个部门改革组合而成，主要职责如下：（1）引领州环境恢复；（2）应对气候变化挑战；（3）保护自然环境和文化遗产；（4）保障水资源安全；（5）合理运用土地资源。

5.3.3.3 将水权从土地所有权中分离出来

昆士兰州通过推行水改革，颁布实施了《2000年水法》。水法的宗旨是：

建立水资源规划、分配和使用体系以满足包括自然生态系统保护和保障用水供给在内的未来水资源需求，促进水资源可持续管理和有效利用。水法明确，“昆士兰所有水的使用、管理和流动的权利归该州所有”。同时规定，根据水法授权，个人或组织可以取得水权。取得水权的方式主要有两种：一是法定授权。水法允许为某种目的或用途取水，如家庭生活用水；二是取水许可。根据水法获得取水许可，如获得取水许可证。此后，昆士兰州又制定颁布了《2002 年水规章》，水规章就水法规定事项进行了详细说明。

5.3.3.4　制定水资源规划，为水权交易创造条件

《2000 年水法》的主要内容之一就是制定水资源规划，实行水资源配额管理，建立水市场体系。水法规定了一个两阶段的规划过程，首先是制定水资源规划（Water Resources Plan）；水资源规划规定了流域的战略目标、可用水资源量和相互竞争用水之间的配水原则。水资源规划的执行需通过第二个规划——资源运行规划（Resources Operation Plan）来实施；水资源运行规划又包括水的交易规则和供水工程运营者运行工程及不同地点分享可用水量的规则。规划得到批准后，有效期为 10 年。在此期间内，新的规划（水资源规划和资源运行规划）必须完成。

水规划是水量分配机制，水规划的制定和实施为授予可交易水权、实现水交易创造了条件。

（1）水资源规划

水资源规划为流域战略规划，主要确定流域消耗性/非消耗性的水量平衡。根据《水法》，水资源规划的目的如下：一是确定所有用途用水的可用水量；二是提供可持续管理水资源和取水框架；三是确定未来水需求的优先性和管理机制；四是提供建立可交易水配置的框架；五是提供恢复自然生态系统退化的框架，例如开发利用程度较大的河流。

对于规划地区，规划包括：①用水目标，如城镇、农业和工业用水的目标；②环境目标，包括如特定物种和河流生态的目标；③实现规划目标的战

略；④环境流量目标：维持健康环境的必要流量；⑤水配置安全目标：用水户能期望得到的水配置的水量；⑥监测和报告规定：确保规划的执行和落实。

水资源规划包括将现有水权转换成以容量的、可交易的水配置的规则。同时，规划还可以确定取用未配置水量的特殊用途和行业。例如，规划可以预留水量用于城镇供水、或者为了其他具体目的，也可以为一般的水配置，也可以为将来的需求预留。未配置水量的授予程序在资源运行规划中规定。

（2）水资源运行规划

水资源运行规划的主要内容：一是确定规划草案适用的水基础设施以及基础设施运行规则；二是说明首席执行官如何可持续管理规划区域的水资源；三是说明规划区域的应用水和自然生态系统监测措施；四是说明资源运行规划草案如何实现水资源规划的目标。

资源运行规划通常还包括：①环境管理的规则；②季节性水交易规则：在用水户间如何进行临时水权交易；③水资源分配规则，即关于每年如何确定某项水权下可用水量；④管理未配置水量的过程；⑤在规划区域满足未来水需求的过程；⑥现有水权转换为可交易水配置的转换细则；⑦水配置永久性交易的规则；⑧相关执行程序。资源运行规划可以包括旱情水量分配准则。另外，也可以单独准备和批准旱情水量分配。

5.3.3.5 建立了水权交易市场

《2000 年水法》允许在没有许可的情况下为了某种目的取水。这种情况包括牲畜饮水、家庭生活用水，以及在某种紧急情况下取水，如消防。在其他任何情况下，取水需要授予水权。水法提供了多种类型的水权形式：一是取水许可证（Water Licences）：那些附属于土地、期限固定的权利，通常为 5~10 年；二是水配置（Water Allocation）：并不附属于土地，不会终止，在相关规划规定的交易规则内可以进行交易的水资源；三是水许可（Water Permits）：授予的短期的限定的活动（一般少于一年），如道路建设。昆士兰州历史上出现过各种各样类型的授权，授予个人和组织取水，其中有的是依据水法律授予，有的是依据其他法律授予。《2000 年水法》的目标之一是将所有的这些授权转换为该法规定的一种水权。

（1）取水许可证（Water Licences）

取水许可证附属于土地，只能在附属的土地上使用。虽然在特定的场合可能能够进行交易，但许可证一般不能交易。

取水许可证的主要记载内容：①最大年取水量；②最大取水率（例如以升/秒或百万升/日为单位）；③取水前河道最低流量或含水层水位、流量要求；④取水用途，如城市供水、农业用水等。取水许可证不包括依据水权的水质条件。也即典型的取水许可证对取水水质并不进行保障。

《2000 年水法》详细说明了申请取水许可证的程序。该法规定申请者必须提供信息，同时要求对申请进行公告。当地水行政管理部门需要审查一系列要素，包括申请提交以及申请授予可能对环境和现有用水户造成的影响等。但在许多情况下，在资源运行规划完成时，取水许可已被取消，并代之以可交易的水配置。

（2）水配置（Water Allocation）

水配置不附属于土地，可以在任何土地上适用并交易。水配置只能依据资源运行规划设立——或者通过将现有权利转换成水配置，或者通过根据未配置水的处理程序授予新的水配置。当流域的水资源规划和资源运行规划没有最终确定时，个人不得申请水配置，也不得授予个人该区的水配置。

水配置需明确的条件：①水配置所有人的详细情况；②配置水量；③取用天然水的位置（通常具体规定为“区”或河流的某一段）；④用途，包括如取水用于的农业、工业或城市等；⑤资源运行规划，依据该规划对水配置进行管理。

水配置记录在《水配置登记簿》上。登记簿由土地权利登记管理机构维护保管。这就意味着土地交易中使用的高质量保证程序同样适用于水配置记录的维护保管。由于登记簿是持有水配置权利的权威记录，因此水配置登记程序十分重要。登记簿可以记录一个水配置的抵押和诉讼，其方式与土地权登记的方式相同，允许水配置持有者像使用证券一样使用。这些交易无需当地水行政管理部门的批准。

到2011年，昆士兰州大约发布了约7 300个可交易水配置，总计约14亿立方米水量。[①] 水配置交易主要有以下三种方式：一是水配置临时性的、季节性交易。即个人将其拥有的特定时段或季节的取水权出售。在这种情况下，水配置所有权没有出售；二是水配置永久性交易。即水配置的所有权出售；三是水配置租赁。即将某一时段（经常是数年）的水配置的取水权转让给另一个实体，此后水配置还需归还最初的拥有者。由于水配置交易没有改变取水条件，因此不需要经过当地水行政管理部门的同意。但是水配置交易需要进行登记，即卖方（水配置的登记人）和买方留存经批准的转让或租赁标准表格。实践中，通常水配置交易双方还要签署一份合同。

实践中，市场上季节性交易水量远远超过了永久性交易。在20世纪90年代早期，昆士兰州就已经运行季节性水交易市场。临时性市场主要由季节性水配置推动。由供水工程供水的季节性水交易是由工程运行者管理。非供水工程供给的季节性水配置交易由当地水行政管理部门管理。

（3）水权交易市场和市场信息

一般来讲，除了建立允许交易发生的管制框架外，政府在水市场中的作用有限，不负责为买方和卖方牵头，也不负责定价。在某些地方，代理人或“水经纪人”会出现，他们的作用与房地产代理商相同。

供水工程供水的临时转让的价格信息可以从当地供水工程运营公司——太阳水公司（SunWater）的在线交易平台上获得。交易平台是一个水交易工具，目的是促进太阳水公司客户间的临时性水交易，并为寻求在昆士兰州进行水交易者提供市场信息。非供水工程供水的季节性水配置，由于不通过在线交易平台进行，所以交易的价格信息无法实时获得。

永久交易的水配置的商业价值由市场来决定。当用水户利用水配置的价

---

① 资料来源：昆士兰州水资源管理局。

值来筹集资金时，或者当用水户购买和出售水配置时，价值信息是非常重要的。

水配置的转让，不管是永久性还是临时性的，都是自主自发的，只要买卖双方根据市场法则达成价格协议即可。水配置的价格是公开的，交易的信息可以从当地水行政管理部门获取。当地水行政管理部门同时发布水权交易的汇总信息，在当地水行政管理部门的网站上可以获取。当用水户寻求用他们水配置的价值融资或者买卖水配置时，这些信息显得尤为重要。

5.3.3.6　建立运行了区域供水体系

基于昆士兰州经济社会发展情况和水情，保障州东南区域供水是该州水资源管理的第一要务。为此，以《2000年水法》为依据，昆士兰州成立了1个委员会及3个公司以保障东南区域供水：①昆士兰州水资源委员会（QWC）根据《2000年水法》成立，是独立于州政府的实体。其主要职能是：制定东南区域水资源战略规划和年度计划，开展东南区域水资源政策研究，向州政府提供水资源管理咨询意见。该委员会管理层由相关部门人员及专家兼职，业务层由全职工作人员承担，运行经费来源于东南区域供水水费分成。②昆士兰州东南区域水源公司（SeqWater Company）根据《2008年供水安全法》于2008年7月成立，州政府所属企业，负责向昆士兰州东南区域提供水源。主要设施包括水库、围堰、水处理厂（传统水处理厂、海水淡化厂和循环利用水处理厂）及供水管线。③昆士兰州东南区域管网公司（LinkWater）根据《2008年供水安全法》于2008年7月成立，州政府所属企业，提供昆士兰州东南区域供水输送服务。主要设施包括供水管线、泵站。④昆士兰州东南区域供水公司（SeqWater Grid Manager）根据《2008年供水安全法》于2008年7月成立，州政府所属企业，昆士兰州东南区域供水批发商。负责根据地方政府所属供水零售商的需求与水源公司签订需水合同，与管网公司签订输水合同，与零售商签订供水合同，并根据供水合同收取水费支付水源公司、管网公司和水资源委员会。

昆士兰州将供水工程的所有权和运行权转给州所有公司，使用了以下新的管理手段：一是实施资源使用许可。这是一种经营供水工程的许可，与许可相关的大多数职责如运行、监测和报告规定都包含在资源运行规划中。二是执行调度规则。该规则包含在资源运行规划中，规定了基础设施运营细则。这些规则包括诸如最大和最小日下泄流量、或最大下泄变化等。三是执行水分配规则。这些规则也包括在资源运行规划中。水分配规则规定了工程运行者在用水者之间如何分配水量。例如规则通常包括根据优先组、蓄水量和通过预测来水进行水配置可用水量计算的方程。四是要求签署合同。所有依据供水工程提供的水配置的持有者必须与工程的运行者签署水供给协议。作为一种过渡性安排，当地水行政管理部门批准适用于所有水配置持有者的标准供给协议。随后，工程运行者和用水户（通过消费者理事会）协商讨论合同的修改。五是明确服务提供者要求。《2000 年水法》包括对服务提供者的详细要求，适用于供水工程运行者和生活供水系统网络的运行者。这些规定和要求用来保护由垄断运行者供水的消费者的利益以及确保基础设施得到维护。服务提供者的职责包括制定消费者服务标准（确保最低服务标准）、制定并执行战略资产管理计划（确保基础设施得到正常维护）；六是执行定价政策。供水服务的价格由服务提供者在与灌溉者委员会协商的基础上，依据政府确定的政策制定。初期的政策要求价格定在低位上，或者定在最低财政可持续水平。价格需要弥补必要的运行和维护成本，包含资产更新。但并不是所有的工程都能符合低价格要求，在这种情况下，政府向服务提供者提供一种社区服务义务支付。在确定适当的成本过程中，将同澳大利亚其他农村供水服务以及国际数据库进行比较，并由独立的咨询者评估其效率。各个供水工程价格有所不同，但是价格一般介于每 1 000 立方米 10 ~ 100 澳元之间。高价格通常是对用户提供全面输送服务，低价格通常是向单个水配置所有者放水以便其从河流中取水。

根据昆士兰水资源管理局 2010 ~ 2011 年度报告，在 2010 年 7 月至 2011 年 6 月间，昆士兰州独立于土地的水权交易近 400 件，交易量 0.91 亿立方米，交易金额 0.44 亿澳元。报告提到，从 2003 年独立于土地的水权交易首次在昆士兰州实施，至 2011 年 6 月，昆士兰州共发生水权交易 1 913 件，交易量 2.41 亿立方米，交易金额达 1.59 亿澳元。

5.3.4　澳大利亚水资源资产管理启示

5.3.4.1　政府推动水改革

在联邦政府和各州及领地政府的共同推动下，澳大利亚全国推行“水改革”。通过此次改革，将水权从土地所有权中分离出来，使得水资源统一规划、调配和水权自由流转成为可能。

5.3.4.2　以法治水

各州政府通过立法，实现了水资源资产所有权、使用权分置，为水资源使用权流转提供了法律依据。

5.3.4.3　规划先行

将水资源规划作为水资源配置的前提和基础，改变了水许可的无序，预留了环境用水份额。

5.3.4.4　确立了登记制度

确立了水配置登记制度，登记具有法律效力，有利于界定水资源资产产权，为有效实施水权交易奠定了基础。

5.3.4.5　建设水市场

建设了水权流转交易平台，并且提供了交易信息，为水资源资产交易提供了可供参考的依据，有力地推动了水资源市场配置的实施。

5.3.4.6 界定了政府与市场的关系

政府在水资源资产产权流转过程中提供法律依据、规划和登记管理、信息汇总以及供水工程建设运行管理等，为水权流转提供后台服务，不介入市场，不负责联系买卖双方，不参与定价，让市场自由配置水资源。

5.3.4.7 解决了水权交易终端用水问题

对供水工程规划、投资、建设以及运营进行了安排，解决了水权交易终端用水问题，保障了水权交易的实施。

5.4 其他国家水资源资产产权制度

5.4.1 其他国家水资源资产产权制度

5.4.1.1 英国

英国为土地私有制国家，早期水权与土地权没有分离，依据滨岸所有权进行取水。1963 年《水资源法案》（Water Resources Act 1963）首次提出取水应申请取水许可，但此时的取水许可包含很多例外条款，在很大程度上保留了滨岸所有权原则，并且对于不需要申请取水许可的例外情况没有取水量的限制。为使取水许可更为清晰和防止过度开发，1991 年《水资源法案》对不需要申请取水许可的例外情况在取水量上做出了明确的规定。随后，为进一步提高政府对资源环境的保护力度，保障生态环境用水需求，进一步促进用水公平，2003 年新《水法》引入了取水许可的时间限制。

英国取水许可制度虽然经历了半个多世纪的发展，但仍面临许多问题，包括取水价格不能真实地反映水资源价值和供需矛盾以及现行的取水许可交易监管机制阻碍了取水许可证交易，从而影响了水资源的高效利用。为此，2011 年 12 月，英国环境、食品和农村事务部发布了《水政策白皮书——生命之水》，在这一政策文件中提出对取水许可制度进行改革，改革的方向包括使取水价格更能反映水资源真实价值，更好地发挥市场的资源配置作用，保护环境和维护公平，以更好地满足人口和环境的用水需求。

取水许可的分类、审批、期限。根据取水量、取水时间和用途，英国取水许可分为三种，即一般取水许可、输水许可以及临时许可。在取水许可证的审批过程中，英国环境署将对取水的第三方影响及环境影响进行技术评估，审批时间较为漫长。取水许可证的有效期通常由各流域的“流域取水管理战略”决定，首次颁发的许可证有效期通常在 6～18 年不等，最长不超过 24 年，每次更新该有效期将延长 12 年。

取水许可的总量控制。根据英国取水许可制度，在申请新的取水许可证之前必须首先参考拟取水河流的“流域取水管理战略”，仅当该流域尚有未分配完毕的可用水量时，环境署才考虑接受该取水许可申请，令其进入审批程序。各流域的“流域取水管理战略”根据“环境流指标”确定该流域各季节的可分配水量，并通过控制取水许可证的颁发来控制该流域的用水总量。

取水许可的年度水量调节。英国目前在取水许可制度中引进了“停止取水流量或停止取水水位条款”，该条款允许英国环境署在河流流量或地下水水位低于一定阈值时，按照一定的优先次序降低甚至暂停许可证持有者的取水行为。据统计，约 40% 的地表水取水许可和 3% 的地下水取水许可中包含该条款。

取水许可的环境影响管理。英国取水许可制度特别强调取水的环境影响，一方面申请人必须就取水的环境影响提供必要的证明材料，另一方面英国环境署在审批过程中还将组织专业技术人员对取水的环境影响进行评估。同时，英国环境署在颁发取水许可的同时，还负责为污水及废水排放颁发“环境许可”。

滨河水权制确定，无论是对地表水还是地下水，使用水的权利都归地表水岸边的土地占有者所有，或归地下含水层的土地占有者所有。但汲取的水量不超过 1 000 加仑，或是汲取使用水累计抽水量不超 1 000 加仑时且水只用于土地占有者的家庭使用，或提取地表水用于农业、绿化，不需要事前取得许可证便可使用。当土地占有者需要享有使用水的权利时，也可通过许可证的延用、转让而获得。不论是否需要许可证，取水的权利都可以通过转让或继承获得。

5.4.1.2 墨西哥

墨西哥的水政策起源于 1917 年的宪法基本宣言，“水是国家所拥有的财产，只有得到有关联邦权力机构的授权才得以使用”。为解决水的价值和供需水间的不平稳问题，墨西哥政府于 1992 年出台了《国家水法》。该法规定了墨西哥水资源管理和规划的法律框架。按照《国家水法》规定，墨西哥成立了公共水权注册机构，其主要职能是记录和发放国家水委会赋予水使用者的水权许可。另外，注册机构负责记录和修改任何临时性或者是永久性水权转让以及任何水权转让的中断或者终止。注册机构通过公开调查或者研究，记录流域可获得的水源以及需要限水的区域，这对于未来水权转让很重要。注册机构将确保水权持有者的安全，这也是水权转让不可缺少的一环。政府所制定的水权被称为水许可，《国家水法》规定的水分配，期限在 5 ~ 50 年不等，并且可以延期，水权是可以转让的。

《国家水法》为成立用水户协会提供了总的操作框架，并为灌溉面积大约为 10 000 ~ 15 000 平方公里的灌溉子系统的组织运行管理提供了必要的制度保证。用水户协会在得到特许权以后，实际上就成了用水权利的拥有者和基础设施的所有者。协会规定了用水户个人的权利并进行登记注册。各个协会的注册记录汇总成为整个灌区的登记册，该登记册可公开供免费查询。凡是在灌溉子系统内部转让用水权，或在各灌溉子系统之间转让用水权，或向灌区范围以外的第三方出让用水权，都要缴纳保证金。墨西哥在过去的几十年中，一直试图设法改善水资源管理，1992 年颁布的新水法，使水交易合法化，并建立了以容量为依据的、与土地分离的水使用权，成立了国家水委员会（CNA），负责实施新水法。新水法引入了市场机制促进对水资源的有效管理，保留了国家水利委员会对水管理的主要职责和对水权转让的管理作用，并授予国家水利委员会有调整许可转让、限制用水、更新许可和确定水质保护参数等多项控制权。

墨西哥对水权转让年限做了一定的限制，比如规定私人、用水户协会和股份公司转让用水许可证时，该许可证有效期限为 50 年。如需延期，需经国家水利委员会批准。另外，墨西哥还规定了用水许可权的登记注册制，即“只要许可条款没有改变，转让水只需通知国家水权注册机构。当许可转让影响到第三方时，就需要有国家水利委员会的批准。向灌区外转让许可需得到用水户协会会议和国家水利委员会的批准。”墨西哥的水市场基本上允许在灌溉行政区内或水用户协会管辖区内自由运作，利用水市场来改善水的使用效率。这种水市场机制使得政府在水资源规划和分配中起着较大作用。

5.4.1.3　加拿大

在加拿大，要获得使用地表水的权利，必须持有用水许可证或根据水法获得批准证。对于所有的地产拥有者，在其领地所属的或毗邻的水源都一律平等地按照事先取得许可权的原则来获得引水和用水的权利。如果事先没有取得用水许可证或批准证，从水源地取水是非法的。

用水许可证由水管理计划机构发行，许可证规定了用水权利的期限和条件：取水或储水地的水源的名称和地点、取水口的地点、许可证的优先日期、用水的目的、引用或储存的最大水量、一年中的用水时间、用水许可证所必经的地产、从水源地到使用地点建设引水和输水工程的授权、特殊用途引水的专门条款等。用水许可证属于土地、矿山和工程的所有者。如果土地和矿山转让，水权也随之让渡给新的所有者。用水许可证的一个很重要的条款是优先日期。对于同一个水源如果发放多个许可证，优先日期最早的许可证可取得第一优先权，优先日期第二早的许可证取得取水第二顺序优先权，依此类推。大多数的用水许可证的发放是为了民用、灌溉和水利工程，此外还有工业、环境等用水。许可证还发放用于储存水以支持许可引水水权，这种许可证允许在丰水季节引水储存，在枯水季放出使用。而批准证是由管理部门发行的一种时间短于一年的短期用水授权证明。批准证也包括在水源地进行河岸保护和管道安放等专门工程的授权。

5.4.2 其他国家水资源资产管理启示

尽管各国的国情、水情不同，对水的管理体制也各不相同，但在水资源资产管理方面都有值得借鉴的经验与做法，总结如下：

5.4.2.1 逐步实现了水资源政府管理、统一配置

尽管许多国家土地私有，土地所有者有使用附着于土地的水资源的所有权。但随着社会的发展和环境用水需求，各国纷纷通过改革或立法将水资源的所有权收归国家，由各级政府（主要是地方政府）统一配置。多数国家保留了土地所有者对附着于土地的或地下水资源的优先使用权。

5.4.2.2 实现了依法管水、经审批取水

尽管各国水资源管理体制各不相同，但各国均就水资源管理、水资源资产的所有权、使用权进行了法律规范，并明确了水资源资产使用权取得的程序，也即取水许可。各国的取水许可制度不尽一致，但总体考虑了流域或区域可用水量，有的国家还考虑了环境用水量；规范了取水许可申请、审核及批准的程序；规定了取水许可批准的顺序；规定了取水许可的种类、期限及相关条件要求；规范了取水许可证的发放和使用等等。

5.4.2.3 建立了水权登记制度

不少国家建立了水权登记制度，将水权的确权登记作为水权使用人占有、

使用、转让或设定抵押和贷款担保的法律依据，同时也作为水权使用权人保护其权利行使、防止侵害的法律依据。

5.4.2.4　推行了取水许可转让、水权交易

各国纷纷制定了取水许可转让制度，或更进一步的水权交易制度，推动实现了水资源二次配置，提高了水资源的利用效率，保障了新用户的用水需求。由于多数的取水许可转让实践是由农业用水向工业用水转让，一方面促进灌溉用水效率的提升，另一方面激发了工业节约用水的内生动力，达到了实现水资源价值和促进节约用水双重目标。

5.4.2.5　建立了水资源使用权自由交易制度

尽管各国在取水许可制度安排上由国家各类相关行政管理机构或法庭依申请批准，但对于水权人取得水权后再转让水权没有并更多限制或履行一系列审批程序的制度要求。同时，政府也不承担水权交易双方撮合、定价等责任，由水权转让方自由决定是否转让水权，且由双方自由协商定价。有的国家还通过提供水权交易平台或水权交易信息服务为交易双方提供交易场所和信息参考。

5.4.2.6　建立了水资源保护、惩罚机制

各国在规范水资源管理、促进水资源有效配置的同时，都考虑了水资源的保护措施的建立，如生态用水的安排、丰枯水季用水调整、对污染物排放设置许可，以及违规的惩罚机制等等，在保证水资源量的供给的同时维护了水质和用水安全。

根据联合国2012年统计分析，加强涉水立法与改善水资源管理与人类发展、社会发展、经济发展和环境发展正相关。如极高HDI（人类发展指数）国家水法已全面实施的比例高达71%，而低HDI国家水法已全面实施的比例仅为13%；1992～2012年20年间，极高HDI国家改善水资源管理对社会发

展产生重大影响的比例达 46%，对经济发展产生重大影响的比例达 54%，对环境发展产生重大影响的比例达 43%；而低 HDI 国家改善水资源管理对社会发展、经济发展和环境发展产生重大影响的比例均为 24%。[①] 改善水资源管理，加强涉水立法与实施对促进人类发展、社会发展、经济发展以及环境发展意义重大。因此，有必要借鉴学习国外水资源资产管理制度，建立完善我国水资源资产管理制度体系，进一步改善水资源管理，促进我国经济社会以及环境健康发展。

---

① 资料来源：联合国世界水发展报告 2015（下卷），中国水利水电出版社，2016 年。

第 6 章

国内其他自然资源资产产权制度

《宪法》规定，城市的土地属于国家所有。农村和城市郊区的土地，除由法律规定属于国家所有的以外，属于集体所有；宅基地和自留地、自留山，也属于集体所有。矿藏、水流、森林、山岭、草原、荒地、滩涂等自然资源，都属于国家所有，即全民所有；由法律规定属于集体所有的森林和山岭、草原、荒地、滩涂除外。根据上述规定，在我国，土地和森林的所有权人有两个，即国家和集体；而矿藏、水流的所有权人是唯一的，即国家。国家所有也即全民所有。

水资源与土地、森林和矿产有着共同的属性，一是均属于自然资源，二是均属于稀缺资源，三是均具有使用价值与价值双重性。但相对于土地、森林和矿产资源，水资源又具有其独特性，一是水是生命之源，是一切生命不可或缺的物质。经济社会的稳定与发展对水资源的数量和质量的要求是刚性的，这使得水资源管理的首要使命是保障供给；二是水具有循环性与流动性。这使得水资源资产管理必须考虑时、空因素，时间因素主要有年际间及年度内不同时期水资源量的变化；空间因素主要有水资源流域间、流域内的不同区域间以及上下游、左右岸水资源的分配与使用等等。由于水资源的独特性，决定了水资源管理的慎重性与复杂性，这也是我国水资源资产制度建设与实践滞后于土地、森林与矿产等其他自然资源资产管理制度建设的重要原因。同时，我国其他自然资源资产管理的制度建设与实践，也为水资源资产制度建设提供了有益的借鉴。

6.1　权属界定

权属界定，在本章是指由法律规定的土地、森林和矿产资源资产的所有权及与所有权相关的财产权的归属。

6.1.1 土地资源资产权属界定

土地是人类赖以生存与发展的最基本的生产资料，是人类社会发展演化必不可少的物质保障。随着经济社会的发展，人类对土地的开发、利用强度逐渐加大，对土地资源本身及所生产的产品的依赖程度不断增强，土地作为自然资源的稀缺性逐步显现出来，土地从资源管理转变为资产管理是经济社会发展的必然要求。

按照我国现行法律规定，土地资源作为一种财产，其所有权分别归属于国家和集体，土地所有权与使用权分离，土地使用权可根据法定程序流转。《宪法》第十条第一款、第二款规定，“城市的土地属于国家所有。农村和城市郊区的土地，除由法律规定属于国家所有的以外，属于集体所有；宅基地和自留地、自留山，也属于集体所有”。集体土地所有权转移的方式是国家征收或征用。

《宪法》第十条第三款规定，“国家为了公共利益的需要，可以依照法律规定对土地实行征收或者征用并给予补偿”。在第四款规定，非经法定程序，“任何组织或者个人不得侵占、买卖或者以其他形式非法转让土地”。《宪法》第十条第四款同时规定，“土地的使用权可以依照法律的规定转让”。这一规定明确，土地的所有权与使用权分离，土地的使用权可根据法定程序流转。

根据宪法，《民法通则》在第五章民事权利第一节“财产所有权和与财产所有权有关的财产权”中，进一步对国有和集体所有土地的使用权进行规范。《民法通则》第八十条规定，“国家所有的土地，可以依法由全民所有制单位使用，也可以依法确定由集体所有制单位使用，国家保护它的使用、收益的权利；使用单位有管理、保护、合理利用的义务。公民、集体依法对集体所有的或者国家所有由集体使用的土地的承包经营权，受法律保护。承包双方的权利和义务，依照法律由承包合同规定。土地不得买卖、出租、抵押或者以其他形式非法转让”。

根据宪法，《物权法》分别规定了国家和集体的土地所有权、用益物权及担保物权。《物权法》第五十一条至五十三条，是关于土地所有权的细化规定。其中，第五十一条矿藏、水流、海域和城市的土地等属于国家所有；第五十二条森林、山岭、草原、荒地、滩涂等自然资源，属于国家所有，但法律规定属于集体所有的除外；第五十三条农村和城市郊区的土地、野生动植物资源等，法律规定国家所有的，属于国家所有。第五十四条、六十二条对国家和集体土地所有权的行使进行了明确。其中，第五十四条矿藏、水流、海域和国家所有的土地、草原等自然资源，由国务院代表国家行使所有权；第六十二条集体所有的土地和森林、山岭、草原、荒地、滩涂，依照下列规定行使所有权：（一）属于村农民集体所有的，由村集体经济组织或者村民委员会代表集体行使所有权；（二）分别属于村内两个以上农民集体所有的，由村内各集体经济组织或者村民小组代表集体行使所有权；（三）属于乡（镇）农民集体所有的，由乡（镇）集体经济组织代表集体行使所有权。第一百二十四条至一百二十八条，明确了土地的用益物权。用益物权，是物权的一种，是指用益物权人（非所有人）对他人所有的不动产或者动产，依法享有占有、使用和收益的权利。比如土地承包经营权、建设用地使用权、宅基地使用权、地役权，以及其他自然资源使用权，如海域使用权、探矿权、采矿权、取水权和使用水域、滩涂从事养殖、捕捞权等。其中，第一百二十四条国家所有或者国家所有由集体使用以及法律规定属于集体所有的自然资源，单位、个人依法可以占有、使用和收益；第一百二十五条取得用益物权，法律规定须经有关行政主管部门许可的，依照其规定；第一百二十六条国家实行自然资源有偿使用制度，但法律另有规定的除外；第一百二十七条用益物权人行使权利，应当遵守法律有关保护和合理开发利用资源的规定，不得损害所有权人的权益。所有权人不得干涉用益物权人行使权利；第一百二十八条因不动产被征收、征用致使用益物权消灭或者影响用益物权行使的，应当按照国家规定给予补偿；没有国家规定的，应当给予合理补偿。同时，《物权法》对土地的担保物权进行了规定，明确了根据土地权属设定担保物权的范围。担保物权，“用益物权”的对称，是以确保债务的履行为目的而在债务人或第三人的物上设定的物权，也称为他物权或限制物权，如抵押权、质权、留置权等。担保物权不以标的物的实际利用为目的，而是注重于其交换价值，以确保债务的履行，故又被称为“价值权”，其标的物必须具有交换价值。担保物权人在债务人不履行到期债务或者发生当事人约定的实现担保物权的情形，依法享有就担保财产优先受偿的权利，但法律另有规定的除外。第二百零二条债务人或者第三人有权处分的下列财产可以抵押：（一）建筑物和其他土地附着物；（二）建设用地使用权；（三）抵押人依法承包并经发包方同意抵押的荒山、荒沟、荒丘、荒滩等荒地的土地使用权。第二百零六条下列财产不得抵押：（一）土地所有权；（二）耕地、宅基地、自留地、自留山等集体所有的土地使用权，但法律规定可以抵押的除外。

根据宪法，《中华人民共和国土地管理法》在第二章土地的所有权和使用权中，对土地的所有权、使用权以及土地的确权登记和权属纠纷处理程序进行了规定。其中，第八条规定，城市市区的土地属于国家所有。农村和城市郊区的土地，除由法律规定属于国家所有的以外，属于农民集体所有；宅基地和自留地、自留山，属于农民集体所有。第九条规定，国有土地和农民集体所有的土地，可以依法确定给单位或者个人使用。使用土地的单位和个人，有保护、管理和合理利用土地的义务。第十一条规定，农民集体所有的土地，由县级人民政府登记造册，核发证书，确认所有权。农民集体所有的土地依法用于非农业建设的，由县级人民政府登记造册，核发证书，确认建设用地使用权。单位和个人依法使用的国有土地，由县级以上人民政府登记造册，核发证书，确认使用权；其中，中央国家机关使用的国有土地的具体登记发证机关，由国务院确定。确认林地、草原的所有权或者使用权，确认水面、滩涂的养殖使用权，分别依照《中华人民共和国森林法》、《中华人民共和国草原法》和《中华人民共和国渔业法》的有关规定办理。第十二条规定，依法改变土地权属和用途的，应当办理土地变更登记手续。第十三条规定，依法登记的土地的所有权和使用权受法律保护，任何单位和个人不得侵犯。第十六条规定，土地所有权和使用权争议，由当事人协商解决；协商不成的，由人民政府处理。单位之间的争议，由县级以上人民政府处理；个人之间、个人与单位之间的争议，由乡级人民政府或者县级以上人民政府处理。当事人对有关人民政府的处理决定不服的，可以自接到处理决定通知之日起三十日内，向人民法院起诉。在土地所有权和使用权争议解决前，任何一方不得改变土地利用现状。

为改革城镇国有土地使用制度，合理开发、利用、经营土地，加强土地管理，促进城市建设和经济发展，1990年，国务院颁布了《中华人民共和国城镇国有土地使用权出让和转让暂行条例》。根据条例规定，一是国家按照所有权与使用权分离的原则，实行城镇国有土地使用权出让、转让制度；二是中华人民共和国境内外的公司、企业、其他组织和个人，除法律另有规定者外，均可依照本条例的规定取得土地使用权，进行土地开发、利用、经营；三是依照本条例的规定取得土地使用权的土地使用者，其使用权在使用年限内可以转让、出租、抵押或者用于其他经济活动，合法权益受国家法律保护。根据《土地法》、《国务院关于加强国有土地资产管理工作的通知》（国发［2001］15号）等规定，除法律规定可以采用划拨方式提供用地外，其他建设需要使用国有土地的，必须依法实行有偿使用。1999年《土地管理法实施条例》规定，出让、租赁和作价入股为土地有偿使用的法定方式。

6.1.2　森林资源资产权属界定

森林资源是地球上最重要的资源之一，是生物多样化的基础，它不仅能够为生产和生活提供多种宝贵的木材和原材料，能够为人类经济生活提供多种物品，更重要的是森林能够调节气候、保持水土、防止、减轻旱涝、风沙、冰雹等自然灾害；还有净化空气、消除噪音等功能；同时森林还是天然的动植物园，哺育着各种飞禽走兽和生长着多种珍贵林木和药材。森林可以更新，属于可再生的自然资源，也是一种无形的环境资源和潜在的“绿色能源”。

1978 年改革开放后，集体林权改革是继土地家庭联产承包责任制后中央在农业农村工作上的重大战略部署。在此基础上，森林资源资产管理制度建设逐步发展。

按照我国现行法律规定，森林资源作为一种财产，其所有权分别归属于国家和集体，森林资源资产所有权与使用权分离，森林资源资产使用权可根据法定程序流转。

《宪法》第九条规定，“矿藏、水流、森林、山岭、草原、荒地、滩涂等自然资源，都属于国家所有，即全民所有；由法律规定属于集体所有的森林和山岭、草原、荒地、滩涂除外”。

根据宪法，《民法通则》在第五章民事权利第一节“财产所有权和与财产所有权有关的财产权”中，进一步对国有和集体所有森林的使用权进行规范。《民法通则》第八十一条规定，国家所有的森林、山岭、草原、荒地、滩涂、水面等自然资源，可以依法由全民所有制单位使用，也可以依法确定由集体所有制单位使用，国家保护它的使用、收益的权利；使用单位有管理、保护、合理利用的义务；公民、集体依法对集体所有的或者国家所有由集体使用的森林、山岭、草原、荒地、滩涂、水面的承包经营权，受法律保护。承包双方的权利和义务，依照法律由承包合同规定；国家所有的和法律规定属于集体所有的林地、山岭、草原、荒地、滩涂不得买卖、出租、抵押或者以其他形式非法转让。

根据宪法，《物权法》原则规定了国家和集体的森林所有权与使用权。其中，第五十二条森林、山岭、草原、荒地、滩涂等自然资源，属于国家所有，但法律规定属于集体所有的除外。同时，以第四十五条规定，法律规定属于国家所有的财产，属于国家所有即全民所有。国有财产由国务院代表国家行使所有权；法律另有规定的，依照其规定。第六十二条集体所有的土地和森林、山岭、草原、荒地、滩涂，依照下列规定行使所有权：（一）属于村农民集体所有的，由村集体经济组织或者村民委员会代表集体行使所有权；（二）分别属于村内两个以上农民集体所有的，由村内各集体经济组织或者村民小组代表集体行使所有权；（三）属于乡（镇）农民集体所有的，由乡（镇）集体经济组织代表集体行使所有权。第一百一十八条国家所有或者国家所有由集体使用以及法律规定属于集体所有的自然资源，单位、个人依法可以占有、使用和收益。第一百一十九条国家实行自然资源有偿使用制度，但法律另有规定的除外。

根据宪法，《中华人民共和国森林法》规定了森林资源资产的所有权、使用权、使用权转让，以及所有权和使用权纠纷调处。《森林法》第三条规定了森林资源资产的所有权和使用权。即，森林资源属于国家所有，由法律规定属于集体所有的除外。国家所有的和集体所有的森林、林木和林地，个人所有的林木和使用的林地，由县级以上地方人民政府登记造册，发放证书，确认所有权或者使用权。国务院可以授权国务院林业主管部门，对国务院确定的国家所有的重点林区的森林、林木和林地登记造册，发放证书，并通知有关地方人民政府。森林、林木、林地的所有者和使用者的合法权益，受法律保护，任何单位和个人不得侵犯。第十五条规定了可以依法转让的森林资源资产的所有权和使用权。即，下列森林、林木、林地使用权可以依法转让，也可以依法作价入股或者作为合资、合作造林、经营林木的出资、合作条件，但不得将林地改为非林地：（一）用材林、经济林、薪炭林；（二）用材林、经济林、薪炭林的林地使用权；（三）用材林、经济林、薪炭林的采伐迹地、火烧迹地的林地使用权；（四）国务院规定的其他森林、林木和其他林地使用权。依照前款规定转让、作价入股或者作为合资、合作造林、经营林木的出资、合作条件的，已经取得的林木采伐许可证可以同时转让，同时转让双方都必须遵守本法关于森林、林木采伐和更新造林的规定。除本条第一款规定的情形外，其他森林、林木和其他林地使用权不得转让。第十七条规定了森林资源资产权属纠纷的调处原则。即，单位之间发生的林木、林地所有权和使用权争议，由县级以上人民政府依法处理。个人之间、个人与单位之间发生的林木所有权和林地使用权争议，由当地县级或者乡级人民政府依法处理。当事人对人民政府的处理决定不服的，可以在接到通知之日起一个月内，向人民法院起诉。在林木、林地权属争议解决以前，任何一方不得砍伐有争议的林木。

6.1.3 矿产资源资产权属界定

矿产资源是一种重要的自然资源，是经济社会生产发展的重要物质基础。由于矿产资源一般是经过几百万年，甚至几亿年的地质变化才形成的，绝大多数矿产资源是不可更新的。目前中国已发现矿种168个，可分为能源矿产（如煤、石油、地热）、金属矿产（如铁、锰、铜）、非金属矿产（如金刚石、石灰岩、粘土）和水气矿产（如地下水、矿泉水、二氧化碳气）四大类。随着我国工业化、城镇化快速发展，对矿产资源的需求量迅速放大。目前，我国不少矿区资源枯竭，一些重要的矿产资源需要依靠进口才能满足我国经济社会发展需要。

按照我国现行法律规定，矿产资源作为一种财产，其所有权归属于国家，矿产资源资产所有权与使用权分离，国家对矿产资源实行有偿开采和探矿权、采矿权许可审批制度。

《宪法》第九条规定，“矿藏、水流、森林、山岭、草原、荒地、滩涂等自然资源，都属于国家所有，即全民所有；由法律规定属于集体所有的森林和山岭、草原、荒地、滩涂除外”。

根据宪法，《中华人民共和国矿产资源法》第三条规定，“矿产资源属于国家所有。地表或者地下的矿产资源的国家所有权，不因其所依附的土地的所有权或者使用权的不同而改变”。同时，《矿产资源法》确立了矿产资源开发利用行政许可制度。主要包括以下内容：一是勘查、开采矿产资源，必须依法分别申请、经批准取得探矿权、采矿权，并办理登记；二是未取得采矿许可证擅自采矿的以及超越批准的矿区范围采矿的，予以责任追究；三是国家实行探矿权、采矿权有偿取得的制度。开采矿产资源，必须按照国家有关规定缴纳资源税和资源补偿费；四是探矿权和采矿权行政许可符合法定条件的可以转让。同时禁止将探矿权、采矿权倒卖牟利。

6.2　确权登记

根据民法，物权是排他性财产权，是“对世权”和“绝对权”，除了物的权利人之外，其他人均为权利义务人，物权变动（设立、变更、转让、消灭）采用法定主义，应遵循公示原则，即物权的变动要通过法定的公示方式才能产生法律效力。登记是一项法律规定，它的根本目的是对权利的公示，即将物权占有、变动和注销的情况公开向社会公众显示。

6.2.1　土地资源资产产权登记

土地登记，即土地权利登记，是指由国家专门机关依法对土地的各项权利实行登记的制度。2007 年 12 月，原国土资源部颁布的《土地登记办法》第二条规定，我国的土地登记，是指将国有土地使用权、集体土地所有权、集体土地使用权和土地抵押权、地役权以及依照法律法规规定需要登记的其他土地权利记载于土地登记簿公示的行为。其中国有土地使用权，包括国有建设用地使用权和国有农用地使用权；集体土地使用权，包括集体建设用地使用权、宅基地使用权和集体农用地使用权（不包含土地承包经营权）。为整合不动产登记职责，规范登记行为，保护权利人合法权益，根据《物权法》等法律，国务院于 2014 年 11 月颁布《不动产登记暂行条例》，2015 年 3 月 1 日起施行。原《土地登记办法》于 2017 年 12 月废止。

6.2.1.1　不动产登记的主管部门

根据《不动产登记暂行条例》规定，国务院国土资源主管部门负责指导、监督全国不动产登记工作。县级以上地方人民政府应当确定一个部门为本行政区域的不动产登记机构，负责不动产登记工作，并接受上级人民政府不动产登记主管部门的指导、监督。

6.2.1.2 不动产登记的主要内容

根据《条例》，不动产登记主要包括：不动产首次登记、变更登记、转移登记、注销登记、更正登记、异议登记、预告登记、查封登记等。

6.2.1.3 不动产登记的主要权利

（一）集体土地所有权；（二）房屋等建筑物、构筑物所有权；（三）森林、林木所有权；（四）耕地、林地、草地等土地承包经营权；（五）建设用地使用权；（六）宅基地使用权；（七）海域使用权；（八）地役权；（九）抵押权；（十）法律规定需要登记的其他不动产权利。

6.2.1.4 不动产登记簿

不动产登记簿记载事项。不动产登记机构应当按照国务院国土资源主管部门的规定设立统一的不动产登记簿。不动产登记簿应当记载以下事项：（一）不动产的坐落、界址、空间界限、面积、用途等自然状况；（二）不动产权利的主体、类型、内容、来源、期限、权利变化等权属状况；（三）涉及不动产权利限制、提示的事项；（四）其他相关事项。

不动产登记簿物质载体。不动产登记簿应当采用电子介质，暂不具备条件的，可以采用纸质介质。不动产登记机构应当明确不动产登记簿唯一、合法的介质形式。不动产登记簿采用电子介质的，应当定期进行异地备份，并具有唯一、确定的纸质转化形式。

6.2.1.5 不动产登记程序

登记申请。因买卖、设定抵押权等申请不动产登记的，应当由当事人双方共同申请。属于下列情形之一的，可以由当事人单方申请：（一）尚未登记的不动产首次申请登记的；（二）继承、接受遗赠取得不动产权利的；（三）人民法院、仲裁委员会生效的法律文书或者人民政府生效的决定等设立、变更、转让、消灭不动产权利的；（四）权利人姓名、名称或者自然状况发生变化，申请变更登记的；（五）不动产灭失或者权利人放弃不动产权利，申请注销登记的；（六）申请更正登记或者异议登记的；（七）法律、行政法规规定可以由当事人单方申请的其他情形。当事人或者其代理人应当到不动产登记机构办公场所申请不动产登记。不动产登记机构将申请登记事项记载于不动产登记簿前，申请人可以撤回登记申请。

申请材料。申请人应当提交下列材料，并对申请材料的真实性负责：（一）登记申请书；（二）申请人、代理人身份证明材料、授权委托书；（三）相关的不动产权属来源证明材料、登记原因证明文件、不动产权属证书；（四）不动产界址、空间界限、面积等材料；（五）与他人利害关系的说明材料；（六）法律、行政法规以及本条例实施细则规定的其他材料。不动产登记机构应当在办公场所和门户网站公开申请登记所需材料目录和示范文本等信息。

材料审核。不动产登记机构收到不动产登记申请材料，应当分别按照下列情况办理：（一）属于登记职责范围，申请材料齐全、符合法定形式，或者申请人按照要求提交全部补正申请材料的，应当受理并书面告知申请人；（二）申请材料存在可以当场更正的错误的，应当告知申请人当场更正，申请人当场更正后，应当受理并书面告知申请人；（三）申请材料不齐全或者不符合法定形式的，应当当场书面告知申请人不予受理并一次性告知需要补正的全部内容；（四）申请登记的不动产不属于本机构登记范围的，应当当场书面告知申请人不予受理并告知申请人向有登记权的机构申请。不动产登记机构未当场书面告知申请人不予受理的，视为受理。

不动产登记机构受理不动产登记申请的，应当按照下列要求进行查验：（一）不动产界址、空间界限、面积等材料与申请登记的不动产状况是否一致；（二）有关证明材料、文件与申请登记的内容是否一致；（三）登记申请是否违反法律、行政法规规定。

实地查看。属于下列情形之一的，不动产登记机构可以对申请登记的不动产进行实地查看：（一）房屋等建筑物、构筑物所有权首次登记；（二）在建建筑物抵押权登记；（三）因不动产灭失导致的注销登记；（四）不动产登记机构认为需要实地查看的其他情形。对可能存在权属争议，或者可能涉及他人利害关系的登记申请，不动产登记机构可以向申请人、利害关系人或者有关单位进行调查。不动产登记机构进行实地查看或者调查时，申请人、被调查人应当予以配合。

完成登记并核发证书。不动产登记机构应当自受理登记申请之日起 30 个工作日内办结不动产登记手续，法律另有规定的除外。登记事项自记载于不动产登记簿时完成登记。不动产登记机构完成登记，应当依法向申请人核发不动产权属证书或者登记证明。

不予登记。登记申请有下列情形之一的，不动产登记机构应当不予登记，并书面告知申请人：（一）违反法律、行政法规规定的；（二）存在尚未解决的权属争议的；（三）申请登记的不动产权利超过规定期限的；（四）法律、行政法规规定不予登记的其他情形。

6.2.1.6 不动产登记信息发布与共享

根据《条例》规定，国务院国土资源主管部门应当会同有关部门建立统一的不动产登记信息管理基础平台。各级不动产登记机构登记的信息应当纳入统一的不动产登记信息管理基础平台，确保国家、省、市、县四级登记信息的实时共享。不动产登记有关信息与住房城乡建设、农业、林业、海洋等部门审批信息、交易信息等应当实时互通共享。不动产登记机构能够通过实时互通共享取得的信息，不得要求不动产登记申请人重复提交。

2016 年 1 月 1 日，《不动产登记暂行条例实施细则》公布实施，《细则》是《条例》的重要配套规范性文件，为落实《条例》提供了细化的措施。如新老权证衔接问题。《条例》第三十三条规定条例试行前依法颁发的各类不动产权属证书和制作的不动产登记簿继续有效。《细则》第一百零五条明确规定，不动产权利未发生变更、转移的，不动产登记机构不得强制要求不动产权利人更换不动产权属证书。这就确保了新老证书的有效衔接，也将权利人已经登记的权利在登记制度改革后仍纳入法律的保护范围。如不动产交易和流转保障问题。《细则》第四章对登记类型的具体规定，以及不动产权利登记程序的类型化的规定，就是对不动产权利人通过不动产登记彰显和维护自己的权利、以及不动产流转提供的保障。《细则》第四章第八节、第九节对地役权、抵押权登记的具体规定，为物尽其用、抵押担保融资提供了条件；《细则》第一百零六条为不动产信托的登记提供了空间。这些规定，必将极大地促进我国不动产交易的发展。再如不动产登记信息化建设与信息共享问题。考虑到我国信息化建设的步伐与不动产登记簿电子化的趋势，《细则》第七条要求，不动产登记机构配备专门的不动产登记存储设施，采取信息网络安排防护措施，保证电子数据安全。《细则》第九十五条还对不动产登记信息化建设提出了具体要求。不动产登记信息化建设与信息共享将破除过去分散登记导致的“信息孤岛”问题，为不动产产权信息大数据分析创造了条件。

6.2.2　森林资源资产产权登记

根据《土地法》和《中华人民共和国森林法实施条例》，2000年原国家林业局颁布了《林木和林地权属登记管理办法》，规范森林、林木和林地的所有权或者使用权登记工作。该办法将森林、林木和林地的所有权或者使用权简称为林权。

6.2.2.1　林权登记的主管部门

县级以上林业主管部门依法履行林权登记职责。

6.2.2.2 林权登记的内容

林权登记包括初始、变更和注销登记。

6.2.2.3 林权登记的程序

登记申请。林权权利人为个人的，由本人或者其法定代理人、委托的代理人提出林权登记申请；林权权利人为法人或者其他组织的，由其法定代表人、负责人或者委托的代理人提出林权登记申请。林权发生变更的，林权权利人应当到初始登记机关申请变更登记。林地被依法征收、征用、占用或者由于其他原因造成林地灭失的，原林权权利人应当到初始登记机关申请办理注销登记。

申请材料。林权权利人应当根据森林法及其实施条例的规定提出登记申请，并提交以下文件：（一）林权登记申请表；（二）个人身份证明、法人或者其他组织的资格证明、法定代表人或者负责人的身份证明、法定代理人或者委托代理人的身份证明和载明委托事项和委托权限的委托书；（三）申请登记的森林、林木和林地权属证明文件；（四）省、自治区、直辖市人民政府林业主管部门规定要求提交的其他有关文件。

林权权利人申请办理变更登记或者注销登记时，应当提交下列文件：（一）林权登记申请表；（二）林权证；（三）林权依法变更或者灭失的有关证明文件。

材料审核。登记机关应当对林权权利人提交的申请登记材料进行初步审查。登记机关认为林权权利人提交的申请材料符合森林法及其实施条例以及本办法规定的，应当予以受理；认为不符合规定的，应当说明不受理的理由或者要求林权权利人补充材料。

申请公告。登记机关对已经受理的登记申请，应当自受理之日起 10 个工作日内，在森林、林木和林地所在地进行公告。公告期为 30 天。

登记发证。对经审查符合下列全部条件的登记申请，登记机关应当自受理申请之日起 3 个月内予以登记：（一）申请登记的森林、林木和林地位置、四至界限、林种、面积或者株数等数据准确；（二）林权证明材料合法有效；（三）无权属争议；（四）附图中标明的界桩、明显地物标志与实地相符合。对于经过登记机关审查准予登记的申请，应当及时核发林权证。

不予登记。对经审查不符合本办法第十一条规定的登记条件的登记申请，登记机关应当不予登记。在公告期内，有关利害关系人如对登记申请提出异议，登记机关应当对其所提出的异议进行调查核实。有关利害关系人提出的异议主张确实合法有效的，登记机关对登记申请应当不予登记。对不予登记的申请，登记机关应当以书面形式向提出登记申请的林权权利人告知不予登记的理由。

6.2.2.4　林权登记档案

登记机关应当配备专（兼）职人员和必要的设施，建立林权登记档案。登记机关应当公开登记档案，并接受公众查询。

6.2.3　矿产资源权属登记

矿产资源权属登记包括采矿权登记和探矿权登记。

6.2.3.1　采矿权登记制度

根据矿产资源法，1998 年国务院印发了《矿产资源开采登记管理办法》（1998 年 2 月国务院令第 241 号发布，2014 年 7 月国务院令第 653 号修订），细化了矿产资源开采登记管理：

登记部门。各级政府地质矿产主管部门负责采矿权审批登记并颁发采矿许可证。

登记程序。通过申请取得采矿权：采矿权申请→审查决定→对于准予登记的，缴纳采矿权使用费→领取采矿许可证。对于不予登记的，登记管理机关应当向采矿权申请人说明理由。通过招标投标的方式取得采矿权：招标公告→投标→评标→定标→中标人缴纳采矿权使用费→办理登记手续→领取采矿许可证。

采矿权有偿取得。经申请准予采矿权登记的，采矿权申请人应当缴纳采矿权使用费；申请国家出资勘查并已经探明矿产地的采矿权的，采矿权申请人除缴纳采矿权使用费外，还应当缴纳国家出资勘查形成的采矿权价款。国家出资勘查形成的采矿权价款，由具有矿业权评估资质的评估机构进行评估；评估报告报登记管理机关备案。采矿权使用费和国家出资勘查形成的采矿权价款由登记管理机关收取，全部纳入国家预算管理。

采矿许可证有效期。按照矿山建设规模确定：大型以上的，采矿许可证有效期最长为 30 年；中型的，采矿许可证有效期最长为 20 年；小型的，采矿许可证有效期最长为 10 年。采矿许可证有效期满，需要继续采矿的，采矿权人应当在采矿许可证有效期届满的 30 日前，到登记管理机关办理延续登记手续。采矿权人逾期不办理延续登记手续的，采矿许可证自行废止。

登记通知及公告。登记管理机关在颁发采矿许可证后，应当通知矿区范围所在地的有关县级人民政府。有关县级人民政府应当自收到通知之日起 90 日内，对矿区范围予以公告，并可以根据采矿权人的申请，组织埋设界桩或者设置地面标志。

变更登记与注销登记。采矿权人在采矿许可证有效期内，根据法定情形向登记管理机关申请变更登记。采矿权人在采矿许可证有效期内或者有效期届满，停办、关闭矿山的，应当自决定停办或者关闭矿山之日起 30 日内，向原发证机关申请办理采矿许可证注销登记手续。

6.2.3.2 探矿权登记制度

根据矿产资源法，1998 年国务院印发了《矿产资源勘查区块登记管理办法》（国务院令第 240 号发布，2014 年 7 月 9 日国务院第 54 次常务会议通过

《国务院关于修改部分行政法规的决定》，对该办法部分条款予以修改），建立了探矿权区块登记管理制度。主要安排如下：

登记部门。各级政府地质矿产主管部门负责探矿权审批登记并颁发勘查许可证。

登记程序。探矿权申请→审查决定→对于准予登记的，缴纳探矿权使用费，以及国家出资勘查形成的探矿权价款→办理登记手续→领取探矿许可证。对于不予登记的，登记管理机关应当向探矿权申请人说明理由。

探矿权有偿取得。经申请准予探矿权登记的，探矿权申请人应当缴纳探矿权使用费；探矿权使用费以勘查年度计算，逐年缴纳。申请国家出资勘查并已经探明矿产地的区块的探矿权的，探矿权申请人除缴纳探矿权使用费外，还应当缴纳国家出资勘查形成的探矿权价款。国家出资勘查形成的探矿权价款，由具有矿业权评估资质的评估机构进行评估；评估报告报登记管理机关备案。探矿权使用费和国家出资勘查形成的探矿权价款，由登记管理机关收取，全部纳入国家预算管理。

勘查许可证有效期。勘查许可证有效期最长为 3 年；但是，石油、天然气勘查许可证有效期最长为 7 年。需要延长勘查工作时间的，探矿权人应当在勘查许可证有效期届满的 30 日前，到登记管理机关办理延续登记手续，每次延续时间不得超过 2 年。探矿权人逾期不办理延续登记手续的，勘查许可证自行废止。石油、天然气滚动勘探开发的采矿许可证有效期最长为 15 年；但是，探明储量的区块，应当申请办理采矿许可证。

变更登记与注销登记。探矿权人在勘查许可证有效期内，根据法定情形向登记管理机关申请变更登记。符合法定情形的，探矿权人应当在勘查许可证有效期内，向登记管理机关递交勘查项目完成报告或者勘查项目终止报告，报送资金投入情况报表和有关证明文件，由登记管理机关核定其实际勘查投入后，办理勘查许可证注销登记手续。自勘查许可证注销之日起 90 日内，原探矿权人不得申请已经注销的区块范围内的探矿权。

6.2.3.3 矿产资源统一登记

2016 年 12 月，经中央全面深化改革领导小组审议通过、由原国土资源部会同中央编办、财政部等 7 部门印发《自然资源统一确权登记办法（试行)》，将探明储量的矿产资源统一确权登记作为自然资源统一确权登记制度的重要组成部分，并强调要坚持试点先行，以不动产登记为基础，依照规定的内容和程序对包括探明储量的矿产资源在内的 7 类自然资源进行统一登记。该《办法》的实施意义重大：①

一是通过确权登记工作，推动建立归属清晰、权责明确、监管有效的矿产资源资产产权制度。

二是开展确权登记，逐步划清全民所有、不同层级政府行使所有权的边界，划清不同类型自然资源的边界等，有利于从根本上解决矿产资源资源所有者不到位、所有权边界模糊等问题，更好地发挥政府作用，完善自然资源资产管理体系。

三是开展探明储量的矿产资源统一确权登记对落实矿产资源权利主体的保护责任，最大限度调动权利主体保护矿产资源的积极性，推动矿产资源有序、合理开发利用意义深远。

6.3 出让制度

出让制度是国家作为自然资源资产所有者，行使自然资源资产所有权的一种方式。出让制度的建立以所有权与使用权相分离为原则。出让属于要式法律行为，出让方的主体资格特定，只能是国家。

---

① 储量司负责人谈推进探明储量的矿产资源统一确权登记 2017 - 06 - 05 ｜ 作者：丁全利　孟刚　曲俊利｜来源：中国国土资源报。

6.3.1　土地使用权出让

土地使用权出让是指国家以土地所有者的身份将土地使用权在一定年限内让与土地使用者，并由土地使用者向国家支付土地使用权出让金的行为。根据 1990 年颁布实施的《中华人民共和国城镇国有土地使用权出让和转让暂行条例》（国务院令第 55 号），城镇国有土地使用权出让相关规定如下：

6.3.1.1　出让方

国家作为土地所有者出让土地使用权。具体负责土地出让的是由市、县人民政府。

6.3.1.2　受让方

中华人民共和国境内外的公司、企业、其他组织和个人。

6.3.1.3　出让方式

根据原国土资源部 2002 年颁布实施的《招标拍卖挂牌出让国有建设用地使用权规定》（原国土资源部令第 39 号，2007 年 9 月修订），国有建设用地使用权出让主要有三种方式，即招标、拍卖和挂牌。主要做法如下：

（一）招标出让

招标出让国有建设用地土地使用权，是指市、县级人民政府土地行政主管部门发布招标公告，邀请特定或不特定的公民、法人和其他组织参加国有土地使用权投标，根据投标结果确定土地使用者的行为。招标出让方式适用于商品住宅、部分商业、办公等经营性用地出让。一般地，招标不是以获取最高出让金为主要目的，对城市土地使用者有较高的限制，如良好的开发业绩、较高的银行信用等级等限制要求。

招标出让基本程序：

邀标/招标。出让方根据具体出让地块的具体要求，在确定的投标日期前一定的时间向投标者发出投标邀请书、招标文件及有关规定。提供的资料和文件包括土地的位置、四至范围、面积及地籍图，土地的规划用途和建筑容积率、密度、净空限制等项规则要求，建设项目的完成年限，必须投入的建筑费用和发展面积的最低限度，市政公用设施现状和建设计划或设计要求，出让的形式和年限，出让金的付款方式和要求等。

投标。应邀的投标者进行投标，标书的内容应当包括土地开发利用方案、出让金数额、付款方式等。投标者按照规定的日期、地点、金额、方式交付保证金。未中标者，保证金将如数退还。

评标。由出让方会同有关部门聘请专家组成评标委员会。评标委员会主持开标、评标和决标。评标委员会对有效标书进行评审，决定中标者，并签发决标书。出让方根据标书向中标者发出中标证明。

签约。中标者在规定的日期内持中标证明书与出让方签订出让合同，并支付定金。中标者支付出让金后，向土地管理机关或房地产管理机关办理使用权登记，领取土地使用证。

（二）拍卖出让

建设用地拍卖出让是指出让人发布拍卖公告，由竞买人在指定时间、地点进行公开竞价，根据出价结果确定土地使用者的行为。拍卖出让对土地使用者资格没有特别限制，一般单位或个人均都有受让意向并允许一般单位或个人参与竞买。拍卖出让方式适用于区位条件好、交通便利的闹市区及土地利用上有较大灵活性的、商业用地、娱乐用地的出让。拍卖出让程序为：

发布公告。出让方至少在拍卖开始日前20天发布拍卖公告，包括出让人的名称和地址，出让宗地的位置、现状、面积、使用年期、用途、规划设计要求，竞买人的资格要求及申请取得竞买资格的办法，索取拍卖出让文件的时间、地点及方式，拍卖时间、地点和竞价方式等。

实地踏勘。有意向的竞买人向拍卖者（出让方）索取拍卖土地的基本状况，充分掌握土地的位置、四至范围、面积及地籍图信息，土地规划用途和建筑容积率、密度、净空限制等规划要求等，进行实地勘察与评估。

竞买。采用拍卖会形式举行。

签约。签订土地使用权拍卖出让协议，公布结果。

（三）挂牌出让

挂牌出让国有建设用地土地使用权是指出让人发布挂牌公告，按公告规定的期限将拟出让宗地的交易条件在指定的土地交易场所挂牌公布，接受竞买人的报价申请并更新挂牌价格，根据挂牌期限截止时的出价结果确定土地使用者的行为。挂牌出让方式综合体现了招标、拍卖和协议方式的优点，是招标、拍卖方式的重要补充形式。但它对参加挂牌出让的受让人提出较高的限制条件，如对他们的资质、业绩、银行信用有较高的要求。

挂牌出让程序：

挂牌。在挂牌公告规定的挂牌起始日，出让人将挂牌宗地的位置、面积、用途、使用年期、规划要求、起始价、增价规则及增价幅度等，在挂牌公告规定的土地交易场所挂牌公布。

第一次报价。符合条件的竞买人填写报价单报价。

多轮报价。出让人确认该报价后，更新显示挂牌价格。出让人继续接受新的报价。

报价结束。出让人在挂牌公告规定的挂牌截止时间确定竞得人。

成交。挂牌时间不得少于 10 个工作日。挂牌期间可根据竞买人竞价情况调整增价幅度。挂牌期限届满时，按照下列规定确定是否成交：1. 在挂牌期限内只有一个竞买人报价，且报价高于底价，并符合其他条件的，挂牌成交；2. 在挂牌期限内有两个或者两个以上的竞买人报价的，出价最高者为竞得人；报价相同的，先提交报价单者为竞得人，但报价低于底价者除外；3. 在挂牌期限内无应价者或者竞买人的报价均低于底价或均不符合其他条件的，挂牌不成交；4. 挂牌期限截止时仍有两个或者两个以上的竞买人要求报价的，出让人应当对挂牌宗地进行现场竞价，出价最高者为竞得人。

6.3.1.4 出让合同签订

按照平等、自愿、有偿的原则，由市、县人民政府土地管理部门（以下简称出让方）与土地使用者签订土地使用权出让合同。

6.3.1.5 出让合同主要内容

合同标的物。土地使用权出让的地块、用途、年限和其他条件，由市、县人民政府土地管理部门会同城市规划和建设管理部门、房产管理部门共同拟定方案，按照国务院规定的批准权限报经批准后，由土地管理部门实施。

合同年限。土地使用权出让最高年限按下列用途确定：（一）居住用地七十年；（二）工业用地五十年；（三）教育、科技、文化、卫生、体育用地五十年；（四）商业、旅游、娱乐用地四十年；（五）综合或者其他用地五十年。

出让金。视出让方式和土地使用权内容不同而不同。

为规范国有建设用地使用权出让合同签订，原国土资源部、原国家工商管理总局共同制定了《国有建设用地使用权出让合同示范文本》（GF－2008－2601）。

6.3.1.6 土地出让合同履行

土地使用者应当在签订土地使用权出让合同后六十日内，支付全部土地使用权出让金。逾期未全部支付的，出让方有权解除合同，并可请求违约赔偿。

出让方应当按照合同规定，提供出让的土地使用权。未按合同规定提供土地使用权的，土地使用者有权解除合同，并可请求违约赔偿。

6.3.1.7　土地出让登记

土地使用者在支付全部土地使用权出让金后，应当依照规定办理登记，领取土地使用证，取得土地使用权。

6.3.1.8　出让土地使用

土地使用者应当按照土地使用权出让合同的规定和城市规划的要求，开发、利用、经营土地。未按合同规定的期限和条件开发、利用土地的，市、县人民政府土地管理部门应当予以纠正，并根据情节可以给予警告、罚款直至无偿收回土地使用权的处罚。土地使用者需要改变土地使用权出让合同规定的土地用途的，应当征得出让方同意并经土地管理部门和城市规划部门批准，依照条例的有关规定重新签订土地使用权出让合同，调整土地使用权出让金，并办理登记。

6.3.2　矿业权出让

6.3.2.1　矿业权出让制度建立

2000 年 10 月，原国土资源部印发《矿业权出让转让管理暂行规定》（国土资发〔2000〕309 号，2014 年 7 月修订，停止执行该规定第五十五条），建立了矿业权出让制度。

矿业权界定。探矿权、采矿权作为财产权，统称为矿业权，依法取得矿业权的自然人、法人或其他经济组织称为矿业权人，矿业权人依法对其矿业权享有占有、使用、收益和处分权。

矿业权出让登记。县级以上人民政府地质矿产主管部门根据《矿产资源勘查区块登记管理办法》和《矿产资源开采登记管理办法》办理。

矿业权出让方式。主要为批准申请、招标、拍卖等。

矿业权出让价值评估。各级地质矿产主管部门按照法定管辖权限出让国家出资勘查并已经探明矿产地的矿业权时，应委托具有国务院地质矿产主管部门认定的有矿业权评估资格的评估机构进行矿业权评估。

6.3.2.2 矿业权出让制度改革

为贯彻落实中共中央、国务院印发的《生态文明体制改革总体方案》要求，完善矿产资源有偿使用制度和矿业权出让制度，2017 年 6 月，中办、国办印发了《矿业权出让制度改革方案》，旨在建立符合市场经济要求和矿业规律的探矿权采矿权出让方式，原则上实行市场化出让。《方案》提出，"矿产资源属于国家所有，维护国家所有者权益，必须切实完善以矿业权出让制度为重要内容的矿产资源有偿使用制度"。针对现存矿业权出让中存在的问题，深入推进矿业权出让制度改革：

一是推动实现市场在矿产资源配置中从基础性作用到决定性作用转变，重点是全面推进矿业权竞争性出让，严格限制申请在先、协议出让等行政方式配置矿产资源。

二是坚持更好发挥政府作用，确保矿产资源安全。加强事关国家经济、能源和国防安全的战略性矿产调控，保障能源和重要矿产资源安全。坚持依法行政，推进信息公开、程序公正、竞争公平，加强社会监督。

三是坚持保障国家所有者权益，维护矿业权人合法权益。明确所有者、管理者和使用者的权利义务关系，实现矿业权出让制度改革与矿产资源权益金制度改革的有机衔接，做好新旧制度的平稳过渡，减轻企业负担，推动供给侧结构性改革，切实维护矿业权人合法权益。

四是调整矿业权使用费的征收方式和征收标准，遵循低费率起步，充分保障矿业权人的合理勘查开发的工作需求；累进制调整，遏制矿业权人"跑马圈地"和长期"圈而不探的行为的原则，提出建立累进动态的探矿权占用费制度。根据矿产品价格变动情况和经济发展需要，适时调整采矿权占用费和最低勘查投入标准。

五是改革矿业权出让收益管理。对于探矿权，取得勘查许可证时，首次仅缴纳一定比例，其余部分可以在转为采矿权后在采矿权有效期内继续缴纳；找到矿的在转为采矿权后缴纳其余部分。[①]

6.4　转让制度

转让制度是转移资产所有权或所有权相关的与财产权的制度安排。在本章，是指通过市场对自然资源进行二次配置的相关规则。

6.4.1　土地使用权转让

根据《土地法》规定，国家依法实行国有土地有偿使用制度，国家在法律规定的范围内划拨国有土地使用权的除外。土地使用权转让是指土地使用者将土地使用权再转移的行为，包括出售、交换和赠与。根据《中华人民共和国城镇国有土地使用权出让和转让暂行条例》，城镇国有土地使用权转让相关规定如下：

6.4.1.1　土地使用权转让条件

取得出让土地的使用权人，按土地使用权出让合同规定的期限和条件投资开发、利用土地后，才能转让土地使用权。

6.4.1.2　转让方

出让土地使用权人。

---

① 矿业权出让制度改革方案访部矿产开发管理司姚华军 2017－06－17｜作者：王少勇　乔思伟｜来源：中国国土资源报。

6.4.1.3 受让方

中华人民共和国境内外的公司、企业、其他组织和个人。

6.4.1.4 土地使用权转让合同

合同标的。土地使用权以及其地上建筑物、其他附着物所有权。

合同年限。土地使用者通过转让方式取得的土地使用权，其使用年限为土地使用权出让合同规定的使用年限减去原土地使用者已使用年限后的剩余年限。

标的物价格。由专业评估机构对标地物进行价值评估，根据经备案的评估结果作为交易竞价基础，通过市场竞价得到价格。当土地使用权转让价格明显低于市场价格的，市、县人民政府有优先购买权；当土地使用权转让的市场价格不合理上涨时，市、县人民政府可以采取必要的措施。

6.4.1.5 土地使用权转让合同履行

土地使用权转让时，土地使用权出让合同和登记文件中所载明的权利、义务随之转移。

6.4.1.6 土地使用权转让登记

土地使用权和地上建筑物、其他附着物所有权转让，应当依照规定办理过户登记。土地使用权和地上建筑物、其他附着物所有权分割转让的，应当经市、县人民政府土地管理部门和房产管理部门批准，并依照规定办理过户登记。

6.4.1.7 转让土地使用

土地使用权转让后，需要改变土地使用权出让合同规定的土地用途的，应当征得出让方同意并经土地管理部门和城市规划部门批准，依照条例的有关规定重新签订土地使用权出让合同，调整土地使用权出让金，并办理登记。

6.4.2　矿业权转让

为了加强对探矿权、采矿权转让的管理，保护探矿权人、采矿权人的合法权益，促进矿业发展，根据《中华人民共和国矿产资源法》，1998年国务院颁布实施了《探矿权采矿权转让管理办法》（国务院令第242号）。根据该办法和《矿业权出让转让管理暂行规定》，矿业权转让制度安排如下：

6.4.2.1　矿业权转让界定

矿业权转让是指矿业权人将矿业权转移的行为，包括出售、作价出资、合作、重组改制等。

6.4.2.2　矿业权转让审批部门

国务院地质矿产主管部门和省、自治区、直辖市人民政府地质矿产主管部门是探矿权、采矿权转让的审批管理机关，国务院地质矿产主管部门负责由其审批发证的探矿权、采矿权转让的审批，省、自治区、直辖市人民政府地质矿产主管部门根据办法规定负责探矿权、采矿权转让的审批。

6.4.2.3　矿业权转让条件

（一）转让探矿权条件

（1）自颁发勘查许可证之日起满2年，或者在勘查作业区内发现可供进一步勘查或者开采的矿产资源；

（2）完成规定的最低勘查投入；

（3）探矿权属无争议；

(4) 按照国家有关规定已经缴纳探矿权使用费、探矿权价款;

(5) 国务院地质矿产主管部门规定的其他条件。

(二) 转让采矿权条件

(1) 矿山企业投入采矿生产满1年;

(2) 采矿权属无争议;

(3) 按照国家有关规定已经缴纳采矿权使用费、采矿权价款、矿产资源补偿费和资源税;

(4) 国务院地质矿产主管部门规定的其他条件。国有矿山企业在申请转让采矿权前,应当征得矿山企业主管部门的同意。

(三) 受让人条件

探矿权或者采矿权转让的受让人,应当符合《矿产资源勘查区块登记管理办法》或者《矿产资源开采登记管理办法》规定的有关探矿权申请人或者采矿权申请人的条件。

6.4.2.4 矿业权转让评估

转让国家出资勘查所形成的探矿权、采矿权的,必须进行评估,探矿权、采矿权转让的评估工作,由国务院地质矿产主管部门会同国务院国有资产管理部门认定的评估机构进行;评估结果由国务院地质矿产主管部门确认。

6.4.2.5 矿业权转让合同

矿业权转让的当事人须依法签订矿业权转让合同。依转让方式的不同,转让合同可以是出售转让合同、合资转让合同或合作转让合同。转让申请被批准之日起,转让合同生效。矿业权转让合同应包括以下基本内容:(一) 矿业权转让人、受让人的名称、法定代表人、注册地址;(二) 申请转让矿业权的基本情况,包括当前权属关系、许可证编号、发证机关、矿业权的地理位置坐标、面积、许可证有效期限及勘查工作程度或开采情况等；（三）转让方式和转让价格，付款方式或权益实现方式等；（四）争议解决方式；（五）违约责任。

6.4.2.6　矿业权转让登记

矿业权转让，转让双方必须向登记管理机关提出申请，经审查批准后办理变更登记手续。未经审批管理机关批准，擅自转让探矿权、采矿权的，由登记管理机关责令改正，没收违法所得，处 10 万元以下的罚款；情节严重的，由原发证机关吊销勘查许可证、采矿许可证。

6.5　其他物权制度

物权分为自物权和他物权。自物权，也即所有权，是物之所有权人对物的占有、使用、收益和处分的排他性权利。他物权，是在所有权上为方便他人设定的权利，包括用益物权和担保物权。所谓用益物权，是物权的一种，是指用益物权人（非所有人）对他人所有的不动产或者动产，依法享有占有、使用和收益的权利。比如土地承包经营权、建设用地使用权、宅基地使用权、地役权，以及其他自然资源使用权，如海域使用权、探矿权、采矿权、取水权和使用水域、滩涂从事养殖、捕捞权等。所谓担保物权，“用益物权”的对称，是以确保债务的履行为目的而在债务人或第三人的物上设定的物权，也称为他物权或限制物权，如抵押权、质权、留置权等。

6.5.1　土地承包经营和抵押制度

在土地资源资产管理中，为方便生产、促进自然资源的流转与高效利用，在所有权与使用权相分离的原则上，除对土地设定了使用权的出让和转让，还设定了承包经营权和抵押权。

6.5.1.1 土地承包经营制度

根据《土地管理法》等相关法律法规，明确了承包经营权。一是农民集体所有土地承包经营。农民集体所有的土地由本集体经济组织的成员承包经营，从事种植业、林业、畜牧业、渔业生产。土地承包经营期限为三十年。发包方和承包方应当订立承包合同，约定双方的权利和义务。承包经营土地的农民有保护和按照承包合同约定的用途合理利用土地的义务。农民的土地承包经营权受法律保护。在土地承包经营期限内，对个别承包经营者之间承包的土地进行适当调整的，必须经村民会议三分之二以上成员或者三分之二以上村民代表的同意，并报乡（镇）人民政府和县级人民政府农业行政主管部门批准。2002 年颁布《中华人民共和国农村土地承包法》进一步明确农村土地，是指农民集体所有和国家所有依法由农民集体使用的耕地、林地、草地，以及其他依法用于农业的土地。国家依法保护农村土地承包关系的长期稳定。农村土地承包后，土地的所有权性质不变。承包地不得买卖。农村集体经济组织成员有权依法承包由本集体经济组织发包的农村土地。任何组织和个人不得剥夺和非法限制农村集体经济组织成员承包土地的权利。二是国有土地承包经营。国有土地可以由单位或者个人承包经营，从事种植业、林业、畜牧业、渔业生产。农民集体所有的土地，可以由本集体经济组织以外的单位或者个人承包经营，从事种植业、林业、畜牧业、渔业生产。发包方和承包方应当订立承包合同，约定双方的权利和义务。土地承包经营的期限由承包合同约定。承包经营土地的单位和个人，有保护和按照承包合同约定的用途合理利用土地的义务。

为进一步规范农村土地经营权流转，2014 年，中共中央办公厅、国务院办公厅印发了《关于引导农村土地经营权有序流转发展农业适度规模经营的意见》（中办发〔2014〕61 号），提出如下要求：一是健全土地承包经营权登记制度，完善承包合同，健全登记簿，颁发权属证书，强化土地承包经营权物权保护，为开展土地流转、调处土地纠纷、完善补贴政策、进行征地补偿和抵押担保提供重要依据；二是建立健全土地承包经营权信息应用平台，方便群众查询，利于服务管理；三是鼓励创新土地流转形式。鼓励承包农户依法采取转包、出租、互换、转让及入股等方式流转承包地。鼓励农民在自愿前提下采取互换并地方式解决承包地细碎化问题。在同等条件下，本集体经济组织成员享有土地流转优先权。四是抓紧研究探索集体所有权、农户承包权、土地经营权在土地流转中的相互权利关系和具体实现形式。五是按照全国统一安排，稳步推进土地经营权抵押、担保试点，研究制定统一规范的实施办法，探索建立抵押资产处置机制。六是加强土地流转管理和服务。依托农村经营管理机构健全土地流转服务平台，完善县乡村三级服务和管理网络，建立土地流转监测制度，为流转双方提供信息发布、政策咨询等服务；引导承包农户与流入方签订书面流转合同，并使用统一的省级合同示范文本；加强农村土地承包经营纠纷调解仲裁体系建设，健全纠纷调处机制，妥善化解土地承包经营流转纠纷等。

6.5.1.2　土地使用权抵押贷款试点

根据《中华人民共和国担保法》，抵押，是指抵押人和债权人以书面形式订立约定，不转移抵押财产的占有，将该财产作为债权的担保。当债务人不履行债务时，债权人有权依法以该财产折价或者以拍卖、变卖该财产的价款优先受偿。土地使用权可以抵押。土地使用权抵押时，其地上建筑物、其他附着物随之抵押；地上建筑物、其他附着物抵押时，其使用范围内的土地使用权随之抵押。

土地使用权抵押，抵押人与抵押权人应当签订抵押合同。抵押合同不得违背国家法律、法规和土地使用权出让合同的规定。土地使用权和地上建筑物、其他附着物抵押，应当按照规定办理抵押登记。抵押人到期未能履行债务或者在抵押合同期间宣告解散、破产的，抵押权人有权依照国家法律、法规和抵押合同的规定处分抵押财产。因处分抵押财产而取得土地使用权和地上建筑物、其他附着物所有权的，应当依照规定办理过户登记。处分抵押财产所得，抵押权人有优先受偿权。抵押权因债务清偿或者其他原因而消灭的，应当依照规定办理注销抵押登记。

2016 年 5 月，原银监会、原国土资源部联合制定了《农村集体经营性建设用地使用权抵押贷款管理暂行办法》（银监发［2016］26 号），在北京市大兴区等三十三个试点县（市、区）行政区域试点农村集体经营性建设用地使用权抵押贷款。该《办法》旨在落实十八届三中全会关于“允许农村集体经营性建设用地出让、租赁、入股，实行与国有土地同等入市、同权同价”决定。《办法》明确农村集体经营性建设用地是指存量农村集体建设用地中，土地利用总体规划和城乡规划确定为工矿仓储、商服等经营性用途的土地，规定以出让、租赁、作价出资（入股）方式入市的和具备入市条件的农村集体经营性建设用地使用权可以办理抵押贷款。关于有效期限，《办法》规定有效期至 2017 年 12 月 31 日，与农村集体经营性建设用地入市试点时限保持一致。《办法》共三十五条，涉及银行业金融机构开展农村集体经营性建设用地使用权抵押贷款和土地管理的相关环节，体现出系统性、规范性和创新性特点。《办法》从贷款的目的、依据和总体要求，贷款业务开展的范围、贷款的全流程管理、贷款的风险保障机制、监管部门的职责等方面对开展农村集体经营性建设用地使用权抵押贷款业务进行了详细的规定。明确了抵押物的范围、贷款的条件、抵押物的处置及贷款保障机制。关于抵押物价值评估。《办法》规定银行业金融机构应当建立农村集体经营性建设用地使用权价值评估制度。可采用外部评估或内部评估的方式对用于抵押的农村集体经营性建设用地使用权进行价值评估。同时规定，银行业金融机构应当按照抵押合同的约定，加强抵押品的动态管理和价值重估，保证抵押权利的真实、合法、足值、有效。

6.5.2 林权抵押贷款制度

林权抵押贷款即银行业金融机构接受借款人以其本人或第三人合法拥有

的林权作抵押担保发放贷款。林权抵押贷款是森林资源资产的一项融资制度。2003 年《中共中央、国务院关于加快林业发展的决定》赋予林权抵押权能。2013 年原银监会、原国家林业局《关于林权抵押贷款的实施意见》进一步规范了林权抵押贷款制度。

6.5.2.1　林权抵押贷款制度要求

为改善农村金融服务，支持林业发展，规范林权抵押贷款业务，2013 年 7 月，原银监会、原国家林业局联合印发了《关于林权抵押贷款的实施意见》(银监发〔2013〕32 号)。主要如下：

可抵押林权：具体包括用材林、经济林、薪炭林的林木所有权和使用权及相应林地使用权；用材林、经济林、薪炭林的采伐迹地、火烧迹地的林地使用权；国家规定可以抵押的其他森林、林木所有权、使用权和林地使用权。

林权抵押贷款原则：依法合规、公平诚信、风险可控、惠农利民的原则。

各相关部门职责：林业主管部门的主要职责是，完善配套服务体系，规范和健全林权抵押登记、评估、流转和林权收储等机制，协调配合银行业金融机构做好林权抵押贷款业务和其他林业金融服务；银行业金融机构的主要职责是，根据林权抵押贷款的特点，规定贷款审批各个环节的操作规则和标准要求，做到贷前实地查看、准确测定，贷时审贷分离、独立审批，贷后现场检查、跟踪记录，切实有效防范林权抵押贷款风险。

林权抵押贷款调查：银行业金融机构受理借款人贷款申请后，要认真履行尽职调查职责，对贷款申请内容和相关情况的真实性、准确性、完整性进行调查核实，形成调查评价意见。

抵押贷款的材料要求：一是提交林权证原件；二是集体经济组织三分之二以上成员同意或者三分之二以上村民代表同意的决议，以及该林权所在地乡（镇）人民政府同意抵押的书面证明；或者林业专业合作社理事会通过的决议书；或者有限责任公司、股份有限公司经股东会、股东大会或董事会通过的决议或决议书；三是以共有林权抵押的，提供其他共有人的书面同意意见书；以承包经营方式取得的林权进行抵押的，提供承包合同；以其他方式承包经营或流转取得的林权进行抵押的，提供承包合同或流转合同和发包方同意抵押意见书。

不能抵押贷款的情形：银行业金融机构不应接受无法处置变现的林权作为抵押财产，包括水源涵养林、水土保持林、防风固沙林、农田和牧场防护林、护岸林、护路林等防护林所有权、使用权及相应的林地使用权，以及国防林、实验林、母树林、环境保护林、风景林，名胜古迹和革命纪念地的林木，自然保护区的森林等特种用途林所有权、使用权及相应的林地使用权。

林权抵押贷款的范围：银行业金融机构要根据抵押目的与借款人、抵押人商定抵押财产的具体范围，并在书面抵押合同中予以明确。以森林或林木资产抵押的，可以要求其林地使用权同时抵押，但不得改变林地的性质和用途。

林权抵押贷款期限：银行业金融机构要根据借款人的生产经营周期、信用状况和贷款用途等因素合理协商确定林权抵押贷款的期限，贷款期限不应超过林地使用权的剩余期限。贷款资金用于林业生产的，贷款期限要与林业生产周期相适应。

林权抵押贷款评估：建立抵押财产价值评估制度，对抵押林权进行价值评估。

林木采伐许可限制：对以已取得林木采伐许可证且尚未实施采伐的林权抵押的，银行业金融机构要明确要求抵押人将已发放的林木采伐许可证原件提交银行业金融机构保管，双方向核发林木采伐许可证的林业主管部门进行备案登记。林权抵押期间，未经抵押权人书面同意，抵押人不得进行林木采伐。

林权抵押贷款登记：银行业金融机构要在抵押借款合同中明确要求借款人在林权抵押贷款合同签订后，及时向属地县级以上林权登记机关申请办理抵押登记。林权登记机关在受理林权抵押登记申请时，应要求申请人提供林权抵押登记申请书、借款人（抵押人）和抵押权人的身份证明、抵押借款合同、林权证及林权权利人同意抵押意见书、抵押林权价值评估报告（拟抵押林权需要评估的）以及其他材料。

林权抵押贷款变更与注销：变更抵押林权种类、数额或者抵押担保范围的，银行业金融机构要及时要求借款人和抵押人共同持变更合同、《林权抵押登记证明书》和其他证明文件，向原林权登记机关申请办理变更抵押登记。林权登记机关审查核实后应及时给予办理；抵押合同期满、借款人还清全部贷款本息或者抵押人与抵押权人同意提前解除抵押合同的，双方向原登记机关办理注销抵押登记。

林权抵押贷款风险评价：银行业金融机构要依照信贷管理规定完善林权抵押贷款风险评价机制，采用定量和定性分析方法，全面、动态地进行贷款风险评估，有效地对贷款资金使用、借款人信用及担保变化情况等进行跟踪检查和监控分析，确保贷款安全。

森林保险：各级林业主管部门要会同有关部门积极推进森林保险工作。鼓励抵押人对抵押财产办理森林保险。抵押期间，抵押财产发生毁损、灭失或者被征收等情形时，银行业金融机构可以根据合同约定就获得的保险金、赔偿金或者补偿金等优先受偿或提存。

林权抵押贷款清偿：贷款到期后，借款人未清偿债务或出现抵押合同规定的行使抵押权的其他情形时，可通过竞价交易、协议转让、林木采伐或诉讼等途径处置已抵押的林权。银行业金融机构因处置抵押财产需要采伐林木的，采伐审批机关要按国家相关规定优先予以办理林木采伐许可证，满足借款人还贷需要。林权抵押期间，未经抵押权人书面同意，采伐审批机关不得批准或发放林木采伐许可证。

6.5.2.2　林权抵押贷款取得的成效

经过多年努力，林权抵押贷款得到了初步发展，但发展潜力巨大。截止 2013 年，全国集体林地 27.37 亿亩，森林蓄积 45.74 亿立方米，经济价值达 10 多万亿元，而林权抵押贷款面积近亿亩。公益林补偿收益权质押贷款已起步。浙江省农村信用社联合社、浙江省林业厅联合出台公益林补偿收益权质押贷款管理办法，全省实施，规定贷款额度原则上不超过年度公益林补偿金收入的15倍，目前全省质押贷款额近2 000万元。集体林森林生态效益每年补偿资金约300亿元，按一半贷款，15倍计算，将是2 000多亿元。若是加上集体和个人天然商品林停伐补助资金，将会更多。

林业经营收益权质押已探索。四川宜宾隆森油樟基地产业有限公司以500亩油樟林的收益权质押，从银行贷款150万元。全国林下经济年产值近6 000亿元，竹产业和经济林产品年产值近3 000亿元，总产值近万亿元。

赋予林权抵押、担保功能，既可以拓宽林业融资渠道满足林业扩大再生产对补充资金的需要，也可以增加林权权利人财产性收益，更是对林业发展具有巨大意义。

一是大幅度降低林业投资门槛。林业投资见效时间长，动则十几二十年，长的上百年，许多投资者对回报周期长的认识不足和准备不足，前期投资变不了现，后续资金缺口又补不上，往往是因滚雪球式林业投资资金需求量大而难以为继，投资失败现象时有发生。林权抵押贷款，可以把前期投资形成的资产通过金融手段变为后续投资资金来源，发挥了资金池功效，既降低前期投资量大的需求，又大幅度降低总资金量大的需求，更多地工商企业有能力投资林业。

二是提升了林业投资竞争力。林权担保，既可以自身抵押贷款减少支付第三方担保成本，也可让渡自身不需要抵押贷款而闲置的林权获得担保费增加财产性收入，如福建沙县探索的对让渡林权担保功能支付林权所有者1～1.5%担保费，将会大幅度地提高林业投资收益率，极大地增强林业吸引社会投资竞争力。

三是带动了城乡市场生产要素良性互动。林权抵押贷款不仅缓解林业融资难的问题，更是建立健全林业城乡融合发展体制机制和政策体系的催化剂，把资本、技术、人才、信息、理念等现代市场生产要素加速流向山区林业，也把优质的林产品和生态产品推向城市，加快推进农村林业现代化。

2017 年底，原国家林业局联合原银监会、原国土资源部联合印发《关于推进林权抵押贷款有关工作的通知》（银监发〔2017〕57 号），进一步破除阻碍林权抵押贷款发展的制度性因素，释放林权抵押贷款的潜能。继续做大林权抵押贷款，拓展林业经营收益权和公益林补偿收益权质押担保贷款，林权担保贷款市场可及数千亿级。①

6.6　资产评估

2016 年 7 月，《中华人民共和国资产评估法》公布，自 2016 年 12 月 1 日起施行。《资产评估法》明确，资产评估，是指评估机构及其评估专业人员根据委托对不动产、动产、无形资产、企业价值、资产损失或者其他经济权益进行评定、估算，并出具评估报告的专业服务行为。现阶段诸多资产的评估活动已经被纳入到了评估准则与评估技术规范的体系内。现有的资产评估的准则体系，已经涵盖了不动产、机器设备、无形资产、专利资产、森林资源资产、矿业权等资产的评估准则。现有的自然资源的评估规范文件，包括土地资源、森林资源、矿产资源的评估技术规范。

6.6.1　土地资源资产评估

1994 年颁布的《中华人民共和国城市房地产管理法》第十八条规定：土地使用者需要改变土地使用权出让合同约定的土地用途的，必须取得出让方和市、县人民政府规划行政主管部门的同意，签订土地使用权出让合同变更协议或者重新签订土地使用权出让合同，相应调整土地使用权出让金。2003

① 资料来源：进一步为林权抵押贷款解绑释能——原国家林业局农村林业改革发展司负责同志就推进林权抵押贷款有关工作答记者问，中国林业网 http：//www. forestry. gov. cn/2018 -02 -01。

年原国土资源部颁布的《协议出让国有土地使用权规定》第十一条要求：市、县国土资源行政主管部门要对拟出让地块的土地价格进行评估，经市、县人民政府国土资源行政主管部门集体决策，合理确定协议出让底价。2007年原国土资源部颁布的《招标拍卖挂牌出让国有建设用地使用权规定》第十条要求：市、县国土资源行政主管部门应当根据土地估价结果和政府产业政策综合确定标底或者底价。从上述规定不难看出，出让地价评估是依照法律法规或国家有关政策规定，针对拟招拍挂或协议出让地块，以及出让后符合调整规划条件的地块开展的地价评估。评估目的是为确定出让底价或标定、核定应补缴土地价款提供参考依据。

2018 年 3 月，原国土资源部办公厅印发《国有建设用地使用权出让地价评估技术规范》（国土资厅发〔2018〕4 号），这是国有建设用地使用权出让地价评估技术最新规范。主要如下：

6.6.1.1 法律法规依据

（1）《中华人民共和国物权法》

（2）《中华人民共和国土地管理法》

（3）《中华人民共和国城市房地产管理法》

（4）《中华人民共和国资产评估法》

（5）《中华人民共和国城镇国有土地使用权出让和转让暂行条例》（国务院令第 55 号）

（6）《招标拍卖挂牌出让国有建设用地使用权规定》（原国土资源部令第 39 号）

（7）《协议出让国有土地使用权规定》（原国土资源部令第 21 号）

（8）《节约集约利用土地规定》（原国土资源部令第 61 号）

（9）《国务院关于加强国有土地资产管理的通知》（国发〔2001〕15 号）

（10）《国务院关于深化改革严格土地管理的决定》（国发〔2004〕28 号）

6.6.1.2　适用范围

在中华人民共和国境内出让国有建设用地使用权涉及的地价评估，以及因调整土地使用条件、发生土地增值等情况需补缴地价款的评估，适用本规范；国有建设用地使用权租赁、集体建设用地使用权依法入市、国有农用地使用权出让等涉及的地价评估，可参照本规范执行。

6.6.1.3　引用的标准

GB/T 18508－2014《城镇土地估价规程》

GB/T 18507－2014《城镇土地分等定级规程》

GB/T 21010－2017《土地利用现状分类》

GB/T 28406－2012《农用地估价规程》

TD/T 1052－2017《标定地价规程》

TD/T 1009－2007《城市地价动态监测技术规范》

6.6.1.4　出让地价评估定义

本规范所称的土地使用权出让地价评估，是指土地估价专业评估师按照规定的程序和方法，参照当地正常市场价格水平，评估拟出让宗地土地使用权价格或应当补缴的地价款。

6.6.1.5　评估目的

开展土地使用权出让地价评估，目的是为出让方通过集体决策确定土地出让底价，或核定应该补缴的地价款提供参考依据。

6.6.1.6　评估原则

除《城镇土地估价规程》规定的土地估价基本原则外，土地使用权出让地价评估还需考虑以下原则：

价值主导原则：土地综合质量优劣是对地价产生影响的主要因素。

审慎原则：在评估中确定相关参数和结果时，应分析并充分考虑土地市场运行状况、有关行业发展状况，以及存在的风险。

公开市场原则：评估结果在公平、公正、公开的土地市场上可实现。

6.6.1.7 评估方法

（1）收益还原法

（2）市场比较法

（3）剩余法

（4）成本逼近法

（5）公示地价系数修正法

出让地价评估，应至少采用两种评估方法，包括（1）、（2）、（3）之一，以及（4）或（5）。因土地市场不发育等原因，无法满足上述要求的，应有详细的市场调查情况说明。

6.6.1.8 评估程序

（1）土地估价机构接受国土资源主管部门（或出让方）委托，明确估价目的等基本事项；

（2）拟订估价工作方案，收集所需背景资料；

（3）实地查勘；

（4）选定估价方法进行评估；

（5）确定估价结果，并根据当地市场情况、有关法律法规和政策规定，给出底价决策建议；

（6）撰写估价报告并由两名土地估价专业评估师签署，履行土地估价报告备案程序，取得电子备案号；

（7）提交估价报告；

（8）估价资料归档。

6.6.2　森林资源资产评估

6.6.2.1　森林资源资产评估管理制度

为加强森林资源资产评估管理工作，规范森林资源资产评估行为，2006 年财政部、原国家林业局印发了《森林资源资产评估管理暂行规定》（财企〔2006〕529 号），对中华人民共和国境内从事森林资源资产评估进行规范。明确森林资源资产，包括森林、林木、林地、森林景观资产以及与森林资源相关的其他资产。该规定自 2007 年 1 月 1 日起施行。原林业部和原国家国有资产管理局发布的《关于〈森林资源资产产权变动有关问题的规范意见（试行）〉的通知》（林财字〔1995〕67 号）和《关于加强森林资源资产评估管理工作若干问题的通知》（国资办发〔1997〕16 号）同时废止。主要如下：

（一）森林资源资产评估的主管部门

森林资源资产评估工作，由财政部门和林业主管部门按照各自的职责进行管理和监督。

（二）森林资源资产评估的范围

国有森林资源资产占有单位有下列情形之一的，应当进行资产评估：

（1）森林资源资产转让、置换；

（2）森林资源资产出资进行中外合资或者合作；

（3）森林资源资产出资进行股份经营或者联营；

（4）森林资源资产从事租赁经营；

（5）森林资源资产抵押贷款、担保或偿还债务；

（6）收购非国有森林资源资产；

（7）涉及森林资源资产诉讼；

（8）法律、法规规定需要进行评估的其他情形。

非国有森林资源资产是否进行资产评估，由当事人自行决定，法律、法规另有规定的除外。

森林资源资产有下列情形之一的，可根据需要进行评估：（1）因自然灾害造成森林资源资产损失；（2）盗伐、滥伐、乱批滥占林地人为造成森林资源资产损失；（3）占有单位要求评估。

（三）森林资源资产评估结果的核准与备案

评估前报告。凡需核准的国有森林资源资产评估项目，占有单位在评估前应按照行政隶属关系，经上级林业主管部门审核同意后，由审核部门向省级林业主管部门或国务院林业主管部门报告下列有关事项：

（1）评估项目的审核情况；

（2）评估基准日的选择情况；

（3）森林资源资产评估范围的确定情况；

（4）森林资源资产实物量清单；

（5）选择森林资源资产评估机构的条件、范围、程序及拟选定机构的资质；

（6）森林资源资产评估的时间进度安排情况。

评估结果核准。国有森林资源资产评估项目的核准工作按照下列程序进行：

（1）国有森林资源资产占有单位收到资产评估机构出具的资产评估报告后应按照隶属关系，报上级林业主管部门初审，经初审同意后，由审核部门在评估报告有效期届满前3个月向省级林业主管部门或国务院林业主管部门提出核准申请。

（2）省级林业主管部门或国务院林业主管部门收到核准申请后，对符合核准要求的，及时组织有关专家和单位审核，在20个工作日内完成评估报告的核准；对不符合核准要求的，予以退回。

评估结果备案。评估项目的备案按照下列程序进行：

（1）国有森林资源资产占有单位收到评估机构出具的评估报告后，应在评估报告有效期届满前3个月将备案材料报送上级林业主管部门；

（2）上级林业主管部门收到占有单位报送的备案材料后，对材料齐全的，应在 20 个工作日内办理备案手续；对材料不全的，待占有单位或评估机构补充完善有关材料后予以办理。

（四）森林资源资产评估结果的有效期

经核准或备案的森林资源资产评估结果有效期为自评估基准日起 1 年。

（五）森林资源资产评估结果的应用

国有森林资源资产占有单位在进行与资产评估相应的经济行为时，应当以核准或备案的资产评估结果为作价参考依据。在产权交易过程中，当交易价低于评估结果的 90% 时，应当暂停交易，在获得产权转让批准机构同意后方可继续交易。

6.6.2.2　森林资源资产评估技术规范

2012 年 12 月 28 日，中国资产评估协会发布了《资产评估准则——森林资源资产》，自 2013 年 7 月 1 日起施行。2015 年 2 月，原国家林业局发布公告，批准实施《森林资源资产评估技术规范》等 90 项林业行业标准，自 2015 年 5 月 1 日起实施。主要如下：

（一）适用范围

规范适用于我国境内各种评估目的的林木资产、林地资产和森林景观资产等评估行为。

（二）规范性引用文件

GB/T 15776《造林技术规程》

GB/T 17775《旅游区（点）质量等级的划分与评定》

GB/T 18005《中国森林公园风景资源质量等级评定》

GB/T 18972《旅游资源分类、调查与评价》

GB/T 26424《森林资源规划设计调查技术规程》

LY/T 1646《森林采伐作业规程》

（三）评估的定义

森林资源资产评估是指评估人员依据相关法律、法规和标准，对具有资产属性的森林资源在评估基准日特定目的下的价值进行分析、估算并发表专业意见的行为和过程。

（四）评估程序

（1）明确评估业务基本事项；

（2）签订业务约定书；

（3）编制评估计划；

（4）现场核查，编制核查报告；

（5）收集评估资料；

（6）评定估算；

（7）编制和提交评估报告；

（8）工作底稿归档。

（五）森林资源资产评估现场核查

森林资源资产现场核查的项目，主要包括核对拟评估森林资源资产（林地及林木）的权属（所有权、使用权）及权属年限、四至界线、空间位置、土地种类和森林类别等内容。森林资源资产的实物量是价值量评估的基础，评估机构在森林资源资产价值量评定估算前，必须对评估委托方提交的森林资源资产清单标注的内容进行核查，并要求账面、图面、实地三者一致，核查结果应满足核查的精度要求。森林资源资产核查报告结论要求叙述通过核查和分析确定评估委托方提交的森林资源资产清单的可信程度，提出该森林资源资产清单是否可以接受作为评估的基础数据。核查报告要求由相关人员签字，附《林业调查规划设计资质证书》并加盖核查机构法人章。

（六）森林资源资产评估基本方法

（1）市场法。包括木材市场价倒算法（剩余价值法）和市场成交比较法。

（2）收益法。包括收益现值法、收获现值法、年金资本化法以及周期收益资本化法。

（3）成本法（重置成本法）。

6.6.3　矿业权评估

6.6.3.1　矿业权评估管理制度

为规范矿业权评估管理，促进矿业权评估行业健康发展，2008年8月，原国土资源部印发《矿业权评估管理办法（试行）》（国土资发〔2008〕174），主要如下：

（一）矿业权评估界定

矿业权评估是指具有矿业权评估师执业资格的人员和矿业权评估资质的机构基于委托关系，对约定矿业权的价值进行评价、估算，并通过评估报告的形式提供咨询意见的市场服务行为。

（二）矿业权评估主管部门及职责

国土资源部是全国矿业权评估行政主管部门，负责全国矿业权评估行业的监督管理，监督中国矿业权评估师协会的自律管理，负责矿业权审批权限内的矿业权评估报告备案和依法需要国家进行矿业权评估的委托。

（三）矿业权评估资格资质

国家实行矿业权评估师资格管理制度、矿业权评估机构资质管理制度。从事矿业权评估的个人、机构应当取得相应的资格、资质。

（四）评估资料要求

矿业权评估委托人应当向评估机构提供评估对象的法律权属证明、评估所需要的地质资料、财务会计信息以及其他有关文件和资料，配合评估机构开展必要工作及提供其他必要的协助。不得授意评估结果或评估结论，提出委托合同之外的要求。

矿业权评估委托人应当对其提供资料的真实性、完整性和合法性负责，按照有关规定正确使用评估报告和评估结果。国土资源行政主管部门进行矿业权评估委托，应当对评估报告进行公示。

（五）评估报告备案公开

国土资源行政主管部门对矿业权评估报告，进行合规性审查、公示后，验收、备案。国土资源行政主管部门应当对矿业权评估机构按照有关规定提交的除前款之外的其他矿业权评估报告清单，进行备案。矿业权评估报告备案结果应当向社会公开。

6.6.3.2 矿业权评估准则及规范

2008 年 8 月 1 日，中国矿业权评估师协会发布了《矿业权评估技术基本准则》、《矿业权评估程序准则》、《矿业权评估业务约定书规范》、《矿业权评估报告编制规范》、《收益途径评估方法规范》、《成本途径评估方法规范》、《市场途径评估方法规范》、《矿业权价款评估应用指南》和《确定评估基准日指导意见》等 9 项准则，于 2008 年 9 月 1 日全面实施。由矿业权评估基本准则、矿业权评估规范、矿业权评估指南、矿业权评估指导意见四个层次组成的中国矿业权评估准则体系初步建设完成。准则体系的建立为评估师规范执行矿业权评估业务，合理利用矿业权评估技术规范提供了相对完整的强制要求与指导性依据，为推动矿业权评估快速发展与专业技术能力提升起到了重要作用。

6.7 交易平台建设

自然资源资产产权交易平台是为自然资源资产供需双方提供交易信息和实施产权交易的中介场所。目前，我国自然资源资产产权交易平台主要有两种形式，即实体交易机构和网络交易平台。

6.7.1 土地资源资产交易平台

土地交易平台是为土地供需双方提供信息交流和产权交易的中介场所，

目前有两种主要形式，一种是实体机构，如天津市土地交易中心、上海市土地交易中心等；另一种是网络交易平台，通过网站发布土地供需双方供求信息，提供相关法规政策及各种咨询信息，同时，能够在网络平台进行实际交易，例如湖南省国土资源网上交易系统、浙江省国有建设用地使用权出让网上交易系统等。目前绝大多数实体交易机构也都设立了网络平台，发布相关信息，但通常仅作为信息发布和交流平台，不能进行网络交易，不是真正意义上的网络交易平台。

6.7.1.1　天津市土地交易中心

天津市土地交易中心成立于 1995 年 6 月 25 日，是天津市人民政府设立的土地交易和土地有形市场管理机构，也是土地出让信息的统一发布平台。该平台负责发布全市经营性国有建设用地使用权出让公告，组织实施土地招标、拍卖、挂牌交易工作，并对社会公布交易结果，办理国有建设用地使用权出让、作价出资（入股）及国有建设用地租赁手续。同时，负责组织土地洽谈、招商，负责土地评估基础审核工作和地价监测工作。天津市土地交易中心的主要作法：

一是合理编制供地计划。以满足市场需求、保障市场稳定为目标，以市场为导向，按照住房需求量、可售房源与土地存量 1∶2∶3 的比例关系测算住房上市量缺口，结合区域土地供需情况，合理编制土地供应计划。

二是实施土地集中交易。天津市土地交易中心在通过创新土地管理制度，进一步规范土地有偿使用管理，避免土地市场分散竞争和政府收益流失，逐步形成出让计划、宗地信息、招拍挂文件、竞价过程、出让结果“五公开”和全市交易场所、信息发布、评标决标标准、合同文本“四统一”的高效、规范、成熟的土地市场运作模式，在全国率先实现全市域土地集中交易。创建网上远程交易，在 14 个区县局设立土地交易分市场，实现全市域内“一处挂牌，全市竞价”，开发企业在地块所在区县即可报价、竞买。

三是公开土地交易信息。建立土地信息公开发布制度，每年通过现场推介、网络媒体等方式集中发布地块信息，实现提前招商。优化土地竞买流程，将一次性报价方式调整为挂牌和现场拍卖相接合的竞价方式，增强出让过程的透明度。优选出让方式，按有关规定严格采取挂牌、拍卖的方式出让，对经批准需招标的，严格履行专家随机抽取、公证、综合评分等招标程序。

四是重大事项集体决策。严格履行土地整理成本审核、地价确认会制度、出让业务会审制度，坚持对出让底价、规划条件变更补缴土地出让金、土地出让方案等进行综合评定，经出让业务会集体决策，纪检监察部门全程参与、跟踪监督。

五是控制土地整理成本。市级土地整理储备项目全部纳入审核管理，预算审核、可行性研究报告通过后，下达土地整理储备项目实施计划；决算审核对整理单位实际成本发生的合规性、真实性进行审查核对，并与预算报告对比，保证了土地委托出让成本的准确性、规范性。

六是透明审批土地交易。以“一张图”供地与交易签约系统为依托，实现了网上供地、网上签约。出让过程全程监督，土地有形市场从发布公告、报名审核、竞买报价到结果公示等电子数据与市纪委公共资源交易网络监督系统同步传输；市行政许可中心对现场交易活动实现视频、音频监督；公证部门在网络监督系统上对出让全过程进行客观评价，有效形成了“5 + 1”公共资源网络交易监督管理模式，全面提升对外服务透明度。

6.7.1.2 上海市土地交易市场

上海市土地交易市场成立于2008年3月1日，是依据上海市人民政府颁布的《上海市土地交易市场管理办法》成立的经营平台。主要承担提供土地交易活动专门场所、汇集和发布本市土地交易信息、接受委托组织实施土地交易活动、从事与土地交易相关的其他事务等职能。市场的交易范围涵盖了国有土地使用权出让和租赁、经济开发区成片开发的土地使用权分割转让、出让土地使用权随房屋建设工程转让以及以划拨方式取得土地使用权的房地产转让等。

上海市土地交易市场按照“管理、审理和监测”三分离的原则运作。在管理方面，努力实现由事务性审批转向宏观管理。在审理方面，建设集事务受理、协助办理、信息采集和行政终端为一体的一门式综合服务平台，专门组建行政许可处，实行“一个窗口进出”，规范了四种审批模式，通过内网在线监控和外网信息公开，基本实现阳光审批。在监测方面，利用信息技术手段和网络平台，对行政行为进行自动监控，对行业情况实施在线动态监测，对前后关联项目进行信息跟踪，对突发事件进行应急处置。主要做法如下：

一是入市流程公开。将全市统一的土地交易流程及操作标准固化入土地交易系统，加大信息披露力度，实现供需信息对称。

二是交易节点控制。对受理竞买申请、竞买资格审查、抽选评标专家、实时交易等重要环节，采用分化动作、各管一段、相互制约的方式，并邀请公证处等独立机构操作，监委予以监督。

三是相关业务整合。通过对土地审批系统和土地交易系统的整合，实现了招拍挂用地审批→土地交易→土地有偿使用合同签订审批的业务数据的关联与共享，前一环节生成的业务数据，后一环节可共享但不能修改，有效保证了业务的连贯性和数据的一致性，也为业务监管和批后管理提供必要的信息支持。

6.7.1.3　湖南省国土资源网上交易

从 2009 年上半年起，为优化国土资源配置，湖南省国土资源信息中心进一步完善“湖南国土资源网上交易系统”，建成了一个可实现国土资源土地和矿业权网上招标、挂牌、拍卖的交易平台。2013 年 5 月，益阳首次运用网上拍卖方式成功出让了两宗国有建设用地使用权，这也是“湖南省国土资源网上交易系统”首次运行网上拍卖。

“湖南省国土资源网上交易系统”主要功能包括网上浏览挂牌信息、数字证书用户登录、网上申购、交纳保证金、网上获得竞买资格、网上报价、网上竞价、网上成交等。该系统支持多家银行接入、支持多种CA安全认证，支持多种不同类型资源的网上交易活动（见图6.1）。

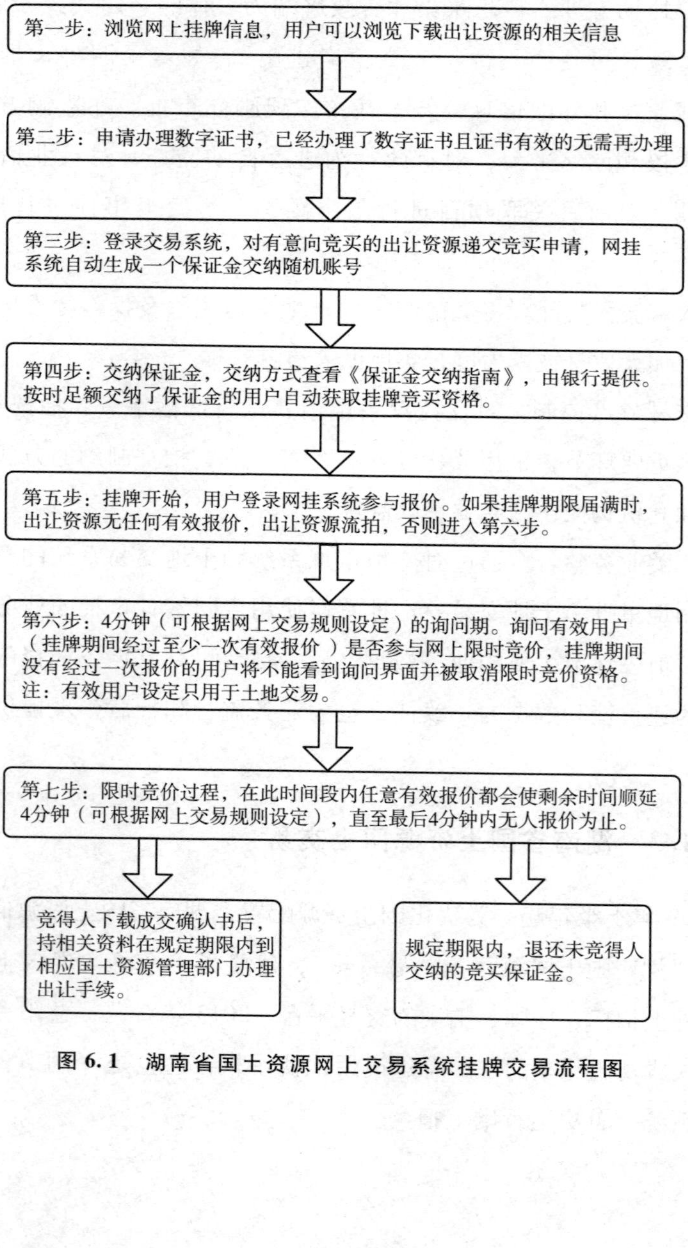

图 6.1　湖南省国土资源网上交易系统挂牌交易流程图

6.7.1.4 浙江省土地使用权网上交易

为贯彻落实国务院办公厅《关于印发整合建立统一的公共资源交易平台工作方案的通知》（国办发〔2015〕63号）、原国土资源部《关于推进国有土地使用权和矿业权出让纳入统一公共资源交易平台交易有关问题的通知》（国土资发〔2016〕104号），2017年6月29日，浙江省国土资源厅印发了《关于印发〈浙江省国有建设用地使用权出让网上交易规则（试行）〉的通知》（浙土资规〔2017〕4号）。在全省范围内形成规则统一、交易透明、服务高效、监督规范的公共资源交易平台体系，基本实现公共资源交易全过程电子化。《网上交易规则》就土地使用权交易系统建设提出以下新的要求：

1. 交易模式从有形场所转向电子化平台。按照“统一交易制度、统一平台建设、业务属地管理”的总体思路，在土地出让“属地管理”原则不变、市县政府主体责任不变的前提下，交易平台从有形场所向电子化平台转变。

2. 更好体现土地出让公开公平公正。通过网上交易平台，交易过程实现自动化控制，信息发布、申请、竞价、成交结果等都按设定程序通过网络自动辨读，网上交易相关数据信息全部在互联网公开，最大限度地促进国土资源交易的公平公正公开。资格准入条件在网上公布，通过公开透明消除违规设置资格的现象。

3. 严格网上交易保密制度。网上交易平台在技术与交易机制上，要求各竞买人统一使用CA数字证书登录，发送的报价信息均采用CA加密和解密，竞买人身份信息以竞买号显示，从原来的“面对面”到现在的“背靠背”交易，以保证竞买人身份的真实性、安全性和保密性，避免竞买人相互接触，最大限度地从制度上和技术上杜绝人为因素的干扰。在保证金缴纳环节，要求市、县原国土资源部门要与保证金账户银行签订协议，督促开户银行建立严格的内部管理制度，确保保证金账户资金安全及信息保密工作。对有保密义务的单位和个人，如交易管理员，要求严格遵守保密规定，不得泄露竞买申请人信息和国有建设用地使用权出让相关保密信息。

4. 确保交易系统安全。建立数字认证制度，出让人、竞买人均要办理数字证书，实行实名认证和信息的加密；故障应急管理制度，建立对断电、断网、病毒和黑客入侵等极端条件下应急管理措施；实行电子数据保留制度，对交易中产生的各种数据及上网操作过程进行记录和备份保存，确保事后监督有据可查。同时，引进公证机制，由公证机构对交易全过程进行信息证据保全。

5. 适应房地产调控需要。《网上交易规则》第九条规定“各地可根据房地产用地管理和调控的需要，采用‘限房价、竞地价’、‘限地价、竞政策性住房面积’、‘在商品住房用地中配建保障性住房’等多种竞价方式”。针对各地房地产调控需要出现的多种交易形式，在网上交易系统中开发了相应的交易模块。

6. 强化对交易行为的监管。一是透明监管。任何人都可以土地网上交易系统查阅出让地块相关资料，实时观看网上交易实况，推动土地出让交易阳光操作。二是智能监管。交易管理员和竞买人使用数字证书，所有操作都在服务器日志中记录，确保事后有据可查。三是日常监管。省国土资源网上交易中心依法受理群众对违法违规交易行为的举报和投诉，及时开展调查处理，并报省国土资源厅。四是信用监管。建立信用负面清单，根据相关部门联合惩戒的要求，依法限制列入负面清单的单位和个人参加土地出让活动。①

由于土地与矿产资源管理职责归属于同一个部门，实践中，矿业权多与土地资源资产共用交易平台。

---

① 资料来源：《浙江省国有建设用地使用权出让网上交易规则（试行）》政策解读，浙江省国土资源厅网站，发布日期：2017-07-03。

6.7.2　林权交易平台

6.7.2.1　林权交易平台建设

2004年10月，福建省永安林业要素市场率先成立，成为全国第一个林权交易场所。2005年10月，宜春市铜鼓县建起江西省第一家林权交易中心。2009年10月，江西省政府在整合全省72家县级林业产权交易所的基础上，组建了区域性林业产权交易平台——“南方林业产权交易所”，该所实行网上竞拍和现场竞拍相结合的交易方式。2010年，南北联合林权交易股份有限公司得以成立。江西依托南方林业产权交易所统一的林权流转信息化平台，推进林权流转交易市场建设，加快林权流转，进一步提升了江西林业的规模化、集约化经营水平，逐渐建立健全林权管理服务机构，形成了省、市、试点县、乡、村五级信息共享和网络互联的林权流转管理服务体系。截至2016年12月底，南方林业产权交易系统共挂牌林权交易项目524项，成交378项，成交面积9.4万亩。①

2008年，中共中央、国务院印发《关于全面推进集体林权制度改革的意见》后，各县级部门纷纷成立了林权管理服务中心，集林权管理、林权流转、林业金融和林业公共服务等林权管理服务于一身，深化改革过程中，不断增强了林权金融服务，福建等地也有直接改革林业金融服务中心的。目前，全国已建立1 900多个县级林权管理服务机构，提供林业管理服务。有些林权交易所实现了与所在省林权管理服务机构联网，实现联网交易。也有部分省已将林权交易纳入了公共资源交易平台进行监督管理。

6.7.2.2　中国林业产权交易所

2009年11月23日，中国林业产权交易所在北京正式成立，是国务

① 江西去年林权交易达3亿元《人民日报》2017年01月11日16版。

院批准成立的全国性林权及森林资源市场交易平台，由原国家林业局联合北京市人民政府共建，采用国有控股公司制的组织形式。该交易所由林业要素交易中心、林权交易托管登记中心、森林资源资产评估中心、大宗林业商品综合交易中心等部门组成，提供全国范围林木林地交易托管及信息查询、林权证抵押融资、森林资源资产评估、大宗林业商品交易等服务，并对外公开发布林权流转交易、林权证抵押融资、林木交易市场行情等相关信息。林权交易所与银行合作办理林权抵押贷款业务，让林权评估机构加入为会员，银行按照林权评估额的50%确定贷款金额。同时也为抵押贷款人申请原国家林业局的专项贷款贴息和地方政府贷款贴息。

《中国林业产权交易所林权交易规则（试行）》规范了林权交易的内涵、交易方式和交易程序：

（一）林权交易的内涵

交易规则所称交易是指法人、自然人及其他经济组织在中国林权所进行的森林、林木、林地和其他森林资源全部或部分权益，以及各类财产权益（以下统称为林权）的转让行为。

（二）交易方式

（1）协议转让；

（2）竞价转让；

（3）国家法律、法规允许的其他方式。

（三）交易前置程序要求

林权转让，应具备转让林权的相应资格，并履行相关程序。国有林权转让方向中国林权所提出林权转让申请前，应依照相关法律、法规和政策的规定完成可行性研究、内部决策、资产评估、资产评估核准或备案、取得法律意见书、上报批准等相关程序。集体林权转让参照国有林权转让程序执行。

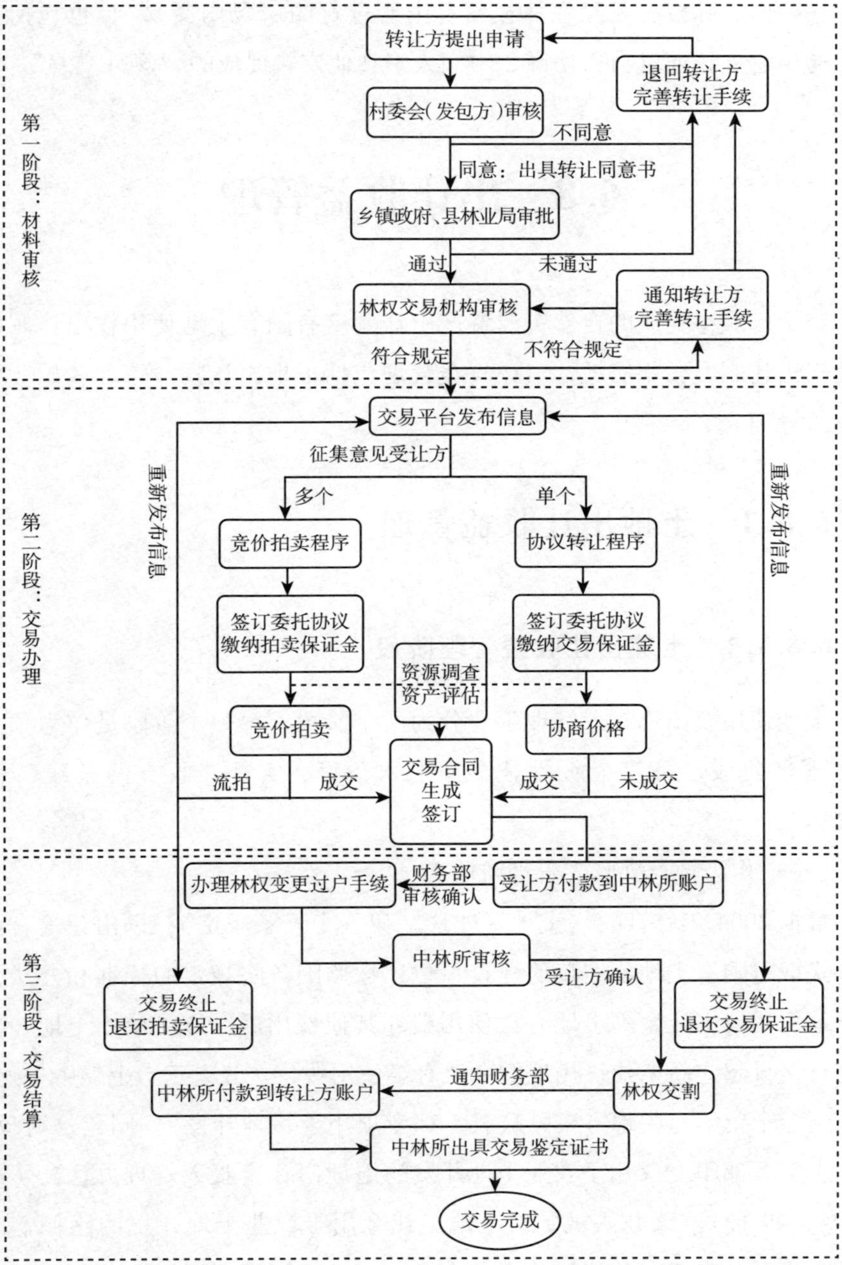

图6.2　中国林业产权交易所集体林权流转业务流程图

实践中，林权交易除在林权交易中心进行的“场内交易”，也包括在林权交易中心外，通过自行协商、中间人等其他方式促成的“场外交易”。

6.8 出让收益管理

鉴于已颁布实施的自然资源资产出让制度有国有土地使用权出让制度和矿业权出让制度，相应地，出让收益管理包括土地出让收益管理和矿业权出让收益管理。

6.8.1 土地出让收益管理

6.8.1.1 土地出让收益管理阶段

土地使用权出让收入管理主要分为两个阶段，第一个阶段是作为预算外收支管理阶段，第二个阶段是全额纳入预算、实行“收支两条线”管理阶段。

（一）作为预算外收支管理阶段

根据2004年修订的《土地管理法》第五十五条规定，“以出让等有偿使用方式取得国有土地使用权的建设单位，按照国务院规定的标准和办法，缴纳土地使用权出让金等土地有偿使用费和其他费用后，方可使用土地。自本法施行之日起，新增建设用地的土地有偿使用费，百分之三十上缴中央财政，百分之七十留给有关地方人民政府，都专项用于耕地开发”。同年，财政部、原国土资源部印发《用于农业土地开发的土地出让金收入管理办法》（财综〔2004〕49号）。该办法规定，土地出让金用于农业土地开发的比例，由各省、自治区、直辖市及计划单列市人民政府根据不同情况，按各市、县不低于土地出让平均纯收益的15%确定。同时，调整了原行政府预算收入科目，将“基金预算收入科目”第 85 类“土地有偿使用收入”下的 850101 项“土地出让金”取消；增设 850103 项“用于农业土地开发的土地出让金”，反映从“土地出让金财政专户”中划入的用于农业土地开发的资金；增设 850104 项“其他土地出让金”，反映从“土地出让金财政专户”中扣除划入农业土地开发资金专账后的土地出让金。

（二）全额纳入预算，实行“收支两条线”阶段

2006 年，国务院办公厅印发《关于规范国有土地使用权出让收支管理的通知》（国办发〔2006〕100 号），要求从 2007 年 1 月 1 日起，土地出让收支全额纳入地方基金预算管理。收入全部缴入地方国库，支出一律通过地方基金预算从土地出让收入中予以安排，实行彻底的“收支两条线”。在地方国库中设立专账，专门核算土地出让收入和支出情况。建立健全年度土地出让收支预决算管理制度。每年第三季度，有关部门要严格按照财政部门规定编制下一年度土地出让收支预算；每年年度终了，有关部门要严格按照财政部门规定编制土地出让收支决算。同时，按照规定程序向同级人民政府报告，政府依法向同级人民代表大会报告。编制年度土地出让收支预算要坚持“以收定支、收支平衡”的原则。土地出让收入预算按照上年土地出让收入情况、年度土地供应计划、地价水平等因素编制；土地出让支出预算根据预计年度土地出让收入情况，按照年度土地征收计划、拆迁计划以及规定的用途、支出范围和支出标准等因素编制；其中，属于政府采购范围的，应当按照规定编制政府采购预算。

6.8.1.2　土地出让金使用管理

根据国办《通知》，2006 年 12 月，财政部、原国土资源部、中国人民银行联合印发了《国有土地使用权出让收支管理办法》（财综〔2006〕68 号）。主要内容如下：

土地出让收入界定。国有土地使用权出让收入是指政府以出让等方式配置国有土地使用权取得的全部土地价款。

土地出让收支管理。土地出让收支全额纳入地方政府基金预算管理。收入全部缴入地方国库，支出一律通过地方政府基金预算从土地出让收入中予以安排，实行彻底的“收支两条线”管理。在地方国库中设立专账（即登记簿），专门核算土地出让收入和支出情况。

土地出让收入使用范围。土地出让收入使用范围包括征地和拆迁补偿支出、土地开发支出、支农支出、城市建设支出以及其他支出。

土地出让收益预算科目设置。为准确反映土地出让收入状况，在《2007年政府收支分类科目》103类“非税收入”01款“政府性基金收入”科目中，分别设立“国有土地使用权出让金收入”、“国有土地收益基金收入”、“农业土地开发资金收入”科目；为规范土地出让支出管理，对《2007年政府收支分类科目》支出功能分类212类“城乡社区事务”08款“国有土地使用权出让金支出”科目进行调整。

6.8.2 矿业权出让收益管理

按照《矿业权出让制度改革方案》，2017年6月29日，财政部、原国土资源部印发了《矿业权出让收益征收管理暂行办法》（财综〔2017〕35号）。主要内容如下：

矿业权出让收益界定。《办法》明确，矿业权出让收益是国家基于自然资源所有权，将探矿权、采矿权出让给探矿权人、采矿权人而依法收取的国有资源有偿使用收入。矿业权出让收益包括探矿权出让收益和采矿权出让收益。

矿业权出让收益征管部门。国务院和省级矿产资源主管部门登记的矿业权，其出让收益由矿业权所在地的省级矿产资源主管部门或其授权的市、县矿产资源主管部门负责征收。其中，矿业权范围跨省级行政区域和在中华人民共和国管辖海域的，由国务院矿产资源主管部门指定的省级矿产资源主管部门负责征收。市、县矿产资源主管部门登记管理的矿业权，其出让收益由市、县矿产资源主管部门负责征收。

矿业权出让收费标准。通过招标、拍卖、挂牌等竞争方式出让矿业权的，矿业权出让收益按招标、拍卖、挂牌的结果确定。通过协议方式出让矿业权的，矿业权出让收益按照评估价值、市场基准价就高确定。市场基准价由地方矿产资源主管部门参照类似市场条件定期制定，经省级人民政府同意后公布执行。

矿业权出让收益分配。矿业权出让收益为中央和地方共享收入，由中央和地方按照 4∶6 的比例分成，纳入一般公共预算管理，地质调查及矿山生态环境修复等相关支出，由同级财政予以保障。地方分成的矿业权出让收益在省（自治区、直辖市）、市、县级之间的分配比例，由省级人民政府确定。

矿业权出让收益预算科目设置。在政府收支分类科目收入分类 103 类“非税收入”07 款“国有资源（资产）有偿使用收入”14 项“矿产资源专项收入”（1030714 项）科目下，增设“探矿权、采矿权出让收益”（103071404 目），中央与地方共用收入科目，反映按《国务院关于印发矿产资源权益金制度改革方案的通知》（国发〔2017〕29 号）征收的矿业权出让收益。2017 年 6 月 30 日前已缴纳的“探矿权、采矿权价款收入”仍在“探矿权、采矿权价款收入”（103071403 目）科目反映。

6.9　储备管理制度

土地储备是指县级（含）以上国土资源主管部门为调控土地市场、促进土地资源合理利用，依法取得土地，组织前期开发、储存以备供应的行为。

6.9.1　土地储备管理

2018 年 1 月 3 日，原国土资源部、财政部、中国人民银行、原中国银行业监督管理委员会联合印发《土地储备管理办法》（国土资规〔2017〕17号），自发布之日起实施，有效期5年。《办法》一是明确了土地储备工作分工。即土地储备工作统一归口国土资源主管部门管理，土地储备机构承担土地储备的具体实施工作。财政部门负责土地储备资金及形成资产的监管；二是要求各地根据城市建设发展和土地市场调控的需要，结合当地社会发展规划、土地储备三年滚动计划、年度土地供应计划、地方政府债务限额等因素，合理制定年度土地储备计划；三是明确了入库储备标准和纳入储备的土地范围；四是确定土地储备资金通过政府预算安排，实行专款专用；五是明确土地储备专项债券资金管理执行财政部、原国土资源部有关地方政府土地储备专项债券管理的规定。

6.9.2 土地储备资金管理

所谓土地储备资金，是指纳入原国土资源部名录管理的土地储备机构按照国家有关规定征收、收购、优先购买、收回土地以及对其进行前期开发等所需的资金。2018年1月17日，财政部、原国土资源部联合印发《土地储备资金财务管理办法》（财综〔2018〕8号），2018年2月1日起施行。该办法规范了土地储备资金财务收支活动：一是土地储备资金实行专款专用、分账核算，并实行预决算管理；二是明确了土地储备资金的来源渠道和使用范围；三是明确了土地储备资金收支预决算及绩效管理；四是细化了土地储备资金政府预算收支分类科目。

6.9.3 土地储备专项债券管理

2017年6月，财政部、原国土资源部印发了《地方政府土地储备专项债券管理办法（试行）》（财预〔2017〕62号），2015年起实施的新预算法（2014年修订）规定，地方政府应当通过发行地方政府债券方式举借债务，除此以外不得以其他任何方式举债。按照预算法要求，财政部、原国土资源部印发《关于规范土地储备和资金管理等相关问题的通知》（财综〔2016〕4号），明确各地不得再向银行业金融机构举借土地储备贷款，土地储备融资需求应当通过省级政府发行地方政府债券方式解决。

《办法》明确提出，土地储备专项债券是地方政府专项债券的一个品种，以项目对应并纳入政府性基金预算管理的国有土地使用权出让收入或国有土地收益基金收入偿还。《办法》强调，发行土地储备专项债券的土地储备项目应当有稳定的预期偿债资金来源，对应的政府性基金收入应当能够保障偿还债券本金和利息，实现项目收益和融资自求平衡。《办法》要求，土地储备专项债券支出应当明确到具体项目，在地方政府债务管理系统中统计，纳入财政支出预算项目库管理。地方各级原国土资源部门应当建立土地储备项目库，项目信息应当包括项目名称、地块区位、储备期限、项目投资计划、收益和融资平衡方案、预期土地出让收入等情况。

《办法》要求，加强债务对应资产管理。加强储备土地的动态监管和日常统计，及时评估储备土地资产价值；加强土地储备资产维护管理，确保土地储备资产保值增值；严格储备土地担保管理，地方政府不得以储备土地为任何单位和个人的债务以任何方式提供担保；土地储备专项债券额度依法不得突破地方政府专项债务限额。建立专项债券与项目资产、收益对应的制度，一要实施债务对应资产统计监测。土地储备机构应当严格储备土地管理，理清土地产权，按照有关规定完成土地登记，加强储备土地的动态监管和日常统计，及时评估储备土地资产价值；二要加强土地储备资产维护管理。地方各级原国土资源部门要履行国有资产运营维护责任，确保土地储备资产保值增值；三要严格储备土地担保管理。依据法律和政策规定，明确地方政府不得以储备土地为任何单位和个人的债务以任何方式提供担保，防止地方政府违法违规使用储备土地资产为融资平台公司等企业债务融资进行抵质押担保。

6.10 产权制度借鉴

在我国，对土地、森林和矿产等自然资源进行资产管理起步较早，并随着实践的发展与改革的不断深入，相关产权制度历经修订，日趋完善。由于土地、森林和矿业资源资产的自然属性不同，管理方式也有所区别，因此形成的产权制度有共性，也有特性，为水资源资产产权制度建设提供了有益的借鉴。

6.10.1 权属界定制度建设

6.10.1.1 建立了所有权与使用权相分离的制度

在土地资源资产管理方面，宪法、民法通则、物权法和土地管理法均明确了土地的所有权分别归国家和集体所有，同时明确了土地的使用权可以依法转让。以法律确立了土地资源资产所有权与使用权相分离的原则，为土地资源资产使用权出让、转让、经营承包和抵押担保提供了制度依据。

在森林资源资产管理方面，宪法和森林法明确规定了森林资源资产的所有权、使用权，同时明确符合规定的林木所有权与林地使用权可依法转让，确立了森林资源资产所有权与使用权相分离的原则，为森林资源资产转让、抵押提供了制度依据。

在矿产资源资产管理方面，根据宪法和矿产资源法，矿产资源属于国家所有，由国务院行使国家对矿产资源的所有权。地表或地下的矿产资源的国家所有权，不因其所依附的土地的所有权或者使用权的不同而改变。也即在我国，矿产资产的所有权人是唯一的，矿产资产仅归国家所有。我国法律同时规定，勘查、开采矿产资源，必须依法分别申请，经批准取得探矿权、采矿权，并办理登记。关于自然资源资产所有权与使用权分离原则体现上，相较于土地和森林资源资产，矿产资源以行政许可落实自然资源有偿使用制度的方式与取水许可方式更为接近。

6.10.1.2　建立了矿业权许可审批与有偿使用制度

矿产资源法规定，勘查、开采矿产资源，必须依法分别申请，经批准取得探矿权、采矿权，并办理登记。未取得许可或超许可范围采矿的，予以责任追究。通过建立探矿权和采矿权的行政许可审批制度，加强了国家对矿产资源开发利用的统筹规划和管控，避免了资源的无序开发与破坏性开发，保护了矿产资源，规范了探矿、采矿行为。

同时，根据矿产资源法及相关配套政策措施，建立探矿权、采矿权有偿取得的制度，开采矿产资源，必须按照国家有关规定缴纳资源税和资源补偿费。通过建立矿产资源的有偿使用制度，引导和激励了提高资源节约集约利用，推动资源利用方式转变，促进提高资源的开发利用效率与效益。

6.10.2　确权登记制度建设

6.10.2.1　建立了所有权及相关财产权确权登记制度

土地管理法规定，一是农民集体所有的土地，由县级人民政府登记造册，核发证书，确认所有权；二是农民集体所有的土地依法用于非农业建设的，由县级人民政府登记造册，核发证书，确认建设用地使用权；三是单位和个人依法使用的国有土地，由县级以上人民政府登记造册，核发证书，确认使用权；其中，中央国家机关使用的国有土地的具体登记发证机关，由国务院确定；四是确认林地、草原的所有权或者使用权，确认水面、滩涂的养殖使用权，分别依照森林法、草原法和渔业法的有关规定办理；五是依法改变土地权属和用途的，应当办理土地变更登记手续；六是依法登记的土地的所有权和使用权受法律保护，任何单位和个人不得侵犯。为落实土地管理法关于土地登记的相关规定，2007 年又颁布实施了《土地登记办法》，将国有土地使用权、集体土地所有权、集体土地使用权和土地抵押权、地役权以及依法需要登记的其他土地权利记载于土地登记薄公示。为统一规范不动产登记管理，整合共享不动产登记信息，2014 年 11 月国务院颁布实施《不动产登记暂行条例》，经过几年的工作衔接，2017 年 12 月，《土地登记办法》废止。土地确权登记制度的建立实施，为土地所有权及与所有权相关的财产权的归属进行了确权，权利人所持有的土地登记证明是法律文书，土地登记证作为权利人的权属证明，为土地资源产权的行使、保护和流转提供了法律保障。

《森林法》明确，国家所有的和集体所有的森林、林木和林地，个人所有的林木和使用的林地，由县级以上地方人民政府登记造册，发放证书，确认所有权或者使用权。国务院可以授权国务院林业主管部门，对国务院确定的国家所有的重点林区的森林、林木和林地登记造册，发放证书，并通知有关地方人民政府。森林、林木、林地的所有者和使用者的合法权益，受法律保护，任何单位和个人不得侵犯。为落实《森林法》，2000 年颁布了《林木与林地权属登记管理办法》，根据该办法，明确所谓林权，为森林、林木和林地的所有权或使用权的简称。该办法细化了林权登记管理内容、程序和要求，同时建立了林权登记档案管理制度。森林资源资产确权登记制度的建立实施，为森林、林木和林地所有权或使用权的归属进行了确权，权利人所持有的林权登记证明是法律文书，林权登记证作为权利人的权属证明，为森林资源产权的行使、保护和流转提供了法律依据，也为林权信息查询提供了依据。

6.10.2.2 建立了矿业权审批登记制度

根据矿产资源法及其配套管理办法，建立了采矿权、探矿权审批登记管理制度，将登记管理作为申请人或中标人取得采矿权、探矿权的前置程序。随着改革的深入，进一步推进矿产资源确权登记管理，探索建立探明储量的矿产资源统一确权登记制度，推动建立归属清晰、权责明确、监管有效的矿产资源资产产权制度，促进矿产资源资产有序流转，严格保护。

6.10.3　产权流转制度建设

6.10.3.1　建立了出让转让制度

在土地资源配置方面，建立了公益性用地无偿划拨和经营性用地有偿出让并行制度。根据《土地法》，1992 年原国家土地管理局印发了《划拨土地使用权管理暂行办法》，明确划拨土地使用权，是指土地使用者通过除出让土地使用权以外的其他各种方式依法取得的国有土地使用权。2001 年，原国土资源部发布《划拨用地目录》，细化了划拨用地范围。《中华人民共和国城镇国有土地使用权出让和转让暂行条例》发布实施，建立了土地资源资产出让制度；《招标拍卖挂牌出让国有建设用地使用权规定》，进一步规范了土地资源资产出让的方式；《国有建设用地使用出让地价评估技术规范》，规范了出让地价评估工作，并确定将评估结果作为土地出让底价。无偿取得划拨用地范围和清单的确定，土地资源资产有偿出让制度的建立，划分了公益性用地和经营性用地：国有土地由政府根据规划和用地计划，统一组织，属于公益性用地的按照《划拨用地目录》实施无偿划拨；属于经营性用地的，按照一定方式进行出让，受让方依法缴纳一定额度的出让金后，办理出让登记，领取出让土地使用证，取得土地使用权；对于公益性用地改经营性用地的，须补交出让金，才能由划拨用地变更为出让用地。国有建设用地使用权无偿划拨和有偿出让是政府配置土地资源的方式；受让方取得出让土地使用权后，该土地使用权的流转由市场配置。政府与市场在土地资源资产配置中边界清晰。《中华人民共和国城镇国有土地使用权出让和转让暂行条例》同时建立了土地使用权转让制度。通过建立发展实体和网络交易平台，为土地使用权转让提供了交易场所；通过建立土地资源资产评估制度，为土地使用权转让提供了交易参考底价。土地使用权转让制度的建立，实现了市场对稀缺资源的配置，通过市场竞价，以价格杠杆调剂土地供求，缓解了土地供求矛盾，提高了土地资源利用效率。同时，政府对土地转让价格进行监管，对不正当竞争或市场失灵进行宏观调控，保障了土地使用权转让市场的良性发展。

在森林资源配置方面，政府与市场配置资源的边界是通过明确可转让的森林资源资产范围来界定的。《森林法》规定，用材林、经济林、薪炭林，用材林、经济林、薪炭林的林地使用权，用材林、经济林、薪炭林的采伐迹地、火烧迹地的林地使用权，以及国务院规定的其他森林、林木和其他林地使用权，可以依法转让，其他森林、林木和其他林地使用权不得转让。可转让林权由市场配置，不可转让的林权由政府配置。《森林法》以此界定了林权配置中政府与市场的边界。

在矿产资源配置方面，矿产资源开发利用也采取了政府配置与市场配置相结合的方式。根据2000年《矿业权出让转让暂行办法》相关规定，探矿权、采矿权作为财产权，统称为矿业权，以此推动实施矿产资源资产出让转让，初步实现矿产资产配置市场化，同时建立了矿业权评估制度。2017年6月《矿业权出让制度改革方案》印发后，全面推行矿业权竞争性出让，推动矿业权出让由市场在资源配置中发挥基础性作用向发挥决定性作用转变。根据《改革方案》，市场配置的不是矿产资源本身，也即不是对物的配置，而是对物的开发利用权利的配置，相对于土地资源出让和森林资源出让而言，矿业权出让的对象不是物，而是一种行为权利。这也是矿业权出让制度改革的创新之处。

自然资源资产出让转让制度的建立划分了资源配置中政府与市场的边界，实现了市场对稀缺资源的配置，提高了自然资源的使用效率，实现了自然资源自身的价值。

6.10.3.2 建立了资产价值评估制度

在土地资源资产管理方面，国有土地使用权出让实践经历了从以协议出让方式为主到以招标、拍卖和挂牌等出让方式为主的过程，土地使用权出让价格也同步经历了从协商定价到以资产评估结果为底价、通过市场竞价最终确定价格的过程。为规范国有土地使用权出让管理，国家先后出台了一系列涉及土地估价的规程规范。2018 年，又颁布实施了《国有建设用地使用权出让地价评估技术规范》。该规范明确，土地使用权出让地价评估，是指土地估价专业评估师按照规定的程序和方法，参照当地正常市场价格水平，评估拟出让宗地土地使用权价格或应当补缴的地价款。开展土地使用权出让地价评估的目的是为出让方通过集体决策确定土地出让底价，或核定应该补缴的地价款提供参考依据。同时，根据不同地块条件和用途，明确了收益还原法、市场比较法、剩余法、成本逼近法以及公示地价系数修正法等评估方法。土地使用权价值评估制度的建立，为土地资源资产交易价格的确定提供了参考，体现了资源自身的经济价值，为规范自然资源资产产权流转、防止国有资产流失提供了经验借鉴。

在森林资源资产管理方面，森林资源资产价值评估制度建设起步较早，在 20 世纪 90 年代，就根据《森林法》，印发实施了《关于森林资源资产产权变动有关问题的规范意见（试行）》和《资产评估操作规范意见（试行）》，明确了森林资源资产评估的适用范围、对象，明确了森林资源资产评估的目的在于“以统一的货币单位，对具有资产属性的森林资源实体以至预算收益进行的评定估算”。对森林资源资产进行实物量核查是实施价值量评估的前提和基础，核查项目主要包括权属、林地或森林类型的数量、质量和空间位置等。操作规范根据森林资源资产、林木资产、林地资产和森林景观资产分别确定了评估方法。为加强森林资源资产评估管理工作，规范评估行为，2006 年又颁布实施了《森林资源资产评估管理暂行规定》，进一步明确应当进行森林资源资产评估的范围，资产评估核准与备案管理，要求“国有森林资源资产占有单位在进行与资产评估相应的经济行为时，应当以核准或备案的资产评估结果为作价参考依据。在产权交易过程中，当交易价低于评估结果的 90% 时，应当暂停交易，在获得产权转让批准机构同意后方可继续交易”。同时规定，“经核准或备案的森林资源资产评估结果有效期为自评估基准日起 1 年”。森林资源资产价值评估制度的建立实施，为森林资源资产交易价格的确定提供了参考，体现了资源自身的经济价值，为规范自然资源资产产权流转、防止国有资产流失提供了经验借鉴。

在矿业权管理方面，从《矿业权出让转让暂行办法》到《矿业权出让制度改革方案》，都坚持了矿业权出让以资产评估结果确定出让底价的这一原则，从而为矿业权出让价值的确定提供了明确的依据，避免了一事一议的博弈与自由裁量，规范了矿业权出让收益的取得。

6.10.3.3 建立了产权交易平台制度

在土地矿产资源资产管理方面，建立了多层级、实体与网络交易场所，为土地使用权与矿业权出让、转让提供了交易平台和信息。土地使用权、矿业权交易场所的建立，规范了土地使用权和矿业权流转程序和要求，为交易双方提供了交易平台，为潜在交易客户提供了交易信息，为政府监管土地、矿业权交易行为创造了条件。交易场所的建立与运营，实现了自然资源资产配置中，市场发挥资源配置决定性作用与政府实施有效监管的有机结合，有力地规范了土地使用权与矿业权流转行为，保障了土地使用权与矿业权流转市场的健康运行。

在森林资源资产管理方面，根据《关于全面推进集体林权制度改革的意见》，各地纷纷成立了林权管理服务中心，为林权管理、林权流转、林权融资提供服务。同时建立了多层级林权交易场所，为林权交易提供了平台和信息。不少地方林权管理服务机构与林权交易所实现了联网，一方面为市场配置资源和林权融资提供交易场所和信息，另一方面为政府实现林权综合管理创造了条件。林权交易场所的建立与运营，实现了自然资源资产配置中，市场发挥资源配置决定性作用与政府实施有效监管的有机结合，有力地规范了林权流转行为。

6.10.4　其他物权制度建设

其他物权制度建设主要为除使用权以外的与所有权相关的用益物权和担保物权制度建设。

6.10.4.1　建立了土地资源资产承包经营权制度

一是根据土地管理法，建立了土地承包经营权制度；二是印发了《关于引导农村土地经营权有序流转发展农业适度规模经营的意见》等，进一步推动土地承包经营权流转，完善了土地承包经营权制度。

土地承包经营权制度是我国土地资源资产所有权与使用权分离原则的重要体现，是解决我国土地所有权相对集中、使用相对分散，在不调整土地所有权的提前下，调动使用者积极性与充分利用有限资源创造价值的一项创造性的制度安排，对于解决稀缺资源所有与使用关系安排十分具有借鉴意义。

6.10.4.2　建立了自然资源资产抵押制度

在土地资源资产管理方面，根据物权法，建筑物和其他土地附着物，建设用地使用权，抵押人依法承包并经发包方同意抵押的荒山、荒沟、荒丘、荒滩等荒地的土地使用权可以抵押。《关于引导农村土地经营权有序流转发展农业适度规模经营的意见》提出，按照全国统一安排，稳步推进土地经营权抵押、担保试点，研究制度统一规范的实施办法，探索建立抵押资源处置机制。《农村集体经营性建设用地使用权抵押贷款管理暂行办法》，进一步规范了土地抵押贷款制度。《地方政府土地储备专项债券管理办法（试行）》提出，各地不得再向银行业金融机构举借土地储备贷款，土地储备融资需求应当通过省级政府发行地方政府债券方式解决。土地储备专项债券是地方政府专项债券的一个品种，以项目对应并纳入政府性基金预算管理的国有土地使用权出让收入或国有土地收益基金收入偿还。上述关于以土地使用权设定抵押、贷款担保或以土地使用权未来收益为担保发行债券等规定，建立并逐步完善了土地资源资产融资制度，为多层次、多角度发挥稀缺资源经济效益、多渠道融资开辟了路径。

在森林资源资产管理方面，2003 年《关于加快林业发展的决定》赋予了林权抵押权能，2013 年《关于林权抵押贷款的实施意见》，进一步规范了林权抵押贷款制度，并取得了一定成效。将林权作为市场生产要素，积极发展林权抵押贷款，提升林权融资能力，从而大幅度降低了林业投资门槛，提升了林业投资竞争力，既多层次、多角度地发挥了稀缺资源经济效益，又为地方林业综合发展开辟渠道筹集了资金。

6.10.5 出让金管理制度建设

在土地资源资产管理方面，通过土地管理法、《用于农业土地开发的土地出让金收入管理办法》以及《关于规范国有土地地使用权出让收支管理的通知》等，逐步建立完善了国有土地使用权出让金管理制度，实现了出让收支管理从预算外管理到全额纳入预算、实行“收支两条线”管理的过程，设立了会计核算科目，规范了出让收入的范围，明确了出让收入使用方向。土地使用权出让金管理制度，规范了土地资源资产产权收益管理，为土地开发利用筹集了资金，为地方政府聚集财力、平衡预算供了有力的支撑，实现了资源→资产→资金的转化。

在矿业权管理方面，通过印发《矿业权出让收益征收管理暂行办法》，规范了矿业权出让收益的征收部门、征收对象、征收标准以及出让收益中央与地方分成比例，设立了会计核算科目。将矿业权出让收益纳入中央与地方一般公用预算管理，补充了公共预算收入，实现了国有资源资产收益中央与地方共享机制，激发了地方矿产资源资产管理的积极性与主动性，有利于推进矿产资源的规范管理与高效利用，有利于实现国有资源的保护性开发。

6.10.6 建立了土地资源资产储备制度

土地储备，是指各级人民政府依照法定程序在批准权限范围内，对通过收回、收购、征用或其他方式取得土地使用权的土地，进行储存或前期开发整理，并向社会提供各类建设用地的行为。土地储备概念来自于国外的Land Banking，类似的表述还有Land Bank、Land Storage、Land Reserve等。1896年，土地储备制度首次在荷兰实行，随后土地储备在世界各地推广应用。土地储备制度的建立实施，通过政府或公共机构预先取得土地进行储备，以备适时供应市场，以达到公共政策目标、抑制投机、平稳地价的目的。2018年初，《土地储备管理办法》颁布实施，其配套政策还有《土地储备资金财务管理办法》、《地方政府土地储备专项债券管理办法》等。土地资源资产储备制度的建立，进一步强化了政府对土地市场调控，进一步促进土地资源合理利用，在政府与市场的共同作用下，推进了我国土地资源资产的科学配置与合理开发利用。

除土地、森林和矿业资源资产产权制度外，我国其他自然资源资产产权制度对于水资源资产产权制度建设也十分具借鉴意义，如《中华人民共和国草原法》和相关配套制度关于"草原经营承包权"的制度安排，如《中华人民共和国海域使用管理法》和相关配套制度关于"海域使用权登记"的制度安排，以及《海域使用权评估技术指引》关于海域使用权评估技术规范等等。

第 7 章

现有水资源资产相关制度

现有水资源资产相关制度，包括已有的关于水资源的法律法规，以及为引导和规范水权交易实践，近年来陆续出台的水权交易管理制度办法，具体分为三个层次：第一个层次是国家层面的法律法规和国务院水行政主管部门规章制度；第二个层次是流域层面的制度办法；第三个层次是地方层面的制度办法。

7.1　国家层面的水资源资产相关制度

国家层面的水资源资产制度建设主要包括法律、行政法规以及国务院水行政主管部门制定的部门规章和制度办法等。主要包括水资源资产产权制度，水资源资产配置和有偿使用制度。

7.1.1　水资源资产相关法律法规

水资源资产相关法律法规主要有宪法、水法、取水许可和水资源费征收管理条例等。

7.1.1.1　宪法中关于水资源资产的相关规定

《中华人民共和国宪法》明确，矿藏、水流、森林、山岭、草原、荒地、滩涂等自然资源，都属于国家所有，即全民所有。国家保障自然资源的合理利用，禁止任何组织或者个人用任何手段侵占或者破坏自然资源。

通过《宪法》，一是明确了我国水资源资产所有权的归属，水资源资产所有权归属是唯一的，即国家所有，也即全民所有；二是明确了水资源资产的开发利用，即国家保护水资源的合理利用；三是明确了水资源资产的保护，即禁止侵占和破坏水资源。

7.1.1.2　水法相关规定

根据《宪法》，1988年出台了《中华人民共和国水法》，此后根据经济社会发展的需要，分别于2002年、2009年和2016年对水法进行了修订与修正。水法重申了水资源资产的所有权归属，同时，对水资源的开发利用和保护进行了细化：

水资源资产所有权归属。水法第三条明确，水资源属于国家所有。水资源的所有权由国务院代表国家行使。同时明确，农村集体经济组织的水塘和由农村集体经济组织修建管理的水库中的水，归各农村集体经济组织使用。

水资源有偿使用与取水许可。水法第七条规定，国家对水资源依法实行取水许可制度和有偿使用制度。国务院水行政主管部门负责全国取水许可制度和水资源有偿使用制度的组织实施；第四十八条规定，直接从江河、湖泊或者地下取用水资源的单位和个人，应当按照国家取水许可制度和水资源有偿使用制度的规定，向水行政主管部门或者流域管理机构申请领取取水许可证，并缴纳水资源费，取得取水权。但是，家庭生活和零星散养、圈养畜禽饮用等少量取水的除外。

水资源配置。水法第四十四条规定，国务院发展计划主管部门和国务院水行政主管部门负责全国水资源的宏观调配；第四十五条规定，调蓄径流和分配水量，应当依据流域规划和水中长期供求规划，以流域为单元制定水量分配方案。跨省、自治区、直辖市的水量分配方案和旱情紧急情况下的水量调度预案，由流域管理机构会同有关省、自治区、直辖市人民政府制订，报国务院或者其授权的部门批准后执行。其他跨行政区域的水量分配方案和旱情紧急情况下的水量调度预案，由共同的上一级人民政府水行政主管部门商有关地方人民政府制订，报本级人民政府批准后执行。水量分配方案和旱情紧急情况下的水量调度预案经批准后，有关地方人民政府必须执行。

通过《水法》，一是确立了水资源资产所有权与使用权相分离原则；二是明确了政府配置水资源的方式，即水资源规划→水量分配→取水许可；三是建立了水资源有偿使用制度，经批准获得取水许可的单位或个人在缴纳水资源费后，取得取水权。

7.1.1.3 取水许可和水资源费征收管理相关规定

根据《水法》，2006 年国务院印发了《取水许可和水资源费征收管理条例》（国务院令第 460 号，2017 年修正），以贯彻落实水法中明确的取水许可和水资源有偿使用制度。

取水许可的含义。取水，是指利用取水工程或者设施直接从江河、湖泊或者地下取用水资源。取用水资源的单位和个人，除法定情形外，都应当申请领取取水许可证，并缴纳水资源费。取水工程或者设施，是指闸、坝、渠道、人工河道、虹吸管、水泵、水井以及水电站等。不需要申请领取取水许可证的几种情形：（一）农村集体经济组织及其成员使用本集体经济组织的水塘、水库中的水的；（二）家庭生活和零星散养、圈养畜禽饮用等少量取水的；（三）为保障矿井等地下工程施工安全和生产安全必须进行临时应急取（排）水的；（四）为消除对公共安全或者公共利益的危害临时应急取水的；（五）为农业抗旱和维护生态与环境必须临时应急取水的。

分级管理权限。县级以上人民政府水行政主管部门按照分级管理权限，负责取水许可制度的组织实施和监督管理。国务院水行政主管部门在国家确定的重要江河、湖泊设立的流域管理机构（以下简称流域管理机构），根据法定和国务院水行政主管部门授权，负责所管辖范围内取水许可制度的组织实施和监督管理。县级以上人民政府水行政主管部门、财政部门和价格主管部门依规和管理权限，负责水资源费的征收、管理和监督。

取水许可审批顺序。取水许可应当首先满足城乡居民生活用水，并兼顾农业、工业、生态与环境用水以及航运等需要。

取水许可的审批依据。实施取水许可必须符合水资源综合规划、流域综合规划、水资源长期供求规划和水功能区划，遵守依照《水法》规定批准的水量分配方案；尚未制定水量分配方案的，应当遵守有关地方人民政府间签订的协议。

取水许可申请。申请取水的单位或者个人（以下简称申请人），应当向具有审批权限的审批机关提出申请。申请书应当包括下列事项：（一）申请人的名称（姓名）、地址；（二）申请理由；（三）取水的起始时间及期限；（四）取水目的、取水量、年内各月的用水量等；（五）水源及取水地点；（六）取水方式、计量方式和节水措施；（七）退水地点和退水中所含主要污染物以及污水处理措施；（八）国务院水行政主管部门规定的其他事项。

取水许可审查。县级以上地方人民政府水行政主管部门或者流域管理机构，应当自收到取水申请之日起 5 个工作日内对申请材料进行审查，并根据下列不同情形分别作出处理：（一）申请材料齐全、符合法定形式、属于本机关受理范围的，予以受理；（二）提交的材料不完备或者申请书内容填注不明的，通知申请人补正；（三）不属于本机关受理范围的，告知申请人向有受理权限的机关提出申请。

取水许可听证。审批机关认为取水涉及社会公共利益需要听证的，应当向社会公告，并举行听证。取水涉及申请人与他人之间重大利害关系的，审批机关在作出是否批准取水申请的决定前，应当告知申请人、利害关系人。申请人、利害关系人要求听证的，审批机关应当组织听证。因取水申请引起争议或者诉讼的，审批机关应当书面通知申请人中止审批程序；争议解决或者诉讼终止后，恢复审批程序。

取水许可审批。取水许可实行分级审批。按照行业用水定额核定的用水量是取水量审批的主要依据。审批机关应当自受理取水申请之日起 45 个工作日内（不包括举行听证和征求有关部门意见所需的时间）决定批准或者不批准。决定批准的，应当同时签发取水申请批准文件。对取用城市规划区地下水的取水申请，审批机关应当征求城市建设主管部门的意见，城市建设主管部门应当自收到征求意见材料之日起 5 个工作日内提出意见并转送取水审批机关。

不批准取水许可告知。审批机关不予批准，并在作出不批准的决定时，书面告知申请人不批准的理由和依据：（一）在地下水禁采区取用地下水的；（二）在取水许可总量已经达到取水许可控制总量的地区增加取水量的；

（三）可能对水功能区水域使用功能造成重大损害的；（四）取水、退水布局不合理的；（五）城市公共供水管网能够满足用水需要时，建设项目自备取水设施取用地下水的；（六）可能对第三者或者社会公共利益产生重大损害的；（七）属于备案项目，未报送备案的；（八）法律、行政法规规定的其他情形。

取水许可证发放。主要有两种情形：一种是直接利用已有的取水工程或者设施取水的，经审批机关审查合格，发给取水许可证；另一种是不能直接利用已有的取水工程或者设施取水，需兴建新的取水工程或者设施，在取水工程或者设施竣工后，申请人应当按照国务院水行政主管部门的规定，向取水审批机关报送取水工程或者设施试运行情况等相关材料；经验收合格的，由审批机关核发取水许可证。

取水许可证内容。（一）取水单位或者个人的名称（姓名）；（二）取水期限；（三）取水量和取水用途；（四）水源类型；（五）取水、退水地点及退水方式、退水量。取水许可证由国务院水行政主管部门统一制作，审批机关核发取水许可证只能收取工本费。

取水许可期限。取水许可证有效期限一般为 5 年，最长不超过 10 年。有效期届满，需要延续的，取水单位或者个人应当在有效期届满 45 日前向原审批机关提出申请，原审批机关应当在有效期届满前，作出是否延续的决定。

取水许可转让。依法获得取水权的单位或者个人，通过调整产品和产业结构、改革工艺、节水等措施节约水资源的，在取水许可的有效期和取水限额内，经原审批机关批准，可以依法有偿转让其节约的水资源，并到原审批机关办理取水权变更手续。具体办法由国务院水行政主管部门制定。

取水许可证注销。连续停止取水满 2 年的，由原审批机关注销取水许可证。由于不可抗力或者进行重大技术改造等原因造成停止取水满 2 年的，经原审批机关同意，可以保留取水许可证。

水资源费征收。根据水资源有偿使用制度，取水单位或者个人应当缴纳水资源费。水资源费征收标准由省、自治区、直辖市人民政府价格主管部门会同同级财政部门、水行政主管部门制定，报本级人民政府批准，并报国务院价格主管部门、财政部门和水行政主管部门备案。

水资源费的使用管理。征收的水资源费应当按照国务院财政部门的规定分别解缴中央和地方国库。征收的水资源费应当全额纳入财政预算，由财政部门按照批准的部门财政预算统筹安排，主要用于水资源的节约、保护和管理，也可以用于水资源的合理开发。

行政处罚。对未经批准擅自取水或者未依照批准的取水许可规定条件取水的、未取得取水申请批准文件擅自建设取水工程或者设施的以及取水单位或者个人拒不缴纳、拖延缴纳或者拖欠水资源费的行为，根据《中华人民共和国水法》相关规定予以行政处罚。

取水许可条例的颁布实施，一是全面落实了取水许可制度和水资源有偿使用制度；二是细化了政府配置水资源的方式、程序和期限等；三是相较于1993年《取水许可制度实施办法》，2006年颁布的条例建立了取水许可转让制度，推动实现了水资源二次配置，这是水资源配置的一次突破，也是促进提高用水效率与效益的有力举措。

7.1.1.4 南水北调工程供用水管理相关规定

2014年，国务院印发了《南水北调工程供用水管理条例》，以规范南水北调东线工程、中线工程的供用水管理。

关于职责分工，《条例》规定，国务院水行政主管部门负责南水北调工程的水量调度、运行管理工作，国务院环境保护主管部门负责南水北调工程的水污染防治工作，国务院其他有关部门在各自职责范围内，负责南水北调工程供用水的有关工作。南水北调工程水源地、调水沿线区域、受水区县级以上地方人民政府负责本行政区域内南水北调工程供用水的有关工作，并将南水北调工程的水质保障、用水管理纳入国民经济和社会发展规划。

关于水量调度，根据《条例》，南水北调工程水量调度遵循节水为先、适度从紧的原则，统筹协调水源地、受水区和调水下游区域用水，加强生态环境保护。南水北调工程水量调度以国务院批准的多年平均调水量和受水区省、直辖市水量分配指标为基本依据。南水北调东线工程水量调度年度为每年 10 月 1 日至次年 9 月 30 日；南水北调中线工程水量调度年度为每年 11 月 1 日至次年 10 月 31 日。南水北调工程受水区省、直辖市人民政府水行政主管部门根据年度可调水量提出年度用水计划建议（年度用水计划建议应当包括年度引水总量建议和月引水量建议）。属于南水北调东线工程受水区的于每年 9 月 20 日前、属于南水北调中线工程受水区的于每年 10 月 20 日前，报送国务院水行政主管部门，并抄送有关流域管理机构和南水北调工程管理单位。

关于调水工程水价，《条例》规定，南水北调工程供水实行由基本水价和计量水价构成的两部制水价，具体供水价格由国务院价格主管部门会同国务院有关部门制定。水费应当及时、足额缴纳，专项用于南水北调工程运行维护和偿还贷款。

关于用水管理，《条例》要求，一是南水北调工程受水区县级以上地方人民政府应当统筹配置南水北调工程供水和当地水资源，逐步替代超采的地下水，严格控制地下水开发利用，改善水生态环境。南水北调工程受水区内地下水超采区禁止新增地下水取用水量。具备水源替代条件的地下水超采区，应当划定为地下水禁采区，禁止取用地下水。南水北调工程受水区禁止新增开采深层承压水。二是南水北调工程受水区县级以上地方人民政府应当以南水北调工程供水替代不适合作为饮用水水源的当地水源，并逐步退还因缺水挤占的农业用水和生态环境用水。三是南水北调工程受水区县级以上地方人民政府应当对本行政区域的年度用水实行总量控制，加强用水定额管理，推广节水技术、设备和设施，提高用水效率和效益。南水北调工程受水区县级以上地方人民政府应当鼓励、引导农民和农业生产经营组织调整农业种植结构，因地制宜减少高耗水作物种植比例，推行节水灌溉方式，促进节水农业发展。四是南水北调工程受水区省、直辖市人民政府应当制订并公布本行政区域内禁止、限制类建设项目名录，淘汰、限制高耗水、高污染的建设项目。

关于节余水量转让，《条例》规定，水量调度年度内南水北调工程受水区省、直辖市用水需求出现重大变化，需要转让年度水量调度计划分配的水量的，由有关省、直辖市人民政府授权的部门或者单位协商签订转让协议，确定转让价格，并将转让协议报送国务院水行政主管部门，抄送南水北调工程管理单位；国务院水行政主管部门和南水北调工程管理单位应当相应调整年度水量调度计划和月度水量调度方案。

《条例》的颁布实施，建立完善了水资源配置工程管理制度，一是建立了远距离调水沿途各地的水量分配制度；二是建立了配置水量节余转让制度；三是建立了水资源配置工程运营维护费用保障制度。

7.1.2 国务院水行政主管部门颁布的相关制度办法

国务院水行政主管部门颁布的相关制度办法是水资源资产国家法律法规的细化和延伸，在水资源资产管理实践中更具有操作性。主要包括水资源资产管理相关制度，取水许可实施相关制度，水资源有偿使用配套制度以及在取水许可基础上，结合水权交易实践研究制定的水权交易相关制度办法等。

7.1.2.1 水资源资产管理相关制度办法

1996 年，原国家国有资产管理局和水利部联合印发了《水利国有资产监督管理暂行办法》(国资产发〔1996〕5 号)，在第四章单独安排一节，就资源性资产管理明确提出要求：

一是明确了水利资源性资产定义。资源性资产是指水利单位根据《中华人民共和国水法》、《中华人民共和国河道管理条例》等国家法律、法规获得，或经过法定程序批准取得和拥有的水资源、水域、岸线、滩地、土地、水工程范围内的砂、石、土料等资产。

二是确立了水利资源性资产开发利用原则。水利单位依法取得的资源性资产，必须注意合理开发、有偿利用、保护资源环境、提高资源质量，确保资源形成、持续、再生、增量、开发的良性状态。

三是建立了水利资源性资产使用权流转制度。水利单位依法取得的资源性资产，按照国家的法律、法规和国有资产管理部门的规定，其使用权可以出让、转出和出租。

四是明确了水利资源性资产收益管理。水利单位依法取得的资源性资产的净收益和依法出让、转出和出租的净收入，应按国家规定上缴水行政主管部门，纳入预算内管理。

《水利国有资产监督管理暂行办法》作为行业国有资产管理规范性文件，首次提出水资源资产使用权的概念，首次提出水资源资产使用权可以出让、转让和出租，同时提出将水资源资产依法出让、转让和出租收益纳入预算管理。该办法的出台是水资源资产管理制度上的创新。但由于上位法的缺失，办法关于水资源资产使用权管理相关规定并没有得到实施。

2009 年，按照国有资产分级管理的基本原则，水利部制定印发了《中央级水利单位国有资产管理暂行办法》（水财务〔2009〕147 号）。该办法承继了 1996 年办法关于水利资源性资产的相关规定，并在第六章“水利资源性国有资产”中，进一步对水利资源性国有资产实物量管理、资产转让、投资和出租管理以及水利资源性资产评估备案管理进行了规定。

一是明确了水利资源性国有资产管理的目标。即建立和完善水利资源性国有资产监管制度，通过规范产权关系和实现价值管理，建立水利资源性国有资产优化配置机制，提高资源性资产使用效益，实现资源性资产的可持续利用。

二是要求建立水利资源性国有资产产权制度。中央级水利单位依法取得的水利资源性国有资产，按照国家的法律、法规和国有资产管理部门的规定，其使用权可以转让、对外投资和出租等。中央级水利单位转让、对外投资和出租水利资源性国有资产使用权，要明确产权主体，经水利部及其他有关部门批准并办理有关手续。

三是要求建立水利资源性国有资产使用权转让评估管理制度。中央级水利单位经批准转让、对外投资和出租水利资源性国有资产使用权，应当委托有相关资质的资产评估机构对水利资源性国有资产进行评估，并将资产评估结果报批准单位备案。

四是要求建立水利资源性国有资产价值量核算制度。中央级水利单位应当根据经备案的资产评估结果对水利资源性国有资产进行价值量核算。

五是重申水利资源性资产使用权收益管理要求。中央级水利单位依法取得转让、对外投资和出租水利资源性国有资产的净收益，应按照规定纳入预算，统一核算、统一管理。

《中央级水利单位国有资产管理暂行办法》重申了《水利国有资产监督管理暂行办法》关于水资源资产使用权出让、转让和出租的相关规定，并进一步提出水资源资产的概念、管理目标和原则，同时提出水资源资产使用权转让、对外投资和出租应当进行资产评估和进行水资源资产价值量核算的要求。相对于《水利国有资产监督管理暂行办法》而言，对水资源资产进行资产评估与价值量核算的提法是《中央级水利单位国有资产管理暂行办法》制度上的创新。实践中，由于上位法的缺失与水资源资产使用权确权登记工作尚未开展，该办法相关规定没有得到落实。

7.1.2.2 水量分配暂行办法

2007 年水利部颁布实施《水量分配暂行办法》(水利部令第 32 号)，该办法为水法和取水许可条例配套实施办法。水法规定，应当依据流域规划和中长期供求规划，以流域为单元制定水量分配方案。取水许可条例规定，实施取水许可必须符合水资源综合规划、流域综合规划、水中长期供求规划和水功能区划，遵守依照《中华人民共和国水法》规定批准的水量分配方案。《取水许可办法》明确，流域内批准取水的总耗水量不得超过国家批准的本流域水资源可利用量。行政区域内批准取水的总水量，不得超过流域管理机构或者上一级水行政主管部门下达的可供本行政区域取用的水量。因此，水量分配是取水许可审批的前提和基础。

所谓水量分配，是对水资源可利用总量或者可分配的水量向行政区域进行逐级分配，确定行政区域生活、生产可消耗的水量份额或者取用水水量份额（以下简称水量份额）。水资源可利用总量包括地表水资源可利用量和地下水资源可开采量，扣除两者的重复量。地表水资源可利用量是指在保护生态与环境和水资源可持续利用的前提下，通过经济合理、技术可行的措施，在当地地表水资源中可供河道外消耗利用的最大水量；地下水资源可开采量是指在可预见的时期内，通过经济合理、技术可行的措施，在不引起生态与环境恶化的条件下，以凿井的方式从地下含水层中获取的可持续利用的水量。可分配的水量是指在水资源开发利用程度已经很高或者水资源丰富的流域和行政区域或者水流条件复杂的河网地区以及其他不适合以水资源可利用总量进行水量分配的流域和行政区域，按照方便管理、利于操作和水资源节约与保护、供需协调的原则，统筹考虑生活、生产和生态与环境用水，确定的用于分配的水量。

根据《水量分配暂行办法》，水量分配应当以水资源综合规划为基础。尚未制定水资源综合规划的，可以在进行水资源及其开发利用的调查评价、供需水预测和供需平衡分析的基础上，进行水量分配试点工作。跨省、自治区、直辖市河流的试点方案，经流域管理机构审查，报水利部批准；省、自治区、直辖市境内河流的试点方案，经流域管理机构审核后，由省级水行政主管部门批准。水资源综合规划制定或者本行政区域的水量份额确定后，试点水量分配方案不符合要求的，应当及时进行调整。省、自治区、直辖市人民政府公布的行业用水定额是本行政区域实施水量分配的重要依据。同时，为满足未来发展用水需求和国家重大发展战略用水需求，根据流域或者行政区域的水资源条件，水量分配方案制订机关可以与有关行政区域人民政府协商预留一定的水量份额。预留水量的管理权限，由水量分配方案批准机关决定。预留水量份额尚未分配前，可以将其相应的水量合理分配到年度水量分配方案和调度计划中。

7.1.2.3 取水许可管理办法

2008年水利部印发《取水许可管理办法》（水利部令第34号发布，2015年、2017年分别进行了修正），该办法为水法和取水许可条例配套实施办法。

一是进一步明确了取水许可制度组织实施和监督管理职责划分。水利部负责全国取水许可制度的组织实施和监督管理。水利部所属流域管理机构（以下简称流域管理机构），依照法律法规和水利部规定的管理权限，负责所管辖范围内取水许可制度的组织实施和监督管理。县级以上地方人民政府水行政主管部门按照省、自治区、直辖市人民政府规定的分级管理权限，负责本行政区域内取水许可制度的组织实施和监督管理。

二是进一步明确了流域与区域取水许可总量控制。流域内批准取水的总耗水量不得超过国家批准的本流域水资源可利用量。行政区域内批准取水的总水量，不得超过流域管理机构或者上一级水行政主管部门下达的可供本行政区域取用的水量。

三是建立了取水许可与排污关联机制。建立取水申请与排污口设置申请关联。申请取水并需要设置入河排污口的，申请人在提出取水申请的同时，应当按照《入河排污口监督管理办法》的有关规定一并提出入河排污口设置申请。

四是建立了流域取水许可登记簿。流域管理机构应当按流域水系分区建立取水许可登记簿，于每年的4月15日前向水利部报送本流域水系分区取水审批情况和取水许可证发放情况。

7.1.2.4 水权制度建设框架

为指导水权交易实践，提供水权交易制度依据和保障，鼓励流域机构和地方创新水权交易制度，2005年1月，水利部颁布了《水权制度建设框架》，明确：水权制度是界定、配置、调整、保护和行使水权，明确政府之间、政府和用水户之间以及用水户之间的权、责、利关系的规则，是从法制、体制、机制等方面对水权进行规范和保障的一系列制度的总称。水权制度体系由水资源所有权制度、水资源使用权制度、水权流转制度三部分内容组成。

（一）水资源所有权制度

水资源所有权制度建设必须坚持国家对水资源实行宏观调控的原则，突出国家的管理职责。主要内容包括如下几个方面：

（1）水资源统一管理制度

明确国家对水资源实行统一管理的内涵。制定国家对水资源实行总量控制和定额管理的管理办法。

（2）全国水资源规划制度

水资源规划是水资源配置、保护、管理和开发利用的基础。编制全国水资源开发利用近期和中长期规划，流域综合规划和水资源规划、水中长期供求规划、水资源配置方案、水功能区划、河流水量分配方案、旱情紧急情况下的水量调度预案等，建立编制水资源配置方案和河流水量分配方案的管理制度。

（3）流域水资源分配的协商机制

包括中央政府调控，流域内各省（直辖市、自治区）政府参加的协商制度。

（4）区域用水矛盾的协调仲裁机制

（5）水资源价值核算制度

包括对水资源的经济、环境和生态价值进行评估的制度，对水资源的调查评价，对水资源可利用量估算，对水资源演变情势分析等制度。

（6）跨流域调水项目的论证和管理制度

（7）水资源管理体制

规范水资源的国家宏观管理体制、流域管理体制和区域水管理体制，规范水资源配置统一决策、监管的体制和机制。

（二）水资源使用权制度

根据水法的有关规定，建立水权分配机制、对各类水使用权分配的规范以及水量分配方案。根据水法对用水实行总量控制和定额管理相结合的制度规定，确定各类用水户的合理用水量，为分配水权奠定基础。水资源使用权制度主要包括以下内容。

（1）水权分配

①建立流域水资源分配机制，制定分配原则，明确分配的条件、机制和程序。重点工作是研究区域水资源额度的界定，包括水资源量的配置额度和水环境容量的配置额度。

②建立用水总量宏观控制指标体系。对各省级区域进行水量分配，进而再向下一级行政区域分配水量，流域机构和区域负责向用水户配置水资源。区域配置的水资源总量不超过区域宏观控制指标，流域内各区域配置的水资源总量不超过流域可配置总量。

③建立用水定额指标体系。合理确定各类用水户的用水量，为向社会用水户分配水权奠定基础。制定各行政区域的行业生产用水和生活用水定额，并以各行各业的用水定额为主要依据核算用水总量，依据宏观控制指标，科学地进行水量分配。

④建立水权的登记及管理制度。对用水户的初始水权进行登记和确认，保证初始水权的基本稳定，并对初始水权的调整、流转和终止进行规范。

⑤制定水权分配的协商制度。建立利益相关者利益表达如听证等机制，实现政府调控和用水户参与相结合的水权分配的协商制度。

⑥建立对各类水使用权分配的规范。建立和完善水能、水温、水体、水面及水运使用权的配置制度，建立健全相关监管制度，规范利用市场机制进行配置的行为。

⑦完善大型用水户和公共取水权的配水机制。建立配水方案制定、调整以及相关用水户参与的相关制度。

⑧建立公共事业用水管理制度，保障救灾、医疗、公共安全以及涉及卫生、生态、环境等突发事件的公共用水。

⑨建立生态用水管理制度，强化生态用水的管理，充分考虑生态环境用

水的需求。

⑩制定干旱期动态配水管理制度、紧急状态用水调度制度。规定特殊条件下水量分配办法，对特殊条件和年份（如干旱年）各类用水水量进行调整和分配。

（2）取水管理

①修订《取水许可制度实施办法》。

②制定取水许可监督管理办法。对取得取水许可的单位和个人进行监督管理，包括对水的使用目的、水质等方面的监督管理。

③制定国际边界河流和国际跨界河流取水许可管理办法。对于向国际边界河流和国际跨界河流申请取水的行为进行许可管理，包括取水限额、取水河段、水质要求等。

④制定取水权终止管理规定，明确规定取水权的使用期限和终止时间。

⑤建立健全水资源有偿使用制度，尽快出台全国水资源费征收管理法规。为了进一步规范水资源费的征收和管理，应制定出台全国性的水资源费征收管理的法规，各地据此修订地方水资源费的征收和管理实施办法。

（3）水资源和水环境保护

建立水权制度的核心之一是提高用水效率和效益、有效保护水资源。应尽快完善水资源节约和保护制度，建设节水防污型社会。

①制定全国节约用水管理法律法规，建立节水型社会指标体系。

②保护水环境，加强提高水环境承载能力的制度建设。完善环境影响评价制度、水功能区划管理及保护制度，建立并实施生态用水和河道基流保障制度以及区域水环境容量分配制度。

③完善控制排污的制度。依据有关法律法规，建立和完善排污浓度控制与总量控制相结合的制度、边界断面水质监测制度、入河排污口管理制度、污染事件责任追究制度、污染限期治理制度、排污行为现场检查制度以及其他各项排污管理制度。

④完善地下水管理及保护制度。为保护地下水资源，要充分考虑代际公

平原则，不能破坏地下水平衡。要完善地下水水位和水质监测、开采总量控制、限采区和禁采区的划定及管理、超采区地下水回补等方面的制度。

（4）权利保护

根据国家有关物权的法律法规，规范政府和用户、用户和用户间的关系，维护国家权益，保护水权拥有者权利。

（三）水权流转制度

水权流转即水资源使用权的流转，目前主要为取水权的流转。水权流转不是目的，而是利用市场机制对水资源优化配置的经济手段，由于与市场行为有关，它的实施必须有配套的政策法规予以保障。水权流转制度包括水权转让资格审定、水权转让的程序及审批、水权转让的公告制度、水权转让的利益补偿机制以及水市场的监管制度等。影响范围和程度较小的商品水交易更多地由市场主体自主安排，政府进行市场秩序的监管。

（1）水权转让方面

①制定水权转让管理办法。对水权转让的条件、审批程序、权益和责任转移以及对水权转让与其他市场行为关系的规定，包括不同类别水权的范围、转让条件和程序、内容、方式、期限、水权计量方法、水权交易规则和交易价格、审批部门等方面的规定。

②规范水权转让合同文本。统一水权转让合同文本格式和内容。

③建立水权转让协商制度。水权转让是水权持有者之间的一种市场行为，需要建立政府主导下的民主协商机制。政府是水权转让的监管者。

④建立水权转让第三方利益补偿制度。明确水权转让对周边地区、其他用水户及环境等造成的影响进行评估、补偿的办法。

⑤实行水权转让公告制度。水权转让主体对自己拥有的多余水权进行公告，有利于水权转让的公开、公平和效率的提高，公告制度要规定公告的时间、水量水质、期限、公告方式、转让条件等内容。

（2）水市场建设方面

水市场是通过市场交换取得水权的机制或场所。水市场的建立需要有法律法规的保障。在我国，水市场还是新生事物，需要进一步发展和培育。水市场的发展需要相应的法律、法规和政策的支持、约束和规范。

①国家出台水市场建设指导意见。明确水市场建设、运行和管理的机构，建立水市场运行规则和相关管理、仲裁机制以及包括价格监管等交易行为监管机制。

②探索水银行机制。借鉴国外经验，用银行机制对水权进行市场化配置。探索建立水银行，制定水银行试行办法，通过水银行调蓄、流转水权。

该制度建设框架为水权制度建设提供了方向，制度建设框架印发后，各级政府、研究机构、供用水组织等进行了一系列制度建设的实践与探索，推动了水权制度建设发展。

7.1.2.5 水权交易办法

2016年，水利部印发《水权交易管理暂行办法》，具体指导水权交易管理。

一是明确了水权内容。水权包括水资源的所有权和使用权。

二是明确了水权交易内涵。水权交易，是指在合理界定和分配水资源使用权基础上，通过市场机制实现水资源使用权在地区间、流域间、流域上下游、行业间、用水户间流转的行为。

三是明确了水权交易主要形式。按照确权类型、交易主体和范围划分，水权交易主要包括三种形式：

区域水权交易：以县级以上地方人民政府或者其授权的部门、单位为主体，以用水总量控制指标和江河水量分配指标范围内结余水量为标的，在位于同一流域或者位于不同流域但具备调水条件的行政区域之间开展的水权交易。

取水权交易：获得取水权的单位或者个人（包括除城镇公共供水企业外的工业、农业、服务业取水权人），通过调整产品和产业结构、改革工艺、节水等措施节约水资源的，在取水许可有效期和取水限额内向符合条件的其他单位或者个人有偿转让相应取水权的水权交易。

灌溉用水户水权交易：已明确用水权益的灌溉用水户或者用水组织之间的水权交易。

四是明确了水权交易监管部门。国务院水行政主管部门负责全国水权交易的监督管理，其所属流域管理机构依照法律法规和国务院水行政主管部门授权，负责所管辖范围内水权交易的监督管理。县级以上地方人民政府水行政主管部门负责本行政区域内水权交易的监督管理。

五是规范了水权交易条件。开展水权交易，用以交易的水权应当已经通过水量分配方案、取水许可、县级以上地方人民政府或者其授权的水行政主管部门确认，并具备相应的工程条件和计量监测能力。

六是明确了入场交易要求。水权交易一般应当通过水权交易平台进行，也可以在转让方与受让方之间直接进行。区域水权交易或者交易量较大的取水权交易，应当通过水权交易平台进行。所谓水权交易平台，是指依法设立，为水权交易各方提供相关交易服务的场所或者机构。

七是规定了水权交易价格。区域水权交易价格，交易各方一般应当以水权交易平台或者其他具备相应能力的机构评估价为基准价格，进行协商定价或者竞价；也可以直接协商定价。取水权交易价格，交易价格根据补偿节约水资源成本、合理收益的原则，综合考虑节水投资、计量监测设施费用等因素确定。灌溉用水户水权交易价格由转让方与受让方平等协商确定。

八是规范了水权交易管理。区域水权交易实施备案管理。取水权交易实施取水许可变更。灌溉用水户水权交易期限不超过一年的，不需审批，由转让方与受让方平等协商，自主开展；交易期限超过一年的，事前报灌区管理单位或者县级以上地方人民政府水行政主管部门备案。

该办法的印发，有力地指导和推动了水权交易实践，保障了水权交易平台的规范运营。但是，由于水资源价值评估管理相关制度与技术规范尚未出台，实践中，水权交易价格多根据补偿成本 + 合理收益进行协商定价，没有实现在评估确定交易底价的基础上进行市场竞价。水权交易促进了水资源资产流转，但没有通过市场配置资源体现水资源稀缺价值。从这一角度分析，水权交易行为还不是纯粹的市场行为，市场在水资源资产配置中尚未发挥决定性作用。

7.1.2.6　水利工程供水价格管理相关规定

根据《中华人民共和国水法》和《中华人民共和国价格法》的有关规定，2003 年国家发改委、水利部联合印发了《水利工程供水价格管理办法》（中华人民共和国国家发展和改革委员会、中华人民共和国水利部令第 4 号），自 2004 年 1 月 1 日起施行。自《水利工程供水价格管理办法》施行之日起，原国务院发布的《水利工程水费核订、计收和管理办法》（国发〔1985〕94 号）同时废止。该办法的主要内容如下：

一是明确了水利工程供水价格的定义。水利工程供水价格，是指供水经营者通过拦、蓄、引、提等水利工程设施销售给用户的天然水价格。

二是明确了水利工程供水价格的构成。水利工程供水价格由供水生产成本、费用、利润和税金构成。供水生产成本是指正常供水生产过程中发生的直接工资、直接材料费、其他直接支出以及固定资产折旧费、修理费、水资源费等制造费用。供水生产费用是指为组织和管理供水生产经营而发生的合理销售费用、管理费用和财务费用。利润是指供水经营者从事正常供水生产经营获得的合理收益，按净资产利润率核定。税金是指供水经营者按国家税法规定应该缴纳，并可计入水价的税金。

三是明确水利工程供水价格实行政府指导价或政府定价。水利工程供水价格采取统一政策、分级管理方式，区分不同情况实行政府指导价或政府定价。政府鼓励发展的民办民营水利工程供水价格，实行政府指导价；其他水利工程供水价格实行政府定价。列入价格听证目录的水利工程供水价格，在制定或调整价格时应实行价格听证，充分听取有关方面的意见。

四是明确水利工程供水实行分类定价。水利工程供水价格按供水对象分为农业用水价格和非农业用水价格。农业用水是指由水利工程直接供应的粮食作物、经济作物用水和水产养殖用水；农业用水价格按补偿供水生产成本、费用的原则核定，不计利润和税金。非农业用水是指由水利工程直接供应的工业、自来水厂、水力发电和其他用水；非农业用水价格在补偿供水生产成本、费用和依法计税的基础上，按供水净资产计提利润，利润率按国内商业银行长期贷款利率加2至3个百分点确定。

五是明确水利工程供水应逐步推行基本水价和计量水价相结合的两部制水价。基本水价按补偿供水直接工资、管理费用和50%的折旧费、修理费的原则核定。计量水价按补偿基本水价以外的水资源费、材料费等其他成本、费用以及计入规定利润和税金的原则核定。

六是建立供水用合同管理制度。供水经营者与用水户应根据国家有关法律、法规和水价政策，签订供用水合同。除无法抗拒的自然因素外，供水经营者未按合同规定正常供水，造成用水户损失的，应当承担损害赔偿责任。用水户应当按照国家有关规定及时交付水费。用水户逾期不交付水费的，应当按照规定支付违约金。用水户在合理期限内经催告仍不交付水费和违约金的，供水经营者可以按照国家规定的程序中止供水。

该办法的印发实施，实现了水费从行政事业性收费到商品价格的重大转变，也即实现了从“费”到“价”的转变，第一次从法律层面确立了水的商品属性。

7.1.2.7 水资源费改税制度

2016年5月9日，财政部、国家税务总局、水利部联合印发了《水资源税改革试点暂行办法》(财税〔2016〕55号)，自2016年7月1日起，将河北省作为全国唯一的试点省份，启动水资源税改革。河北省开征水资源税后，将水资源费征收标准降为零，通过“清费立税”，以税收杠杆调节社会用水需求，改变河北省地下水超采局面。

一是确定了水资源税纳税人。利用取水工程或者设施直接从江河、湖泊(含水库)和地下取用地表水、地下水的单位和个人，为水资源税纳税人。

纳税人应按《中华人民共和国水法》、《取水许可和水资源费征收管理条例》等规定申领取水许可证。

二是确定了水资源税的征税对象。征税对象为地表水和地下水。地表水是陆地表面上动态水和静态水的总称，包括江、河、湖泊（含水库）、雪山融水等水资源。地下水是埋藏在地表以下各种形式的水资源。

三是规定了水资源税计征方法。水资源税实行从量计征。应纳税额计算公式：应纳税额 = 取水口所在地税额标准 × 实际取用水量。

四是确定了水资源税税额标准。按地表水和地下水分类确定水资源税适用税额标准。地表水分为农业、工商业、城镇公共供水、水力发电、火力发电贯流式、特种行业及其他取用地表水。地下水分为农业、工商业、城镇公共供水、特种行业及其他取用地下水。特种行业取用水包括洗车、洗浴、高尔夫球场、滑雪场等取用水。

五是明确了从高制定税额标准和从低制定税额标准的情形。对取用地下水从高制定税额标准，超采地区的地下水水资源税额标准要高于非超采地区，对特种行业取用水从高制定税额标准，对超计划或者超定额取用水从高制定税额标准。对超过规定限额的农业生产取用水，以及主要供农村人口生活用水的集中式饮水工程取用水，从低制定税额标准；对企业回收利用的采矿排水（疏干排水）和地温空调回用水，从低制定税额标准。

六是明确了水资源税征收部门。明确税务机关为水资源税征收部门。建立了地方税务机关与水行政主管部门协作征税机制。

河北省是全国唯一没有大江大河过境的省份，省人均水资源量和亩均水资源量仅为全国平均水平的 1/7 左右。作为一个缺水大省，河北的经济社会发展不得不长期依靠超采地下水来维持。长期大量超采地下水，导致河北省地下水资源枯竭，形成大面积地面沉降。河北省水资源税改革推进以来，试点成效逐步显现，初步实现了预期目标。引导节约用水的调控作用日趋显现，社会用水意识普遍增强。根据测算，改革后，河北省内企业取用地下水与地表水的税负相差 4 倍，非超采区、一般超采区和严重超采区地下水每立方米水担负的税额分别为1.58元、2.5元和3.97元。差别化税率有效引导了企业调整用水结构，转变用水方式，提高用水效率。根据河北省对526家企业的问卷调查显示，25.1%的企业在改革试点后增加了新的节水设施，30.42%的企业计划新增节水设备投资。2016年全省总用水量比2015年减少4.6亿吨。①

根据河北省水资源税改革试点工作进展情况，2017年11月24日，财政部、税务总局、水利部联合发布了《扩大水资源税改革试点实施办法》（财税〔2017〕80号），自2017年12月1日起在北京、天津、山西、内蒙古、山东、河南、四川、陕西、宁夏等9个省（自治区、直辖市）扩大水资源税改革试点。方案明确，试点省份开征水资源税后，应当将水资源费征收标准降为零。水资源税改革试点期间，水资源税收入全部归试点省份，水行政主管部门相关经费支出由同级财政预算统筹安排和保障。

7.2 流域层面水资源资产相关制度

流域层面水资源资产相关制度建设主要围绕两个方面：一是细化落实取水许可和水资源费制度；二是在取水许可制度基础上建立水权交易制度。

水利部长江水利委员会、海河水利委员会、松辽水利委员会等先后印发实施了《取水许可和水资源费征收管理条例》实施细则，珠江水利委员会印发实施了《取水许可申请审批和水资源论证报告书审查规定（试行）》，贯彻落实取水许可条例，履行流域机构职责。

总结宁蒙工农业产业间水权转换实践经验，根据水利部《关于内蒙古宁夏黄河干流水权转换试点工作的指导意见》等规定，2009年，水利部黄河水利委员会印发了《黄河水权转让管理实施办法》，对黄河流域水权转让进行全面指导和规范。2004年颁发的《黄河水权转换管理实施办法（试行）》同

---

① 河北水资源税改革试点一周年：税收杠杆撬动绿色节水增效，金晨，2017年08月28日11：55，来源：人民网。

时废止。该办法主要内容如下：

一是明确了黄河流域水权转让的内涵。即水权转让是指黄河取水权的转让。

二是规定了应当进行水权转让的情形。《办法》明确，出现下列情形之一的，应进行水权转让：①引黄耗水量连续两年超过年度水量调度分配指标，且超出幅度在 5% 以内的省（区），需新增项目用水的；②与黄河可供水量分配方案相比，取水许可无余留水量指标的省（区），需新增项目用水的；③与省（区）人民政府批准的黄河取水许可总量控制指标细化方案相比，市（地、盟）无余留水量指标的行政区域，需新增项目用水的。

三是设定了水权转让的前置条件。实施水权转让的省（区）应编制黄河水权转让总体规划。

四是明确了水权转让的出让方。水权出让方必须是依法获得黄河取水权并在一定期限内通过工程节水措施或改变用水工艺拥有节余水量的取水人，取水工程管理单位和用水管理单位不一致的，以用水管理单位为主作为水权出让方。

五是确立了水权转让原则。即总量控制原则，水权明晰原则，统一调度原则，可持续利用原则以及政府监管和市场调节相结合的原则等五项原则。

六是规范了水权转让审批及备案程序。即申请→审核→批复→水权转让出让方与受让方签订协议→备案管理。

七是规定了水权转让期限。黄河水权转让期限原则上不超过二十五年。水权转让期满，受让方需继续取水的，应重新办理水权转让手续。受让方不再取水的，水权返还出让方，取水许可审批机关重新调整出让方取水许可水量。

八是明确了水权转让费用内容。水权转让总费用应包括：①节水工程建设费用，包括节水工艺技术改造、节水主体工程及配套工程、量水设施等建设费用；②节水工程和量水设施的运行维护费用（按国家有关规定执行）；③节水工程的更新改造费用（指节水工程的设计使用期限短于水权转让期限时需重新建设的费用）；④工业供水因保证率较高致使农业损失的补偿；

⑤必要的经济利益补偿和生态补偿。经济利益补偿和生态补偿可参照有关标准或由双方协商确定。生态补偿费用应包括对灌区地下水及生态环境监测评估和必要的生态补偿及修复等费用；⑥依照国家规定的其他费用。

《黄河水权转让管理实施办法》是对《取水许可和水资源费征收管理条例》第二十七条“依法获得取水权的单位或者个人，通过调整产品和产业结构、改革工艺、节水等措施节约水资源的，在取水许可的有效期和取水限额内，经原审批机关批准，可以依法有偿转让其节约的水资源，并到原审批机关办理取水权变更手续，具体办法由国务院水行政主管部门制定”。这一规定的细化与落实，为取水许可转让提供了具体的可操作的制度依据。同时，该办法也突破了取水许可条例的相关规定。如对取水许可期限和取水许可转让的规定。条例明确，取水许可证有效期限一般为5年，最长不超过10年，取水许可转让应当在取水许可的有效期和取水限额内经审批依法转让水资源；办法规定水权转让为取水权转让，水权转让期限原则上不超过25年。

7.3 地方水资源资产相关制度

为解决当地水资源短缺矛盾，保障区域经济社会的可持续发展，各地纷纷在水权交易探索实践的基础上，制定出台了初始水权分配方案、水权确权登记、水市场建设等一系列制度办法，规范和引导了水权交易，为促进节水、提高用水效率和效益起到了积极的推动作用。

7.3.1 县级初始水权分配方案

宁夏回族自治区干旱少雨，水资源严重匮乏，多年平均降水量仅289毫米，计入国家分配的40亿立方米黄河水资源，可利用水资源总量只有41.5亿立方米，人均占有量687立方米，为全国平均水平的1/3，经济社会发展完全依赖于限量分配的黄河过境水。近年来，随着经济社会的加快发展，供水、水资源总量与发展需求、生产用水和生态用水之间矛盾日渐突出，水资源短缺已经成为制约宁夏跨越式发展最大的瓶颈。为贯彻落实国家水权制度建设要求，建立完善水权制度体系，加快自治区节水型社会建设，实现黄河水资源合理配置，支撑经济社会又好又快发展，2009年，宁夏回族自治区印发了《黄河水资源县级初始水权分配方案》。

一是明确了宁夏水权分配的指导思想。坚持以科学发展观为指导，紧紧围绕保障自治区跨越式发展和全面建设小康社会的宏伟目标，按照水权约束、总量控制、定额管理、丰增枯减的原则，促进水资源的合理开发、优化配置、高效利用和有效保护，促进区域生活、生产、生态协调发展，实现水资源的可持续利用，保障经济社会可持续发展。

二是明确了水权分配依据。①《中华人民共和国水法》；②国务院《关于进一步加快宁夏经济社会发展的若干意见》（国发〔2008〕29号）；③水利部黄河水利委员会《关于宁夏回族自治区黄河水资源初始水权分配方案的复函》（黄水调〔2004〕31号）；④《黄河流域（片）水资源综合规划》；⑤《自治区人民政府关于宁夏黄河水资源初始水权分配方案的批复》（宁政函〔2005〕12号）；⑥《宁夏国民经济发展"十一五"规划纲要》；⑦《宁夏水利发展"十一五"规划》；⑧《宁夏水资源综合规划》。

三是确立了水权分配原则。根据引用黄河水资源状况，体现水资源国家所有，充分考虑各业用水的历史、现状和未来，坚持基本用水优先、公平与效率兼顾的总体方针，遵循以下基本原则：①水资源统一管理和可持续利用的原则；②生活用水优先和兼顾各业用水的原则；③公正、公平和需求优先次序原则；④总量控制和定额管理相结合的原则。

四是规定了水权分配方法。即以国务院1987年分水方案为基础，明确各市、县（区）初始水权，同时保留了在建和批复续建项目的水权。

五是明确了分类水权分配方案。在现状生活、工业、农业（含生态）年用水比例为0.4∶1.6∶98.0的基础上，通过实施灌区续建配套、种植结构调整、推广农业节水灌溉技术等综合节水措施，将生活、工业、农业用水比例调整为2.8∶6.0∶91.2。同时以列表方式细化了各市、县（区）水权分配方案。

六是明确了水权分配方案实施保障措施。①年度实际分配的县级初始水权指标应依据“丰增枯减”的原则确定；②将县级初始水权指标转换为年度引、用水指标进行适时调度；③实施区域、行业之间的初始水权调剂。初始水权在地级市行政区内总量不变，农业用水之间以及农业与生态用水可以在本区域内相互调剂；不同行政区域之间的水量调整和区域内新增工业用水，需由自治区水利厅组织通过水权转换有偿使用机制进行调整。

宁夏《黄河水资源县级初始水权分配方案》的印发，改变了“以需定供”的水资源供给模式，推动了“以水定需”“以水定产”，遏制了不合理的水资源开发利用行为，保障了当地资源、社会、经济均衡发展。

7.3.2 水权确权登记办法

为了建立水权交易制度，培育水权交易市场，运用市场机制优化配置水资源，促进水资源节约保护和高效利用，结合水权交易试点工作要求，2017年，陕西省制定印发了《水权确权登记办法》。明确了以下事项：

一是明确了确权登记的对象是水资源使用权。办法明确，水权确权是指科学合理地将县（市、区）域内可持续利用的水资源量分配给取用水户，对水资源使用权进行确权登记。

二是确立了水权确权的原则。水权确权按照政府主导、公众参与、红线控制、留有余地、公开公正、分类实施、积极稳妥的原则进行。

三是明确了水量分配原则。水量分配遵循生活用水优先、统筹生产和生态用水的原则。生活用水量，根据区域用水人口和用水定额进行核定。农业用水量，根据不同频率的典型年份来水状况、近三年耕地灌溉面积、灌溉水量、灌溉定额、灌溉水利用系数、作物种植结构等核定。工业用水量，根据设计产能、用水定额、水平衡测试成果及近三年实际用水量等核定。生态环境用水量，根据环境卫生、市政绿化、生态景观等近三年平均用水量及用水定额核定。

四是规范了水权确权登记形式。生活、工业、生态环境用水以取水许可的形式对各用水户进行确权登记。农业用水根据耕地面积，按以地定水、水随地走、分水到户对用水户进行确权登记，核发水权证。水权证应载明用水户的最大用水量、水源类型、取水地点、取水方式、有效期等。

五是明确了水权证期限。水权证有效期一般为三年。

陕西《水权确权登记办法》明确了确权登记的对象是“水资源使用权”，不是取水权、引水权，而是与水资源所有权相分离的水资源使用权，从而明确了“水权”的内涵，即水资源的使用权；明确了“水权交易”的客体，也即水资源的使用权。

7.3.3　水权水市场建设相关制度

2011 年，甘肃省武威市人民政府印发了《关于水权水市场建设的指导意见》，以进一步推进水权制度建设，规范水权转让行为：

一是明确了水权转让指导思想。认真贯彻党的十七大、十七届五中全会精神，以科学发展观为指导，以《中华人民共和国水法》等法律政策为依据。以提高水资源利用率和效益为核心，建立健全各级水权交易平台，制定水权交易规则等制度，培育和强化公众节水意识，促进经济结构调整，形成水资源高效利用的节水型社会。

二是确立了水权转让基本原则。即坚持依法交易的原则；坚持促进节水的原则；坚持政府监控与市场调节相结合的原则；坚持自愿、平等、有偿的原则；坚持有偿转让和合理补偿的原则以及坚持以水调结构的原则。明确要求水权交易要由低效行业向高效行业、高耗水行业向低耗水行业流通，从而促进经济结构和种植结构的优化调整和科学布局，实现水资源的二次优化配置和效益最大化。

三是确定了水权交易的范围。以节水和水资源高效利用为最终目的，对各行业用水和不同用途水权按照鼓励、限制等办法分类管理。①鼓励交易的范围。鼓励农业向农业、农业向工业或其他非农行业、工业向工业、非农行业向非农行业的水权流通；②限制交易的范围。为生态分配的水权不得转让；非农产业水权不得改变用水性质向低效产业转让；对公共利益、生态环境或第三者利益可能造成重大影响的不得转让；不得向限制发展的产业转让。

四是建立水权交易平台。要求市、县区水务局、水管处（所、站）、用水户协会、用水小组，层层搭建有形交易平台，办理辖区水权交易手续、上报和发布供求信息、发布水权交易指导价格、建立水权交易台帐、出具初始水权和交易水权证明等，为水权交易提供便捷、高效、及时的服务。在市、县区政府政务网或水务网上建立水权交易管理网络平台，并积极探索建立一站式交易平台，建立快捷方便的交易机制，逐步探索市场化有形交易平台，适当收取中介费用，代办各种交易手续。

五是确定了基本水权和基本水价。①基本水权。水资源所有权属国家所有，用水户的基本水权是指用水户获得水资源的使用权，以 2011 年县区水资源配置和水权分配方案确定，有效期暂定为二十年。②基本水价。以政府价格部门核定的水资源费和水费价格为基本水价。水权交易必须以用水行业的基本水价为底价。

六是明确了水权交易的形式。①买卖。买卖是指供需双方已有对象，交易双方可自主交易、自主议价、自主结算，并按水权交易程序到双方水权共同所在的交易平台办理水权转让手续。②寄售。寄售是指用水户有意出售水权，但没有合适购买对象，可向水权所在交易平台委托出售，费用由各交易平台代收代付，本平台不能出售时，及时向上一级交易平台报送信息。③预购。预购是指用水户有意购买水权，但没有合适的出售对象，可向水权所在交易平台提出预购。本平台不能满足时，及时向上一级交易平台报送信息。最终不能满足需求时，及时向用水户告知结果。④兑换。兑换是指地表水用水户根据用水需求，自愿和其他用水户协商，以自已本轮次水权兑换他人下轮次水权，地下水用水户在总量控制开采范围内也可采用兑换方式交易。⑤回购。回购是指用水户富余水权最终不能交易时，由县区政府根据有关规定，按基本水价的 120% 收回。⑥寄存。地下水可以探索水银行机制，用水户将暂不使用的水权寄存，根据需求灵活使用。⑦拍卖。对有多个申请购买水权的，水行政主管部门可组织招标、拍卖。⑧其他。用水户在不违背节水和公平的前提下，探索多种多样的交易方式。

七是规定了水权交易的程序。①小组内交易。小组内用水户水权交易，双方自主协商，自主议价，自主结算，由小组水权交易平台登记办理水权转让手续，并计入水权交易台账。②小组间交易。协会内小组间用水户水权交易，双方自主协商，自主议价，自主结算，凭小组出据的水权证明，由协会交易平台登记办理水权转让手续。③渠系内交易。水量在 200 ~ 1 000 立方米（含 1 000 立方米）之内的水权进行交易时，用水户双方向所在地用水户协会提出申请，经协会同意报水管站（所）备案后进行交易。水量在 200 立方米（含 200 立方米）以内的水权进行交易时，经用水户协会同意后进行交易。④协会间交易。交易水量在 1 000 立方米 ~ 100 000 立方米的，由协会双方向所在地水管站（所）提出申请，经水管站（所）审查同意报灌区审核备案后进行交易。⑤灌区间交易。交易水量在 50 万立方米以上，由灌区提出初审意见报县区水务局同意，市水务局批准后进行交易。交易水量在 50 万立方米以下（含 50 万立方米）的，由灌区同意报县区水务局备案后进行交易。⑥县区间交易。交易水量由双方协商，经市水务局审核，报市政府批准后进行交易。⑦行业间交易。农业用水改变用途向工业或非农业出售水权，双方可自主协商，也可委托交易平台，经水管部门备案后进行交易。

甘肃武威《关于水权水市场建设的指导意见》创新了水权交易形式，以灵活多样的交易方式满足潜在用水户的不同需求。尤其是引入了招标、拍卖等竞价交易形式，能够更加直观地反映出水资源的市场供求关系。

7.4 水资源资产制度建设成果

随着经济社会发展对水资源管理要求的不断增多，随着水资源管理科学技术手段的提升，水资源管理的能力和水平不断提升，同时结合新时期水资源管理新问题的产生和解决路径的探索，水资源资产管理制度不断发展、完善。近年来，水资源资产制度建设在国家指导和实践探索过程中不断发展完善，取得了丰硕的成果，为进一步建立健全水资源资产产权制度积累了经验，奠定了基础，准备了条件。

一是始终坚持了水资源国家所有的所有权制度。从宪法、水法到取水许可条例的出台实施，虽然随着时代的变迁和经济社会发展的需求变化而历经修订完善，但始终坚持了水资源资产国家所有的所有权制度，并在国家所有的所有权制度基础上建立了取水许可和有偿使用水资源的制度。

二是建立完善了取水许可制度。建立了取水许可制度，实现了水资源资产所有权与使用权分离。国有资产实行所有权与使用权相分离的原则。区分不同性质和种类的国有资产，其所有权与使用权相分离的具体安排各不相同。如经营性国有资产所有权归属于国家，使用权归属于占有国有资产的各类企业；非经营性国有资产所有权归属于国家，使用权归属于占有国有资产的行政单位和各类事业单位；国有建设用地所有权归属于国家，使用权通过出让方式归属于通过招拍挂取得出让土地使用权的社会经济组织，等等。一直以来，水资源由于其之于人们生活与生产的不可或缺性，由国家统一配置，以水资源规划和水量分配为基础，通过行政许可的方式，由经批准获得取水许可的单位和个人获得取水权。其中，水资源资产使用人直接取水的，在获得取水权的同时取得水资源资产使用权；对于通过取水单位取得水资源资产使用权的，在向取水单位支付水利工程供水水价之后取得水资源资产使用权。

三是建立完善了水资源有偿使用制度。从宪法、水法到取水许可条例，建立并始终坚持了水资源有偿使用制度。水资源有偿使用制度包括费、税、价制度，也即水资源费、水资源税、水利工程供水价格制度以及农业水价制度等。从实施征收水资源费开始，到“费改税”的试点及推行，以及逐步深入开展的农业水价综合改革，都是水资源有偿使用制度的体现和随着时代发展和水资源管理需求变化而进行的制度发展与完善。

四是探索建立了水权交易制度。行政许可根据规定分为可转让许可与不可转让许可。2006 年颁布实施的取水许可条例，确立了取水许可转让制度。在此基础上，引入市场机制，在一定范围内实现了水资源的二次配置。国务院水行政主管部门、流域机构、地方结合水权交易实践，陆续出台了一系列水权交易指导意见和制度办法，推动水权交易由点到面、由区域到流域、由产业内部到产业间不断发展扩大，缓解了部分地区、行业水资源供需矛盾，保障了经济社会的持续发展，同时发挥了价格杠杆作用，促进了节约用水，使得水权交易地区与产业间水资源供求形成良性循环。由于取水许可一般为 5 年，依申请可延期。因此，水权转让期限一般应不超过 5 年。实践中，浙江东阳 · 义乌水权交易期限为“永久”，黄河干流水权转让期限为不超过 25 年，则是对取水许可条例的突破。

五是探索研究了水权确权登记制度。为进一步规范水权交易行为，国务院水行政主管部门、流域机构和地方纷纷进行了水权确权登记研究探索工作，力图为水权交易寻求法律依据，以增强水权交易的合法性、合理性以及履约的稳定性和持续性；降低水权交易的协商成本，提高合约的规范性与示范性。

六是探索研究了水资源价值量核算制度。一直以来，都是以实物量核算水资源，对水资源的价值量核算有研究，但没有相对成熟的成果。这与水资源的独特性密切相关，水资源价值量核算的难度大于其他自然资源资产的价值量核算。为此，水行政主管部门、专业资产评估组织等都对此进行了研究。初步研究成果表明，对特定区域水资源资产使用权进行价值量核算，或者根据特定目的对一定实物量的水资源资产使用权进行价值量核算理论上是可行的。

第 8 章

水资源资产产权制度建设框架

面对水资源短缺的严峻形势，习近平总书记就保障国家水安全问题提出了“节水优先、空间均衡、系统治理、两手发力”的治水新思路，要求“以水定城、以水定地、以水定人、以水定产”。2015年9月，中共中央国务院发布的《生态文明体制改革总体方案》要求“健全国家自然资源资产管理体制”“健全自然资源资产产权制度”。2018年2月，党的十九届三中全会审议通过了《中共中央关于深化党和国家机构改革的决定》和《深化党和国家机构改革方案》。《决定》指出，改革自然资源和生态环境管理体制，设立国有自然资源资产管理和自然生态监管机构。《方案》明确，组建自然资源部，统一行使全民所有自然资源资产所有者职责，着力解决自然资源所有者不到位等问题。体制问题解决了，接下来迫切需要解决的是如何健全自然资源资产产权制度。本章拟就创新水资源资产产权制度建设提出思路、原则和框架。

8.1　水资源资产管理面临的新形势

新时期，我国水资源在老问题仍然存在的情况下出现了新问题，即在我国水资源时空分布不均、水旱灾害依然严重的情况下，随着经济社会的快速发展，水资源短缺形势严峻、水污染现象严重、水生态环境恶化。习近平指出，“水已经成为了我国严重短缺的产品，成为了制约环境质量的主要因素，成为了经济社会发展面临的严重安全问题”。针对新水情，国家密集出台了一系列政策，水资源管理进入一个崭新的阶段。

8.1.1　水资源资产管理新认识

面对经济社会发展和自然资源资产要素的制约，国家对包括水资源在内的自然资源资产重新定位。

8.1.1.1 水资源资产管理是生态文明建设的重要内容

2012年11月，党的十八大从新的历史起点出发，做出“大力推进生态文明建设”的战略决策，从十个方面绘出生态文明建设的宏伟蓝图。十八大报告指出，生态文明建设面临的严峻形势，一是资源约束趋紧，二是环境污染严重，三是生态系统退化。报告认为，建设生态文明，是关系人民福祉、关乎民族未来的长远大计，并要求把生态文明建设放在突出地位，融入经济建设、政治建设、文化建设、社会建设各方面和全过程，努力建设美丽中国，实现中华民族永续发展。同时，报告强调，“必须树立尊重自然、顺应自然、保护自然的生态文明理念”，努力形成人与自然和谐相处的思想观念。

关于生态文明建设的地位，十八大报告在第二部分“夺取中国特色社会主义新胜利”中明确指出：“建设中国特色社会主义，总依据是社会主义初级阶段，总布局是五位一体，总任务是实现社会主义现代化和中华民族伟大复兴”。将生态文明建设与经济建设、政治建设、文化建设、社会建设相统一，形成建设中国特色社会主义五位一体的总布局。

2015年5月5日，《中共中央　国务院关于加快推进生态文明建设的意见》发布。2015年9月11日，中央政治局会议审议通过《生态文明体制改革总体方案》，全面部署生态文明体制改革工作，明确提出构建自然资源资产产权制度、国土空间开发保护制度、空间规划体系、资源总量管理和全面节约制度、资源有偿使用和生态补偿制度、环境治理体系、环境治理和生态保护的市场体系、生态文明绩效评价考核和责任追究制度等八个方面的制度体系。2015年10月，十八届五中全会首度将生态文明建设写入国家五年规划。2017年10月，党的十九大报告明确指出，“建设生态文明是中华民族永续发展的千年大计”。

水资源作为自然资源的重要组成部分，水资源资产管理必然成为生态文明建设的重要内容。这就改变了一直以来将水资源管理纳入经济建设范畴的划分方法，这也就意味着对水资源管理的评价不再是单一地对经济发展的贡献或单一地追求为经济发展提供水资源供给保障。相应地，作为生态文明建设的重要内容，水资源管理首先将立足于生态文明发展的总体目标实现，再根据生态空间统一规划和水资源资产管理制度要求对生活、生产和生态供水，水资源管理将从被动满足经济社会发展对水的需求向主动约束经济社会发展转变，以水资源供给量和供给方式影响人们的生活方式、生产方式以及资源利用方式。

将水资源管理从经济建设范畴划入生态文明建设范畴意义重大且影响深远。从长远看，这种对自然资源在社会经济发展中的重新布局和定位，将彻底转变人们对自然资源的传统认识，深刻影响人们的生活和生产方式。正如习近平在《树立"绿水青山就是金山银山"的强烈意识》中谈到的，"要结合推进供给侧结构性改革，加快推动绿色、循环、低碳发展，形成节约资源、保护环境的生产生活方式"。

8.1.1.2　山水林田湖草是一个生命共同体

习近平指出，我们要认识到，山水林田湖草是一个生命共同体，人的命脉在田，田的命脉在水，水的命脉在山，山的命脉在土，土的命脉在树和草。用途管制和生态修复必须遵循自然规律，如果种树的只管种树、治水的只管治水、护田的单纯护田，很容易顾此失彼，最终造成生态的系统性破坏。由一个部门负责领土范围内所有国土空间用途管制职责，对山水林田湖草进行统一保护、统一修复是十分必要的。

如果说，开展生态文明建设是将水资源管理重新定位，改变了传统的水资源管理理念，那么推进生态文明体制改革，统一行使全民所有自然资源资产所有者职责、对自然资源资产统一调查和确权登记以及整合空间规划和实现"多规合一"，则是改变了长期以来的水资源管理模式——"条块分割"的管理模式，成为解决各类自然资源资产相关部门各自为政、各行其是、部门利益至上这一痼疾的良方。

8.1.1.3　所有者和管理者分开和一件事由一个部门管理

习近平在关于《中共中央关于全面深化改革若干重大问题的决定》的说

明中指出，我国生态环境保护中存在的一些突出问题，一定程度上与体制不健全有关，原因之一是全民所有自然资源资产的所有权人不到位，所有权人权益不落实。针对这一问题，全会决定提出健全国家自然资源资产管理体制的要求。总的思路是按照所有者和管理者分开和一件事由一个部门管理的原则，落实全民所有自然资源资产所有权，建立统一行使全民所有自然资源资产所有权人职责的体制。

国家对全民所有自然资源资产行使所有权并进行管理和国家对国土范围内自然资源行使监管权是不同的，前者是所有权人意义上的权利，后者是管理者意义上的权力。这就需要完善自然资源监管体制，统一行使所有国土空间用途管制职责，使国有自然资源资产所有权人和国家自然资源管理者相互独立、相互配合、相互制约、相互监督。

8.1.2 水资源资产管理新要求

《生态文明体制改革总体方案》对包括水资源资产在内的自然资源资产管理提出了一系列新要求。

8.1.2.1 思想观念方面的新要求

改变过去对自然资源开发利用为先的思想观念，坚持节约资源和保护环境基本国策，坚持节约优先、保护优先的自然资源管理理念。

改变过去以人的主观意愿改造客观世界的“人定胜天”的思想观念，把人作为生态环境的一分子，以正确处理人与自然关系为核心，以解决生态环境领域突出问题为导向，保障国家生态安全，改善环境质量，提高资源利用效率，推动形成人与自然和谐发展的现代化建设新格局。

改变过去将自然资源作为经济建设的投入要素，以经济指标为衡量标准的思想观念，将自然资源作为生态文明建设的组成部分，突出生态文明建设地位，并将生态文明建设融入经济建设、政治建设、文化建设、社会建设各方面和全过程。

改变过去“先发展，后保护；先发展，后治理”的思想观念，树立绿水青山就是金山银山的理念，平衡发展和保护的关系，坚持发展和保护相统一的理念，要求发展必须是绿色发展、循环发展、低碳发展，实现发展与保护的内在统一、相互促进。

改变自然资源是大自然馈赠的礼物，“取之不尽、用之不竭”的思想观念，树立自然价值和自然资本的理念，自然生态是有价值的，保护自然就是增值自然价值和自然资本的过程，就是保护和发展生产力，就应得到合理回报和经济补偿。

改变过去割裂经济社会发展与自然环境承载能力关系的思想观念，在经济社会发展和城镇化建设中，树立空间均衡的理念，把握人口、经济、资源环境的平衡点，推动发展，人口规模、产业结构、增长速度不能超出当地水土资源承载能力和环境容量。

改变过去将自然资源分割管理，“铁路警察各管一段”、“九龙治水”的思想观念，树立山水林田湖草是一个生命共同体的理念，按照生态系统的整体性、系统性及其内在规律，统筹考虑自然生态各要素、山上山下、地上地下、陆地海洋以及流域上下游，进行整体保护、系统修复、综合治理，增强生态系统循环能力，维护生态平衡。

8.1.2.2　制度建设方面的新要求

建设生态文明的重点是从源头控制和减少能源资源消耗和污染排放。做到这一点必须提高全要素生产率，也正是供给侧结构性改革的要义所在。所谓“供给侧结构性改革”，是指从供给侧入手、针对造成经济结构性问题的制度性矛盾推进的改革。改革的目的在于从源头上减少能源资源消耗和环境污染。制度变革是提高全要素生产率的重要途径。建设生态文明，针对当前经济社会中存在的各类相关问题，对制度变革提出以下新要求。

（1）针对自然资源所有者不到位、所有权边界模糊等问题，提出构建归属清晰、权责明确、监管有效的自然资源资产产权制度的新要求。主要内容：

一是建立统一的确权登记系统。坚持资源公有、物权法定，清晰界定全部国土空间各类自然资源资产的产权主体。对水流、森林、山岭、草原、荒地、滩涂等所有自然生态空间统一进行确权登记，逐步划清全民所有和集体所有之间的边界，划清全民所有、不同层级政府行使所有权的边界，划清不同集体所有者的边界。推进确权登记法治化。

二是建立权责明确的自然资源产权体系。制定权利清单，明确各类自然资源产权主体权利。处理好所有权与使用权的关系，创新自然资源全民所有权和集体所有权的实现形式，推动所有权和使用权相分离，明确占有、使用、收益、处分等权利归属关系和权责，适度扩大使用权的出让、转让、出租、抵押、担保、入股等权能。全面建立覆盖各类全民所有自然资源资产的有偿出让制度，严禁无偿或低价出让。统筹规划，加强自然资源资产交易平台建设。

三是健全国家自然资源资产管理体制。按照所有者和监管者分开和一件事情由一个部门负责的原则，整合分散的全民所有自然资源资产所有者职责，组建对全民所有的矿藏、水流、森林、山岭、草原、荒地、海域、滩涂等各类自然资源统一行使所有权的机构，负责全民所有自然资源的出让等。

四是探索建立分级行使所有权的体制。对全民所有的自然资源资产，按照不同资源种类和在生态、经济、国防等方面的重要程度，研究实行中央和地方政府分级代理行使所有权职责的体制，实现效率和公平相统一。分清全民所有中央政府直接行使所有权、全民所有地方政府行使所有权的资源清单和空间范围。中央政府主要对石油天然气、贵重稀有矿产资源、重点国有林区、大江大河大湖和跨境河流、生态功能重要的湿地草原、海域滩涂、珍稀野生动植物种和部分国家公园等直接行使所有权。

五是开展水流和湿地产权确权试点。探索建立水权制度，开展水域、岸线等水生态空间确权试点，遵循水生态系统性、整体性原则，分清水资源所有权、使用权及使用量。

（2）针对空间性规划重叠冲突、部门职责交叉重复、地方规划朝令夕改等问题，提出构建以空间治理和空间结构优化为主要内容，全国统一、相互衔接、分级管理的空间规划体系的新要求。主要如下：

一是编制空间规划。整合目前各部门分头编制的各类空间性规划，编制统一的空间规划，实现规划全覆盖。空间规划是国家空间发展的指南、可持续发展的空间蓝图，是各类开发建设活动的基本依据。空间规划分为国家、省、市县（设区的市空间规划范围为市辖区）三级。研究建立统一规范的空间规划编制机制。

二是推进市县“多规合一”。支持市县推进“多规合一”，统一编制市县空间规划，逐步形成一个市县、一个规划、一张蓝图。市县空间规划要统一土地分类标准，根据主体功能定位和省级空间规划要求，划定生产空间、生活空间、生态空间，明确城镇建设区、工业区、农村居民点等的开发边界，以及耕地、林地、草原、河流、湖泊、湿地等的保护边界，加强对城市地下空间的统筹规划。

三是创新市县空间规划编制方法。探索规范化的市县空间规划编制程序，扩大社会参与，增强规划的科学性和透明度。规划编制前应当进行资源环境承载能力评价，以评价结果作为规划的基本依据。规划编制过程中应当广泛征求各方面意见，全文公布规划草案，充分听取当地居民意见。规划经评议委员会论证通过后，由当地人民代表大会审议通过，并报上级政府部门备案。规划成果应当包括规划文本和较高精度的规划图，并在网络和其他本地媒体公布。鼓励当地居民对规划执行进行监督，对违反规划的开发建设行为进行举报。当地人民代表大会及其常务委员会定期听取空间规划执行情况报告，对当地政府违反规划行为进行问责。

（3）针对水资源使用浪费严重、利用效率不高等问题，提出构建覆盖全面、科学规范、管理严格的资源总量管理和全面节约制度的新要求。主要是完善最严格的水资源管理制度：

一是按照节水优先、空间均衡、系统治理、两手发力的新时期治水方针，健全用水总量控制制度，保障水安全。加快制定主要江河流域水量分配方案，加强省级统筹，完善省市县三级取用水总量控制指标体系。

二是运用价格和税收手段，逐步建立农业灌溉用水量控制和定额管理、高耗水工业企业计划用水和定额管理制度。在严重缺水地区建立用水定额准入门槛，严格控制高耗水项目建设。

三是完善水功能区监督管理，建立促进非常规水源利用制度。

（4）针对自然资源及其产品价格偏低、生产开发成本低于社会成本、保护生态得不到合理回报等问题，提出构建反映市场供求和资源稀缺程度、体现自然价值和代际补偿的资源有偿使用和生态补偿制度的新要求。主要如下：

一是加快自然资源及其产品价格改革。按照成本、收益相统一的原则，充分考虑社会可承受能力，建立自然资源开发使用成本评估机制，将资源所有者权益和生态环境损害等纳入自然资源及其产品价格形成机制。加强对自然垄断环节的价格监管，建立定价成本监审制度和价格调整机制，完善价格决策程序和信息公开制度。推进农业水价综合改革，全面实行非居民用水超计划、超定额累进加价制度，全面推行城镇居民用水阶梯价格制度。

二是加快资源环境税费改革。理顺自然资源及其产品税费关系，明确各自功能，合理确定税收调控范围。加快推进资源税从价计征改革，逐步将资源税扩展到占用各种自然生态空间，在华北部分地区开展地下水征收资源税改革试点。加快推进环境保护税立法。

三是完善生态补偿机制。探索建立多元化补偿机制，逐步增加对重点生态功能区转移支付，完善生态保护成效与资金分配挂钩的激励约束机制。制定横向生态补偿机制办法，以地方补偿为主，中央财政给予支持。鼓励各地区开展生态补偿试点。

四是完善生态保护修复资金使用机制。按照山水林田湖草系统治理的要求，完善相关资金使用管理办法，整合现有政策和渠道，在深入推进国土江河综合整治的同时，更多用于国家生态安全屏障的保护修复。

五是建立耕地草原河湖休养生息制度。编制耕地、草原、河湖休养生息规划，调整严重污染和地下水严重超采地区的耕地用途，逐步将 25 度以上不适宜耕种且有损生态的陡坡地退出基本农田。建立巩固退耕还林还草、退牧还草成果长效机制。

（5）针对水权交易市场主体和市场体系发育滞后、社会参与度不高等问题，提出构建更多运用经济杠杆进行环境治理和生态保护的市场体系的新要求。主要如下：

一是推行水权交易制度。结合水生态补偿机制的建立健全，合理界定和分配水权，探索地区间、流域间、流域上下游、行业间、用水户间等水权交易方式。

二是研究制定水权交易管理办法，明确可交易水权的范围和类型、交易主体和期限、交易价格形成机制、交易平台运作规则等。

三是开展水权交易平台建设。

（6）针对发展绩效评价不全面、责任落实不到位、损害责任追究缺失等问题，提出构建充分反映资源消耗、环境损害和生态效益的生态文明绩效评价考核和责任追究制度的新要求。主要如下：

一是建立生态文明目标体系。研究制定可操作、可视化的绿色发展指标体系。制定生态文明建设目标评价考核办法，把资源消耗、环境损害、生态效益纳入经济社会发展评价体系。根据不同区域主体功能定位，实行差异化绩效评价考核。

二是建立资源环境承载能力监测预警机制。研究制定资源环境承载能力监测预警指标体系和技术方法，建立资源环境监测预警数据库和信息技术平台，定期编制资源环境承载能力监测预警报告，对资源消耗和环境容量超过或接近承载能力的地区，实行预警提醒和限制性措施。

三是探索编制自然资源资产负债表。制定自然资源资产负债表编制指南，构建水资源、土地资源、森林资源等的资产和负债核算方法，建立实物量核算账户，明确分类标准和统计规范，定期评估自然资源资产变化状况。在市县层面开展自然资源资产负债表编制试点，核算主要自然资源实物量账户并公布核算结果。

四是对领导干部实行自然资源资产离任审计。在编制自然资源资产负债表和合理考虑客观自然因素基础上，积极探索领导干部自然资源资产离任审计的目标、内容、方法和评价指标体系。以领导干部任期内辖区自然资源资产变化状况为基础，通过审计，客观评价领导干部履行自然资源资产管理责任情况，依法界定领导干部应当承担的责任，加强审计结果运用。

五是建立生态环境损害责任终身追究制。实行地方党委和政府领导成员生态文明建设一岗双责制。以自然资源资产离任审计结果和生态环境损害情况为依据，明确对地方党委和政府领导班子主要负责人、有关领导人员、部门负责人的追责情形和认定程序。区分情节轻重，对造成生态环境损害的，予以诫勉、责令公开道歉、组织处理或党纪政纪处分，对构成犯罪的依法追究刑事责任。对领导干部离任后出现重大生态环境损害并认定其需要承担责任的，实行终身追责。建立国家环境保护督察制度。

8.1.3 水资源资产管理新体制

2018 年 2 月 28 日，中国共产党第十九届中央委员会第三次全体会议审议通过了《深化党和国家机构改革方案》。《方案》明确，组建自然资源部。同时指出，建设生态文明是中华民族永续发展的千年大计。必须树立和践行绿水青山就是金山银山的理念，统筹山水林田湖草系统治理。为统一行使全民所有自然资源资产所有者职责，统一行使所有国土空间用途管制和生态保护修复职责，着力解决自然资源所有者不到位、空间规划重叠等问题，将国土资源部的职责，国家发展和改革委员会的组织编制主体功能区规划职责，住房和城乡建设部的城乡规划管理职责，水利部的水资源调查和确权登记管理职责，农业部的草原资源调查和确权登记管理职责，国家林业局的森林、湿地等资源调查和确权登记管理职责，国家海洋局的职责，国家测绘地理信息局的职责整合，组建自然资源部，作为国务院组成部门。自然资源部对外保留国家海洋局牌子。主要职责是，对自然资源开发利用和保护进行监管，建立空间规划体系并监督实施，履行全民所有各类自然资源资产所有者职责，统一调查和确权登记，建立自然资源有偿使用制度，负责测绘和地质勘查行业管理等。这次机构改革，对水行政主管部门——水利部的部分职能进行了调整。

健全国家自然资源资产管理体制是健全自然资源资产产权制度的一项重大改革，也是建立系统完备的生态文明制度体系的内在要求。通过这次自然资源资产管理体制改革和机构组建，从管理体制和组织机构上实现了水资源资产所有者和管理者分离，改变了一直以来水资源资产所有者与管理者不分，以管理者权力的行使代替所有者权利运用、从而导致水资源资产所有者权利虚化的局面。新的水资源资产管理体制更加有利于构建水资源资产开发利用与保护的决策、执行与监督的制衡机制。

8.2　水资源资产产权制度创新

新定位、新任务、新目标，都对创新水资源资产管理制度提出了新要求，水资源资产产权制度创新势在必行。同时，所有者与管理者分开这一新的自然资源资产管理体制，又为水资源资产产权制度创新提供了条件，使得水资源资产产权制度创新从理论到实践成为可能。根据生态文明体制改革的统一部署和要求，借鉴国内外自然资源资产管理实践与产权制度建设成功经验，现提出如下水资源资产产权制度创新思路、原则及制度建设框架。

8.2.1　水资源资产产权制度创新思路

水资源资产产权制度创新思路：树立水资源资产管理理念，构建归属清晰、权责明确、监管有效的水资源资产产权制度；坚持自然资源资产的公有性质，落实水资源资产所有权；建立健全水资源资产所有权权利与监管权权力落实协调机制；建立健全中央与地方水资源资产所有权行使与监管职责划分机制；建立健全反映水资源市场供求和资源稀缺程度的水资源资产产权流转制度，健全水资源资产市场配置机制，更好发挥政府的主导和监管作用，提高水资源利用效益与效率，规范水资源资产收益使用管理，多渠道筹集资金支持水利建设与发展，促进人水和谐。

围绕落实《生态文明体制改革总体方案》要求，一要通过树立水资源资产管理的理念，建立健全水资源资产产权制度；二要在水资源资产产权制度建设中，重点解决好三大关系，即国家所有权与国家监管权的关系，国家所有权行使过程中中央与地方政府的关系，以及水资源资产配置中政府与市场的关系；三要明确水资源资产产权制度建设的落脚点，即提高水资源资产利用效率与效益，解决水资源的供需矛盾；反映资源稀缺程度，体现水资源自然价值，解决水资源开发利用资金的供需矛盾；改变人与自然的关系，促进人水和谐。

习近平在 2014 年 3 月 14 日中央财经领导小组第五次会议上指出，“建设生态文明，首先要从改变自然、征服自然转向调整人的行为、纠正人的错误行为。要做到人与自然和谐。”树立“人水和谐”的理念，既是水资源资产产权制度创新的出发点，也是制度创新的落脚点。“人水和谐”的理念应当贯穿制度创新的全过程，并用以指导新时期水资源资产管理实践。

8.2.2 水资源资产产权制度创新原则

围绕落实《生态文明体制改革总体方案》要求，水资源资产产权制度创新原则应当考虑以下八个方面：

——坚持依法管理的原则。通过构建水资源资产产权制度框架，建立健全水资源资产产权制度体系，全面规范水资源资产管理。

——坚持产权管理的原则。建立水资源资产确权管理制度，明确水资源资产使用权的内涵；建立水资源资产使用权有偿出让制度，完善水资源资产有偿使用制度。

——坚持分级管理的原则。建立水资源资产全民所有、不同层级政府分级行使水资源资产所有权的制度。划分中央和地方行使水资源资产所有权与监管权的边界，明确权利和责任，建立责任追究制度。

——坚持规划先行的原则。在对水资源进行全面摸底和分析生活、生产与生态用水需求情况的基础上，根据空间统一规划，整合修订水资源资产规划。根据水资源资产规划，制定水量分配方案，实施水资源资产总量控制与定额管理。

——坚持市场配置的原则。建立健全水资源资产使用权转让制度，划分政府与市场配置水资源的边界，发挥市场在水资源配置中的作用，建立水资源资产配置激励与约束机制，通过价格杠杆实现水资源从低附加值领域向高附加值领域流转，促进水资源资产合理配置与高效利用。

——坚持价值管理的原则。建立包括水资源资产所有者权益、开发使用成本、生态环境损害补偿在内的水资源产品价格形成机制。反映稀缺资源自身价值，将水资源纳入国民经济核算体系。

——坚持绩效管理的原则。建立水资源资产社会效益、经济效益与生态效益相统一的绩效评价制度，统筹考核生活保障、生产发展、资源消耗、环境损害与生态效益。

——坚持行政、经济、法律、科技和工程等多手段管理相结合的原则。转变水资源资产管理理念，创新水资源资产管理方式，行政、经济、法律、科技和工程等多手段相结合，推进水资源资产所有权权利实现与监管权权力实施相统一，落实水资源全民所有者职责与政府公共行政管理职责。

上述八项原则，体现了中国特色社会主义市场经济建设要求，一是市场经济即法制经济，没有规则保障的市场不是现代意义上的市场；二是市场经济在资源配置中起决定性作用，通过市场调节供求，实现资源价值与资源供求平衡；三是在资源配置中要求更好地发挥政府的作用，是中国特色社会主义市场经济建设的重要内容，国有产权管理、统一规划、分级分责、收益分配、绩效评价等是政府组织实施水资源资产管理的重要抓手；四是多手段管理水资源资产是中国特色社会主义市场经济建设必然要求。市场经济强调运用经济、法律手段，政府管理强调运用行政、工程手段，无论是政府还是市场都离不开科技的支持。同时多手段管理相结合也要求多种管理理论的结合运用与跨学科人材的培养与使用，这对于水资源资产管理理论研究与队伍建设都提出了新的更高的要求。

8.2.3 水资源资产产权制度建设框架

按照自然资源资产产权制度建设要求，结合已有的水资源资产相关制度成果，借鉴国内外自然资源资产产权制度建设与实践经验，提出以下水资源资产产权制度建设框架思路：

8.2.3.1 建立水资源资产确权登记制度

建立水资源资产确权登记制度，明确水资源资产使用权的归属。

该项制度规范的重点是：解决长期以来水资源资产使用权不清晰问题。通过明晰水资源资产使用权，也即“水权”，达到保护水权、推动水权有序流转的目的。

建立该项制度需要解决的难点是：明确“水权”的内涵。自浙江东阳·义乌水权交易实践以来，关于“水权”内涵的争议一直存在。水权交易实践推动了相关制度的出台，但各个制度对“水权”的定义不尽相同。如2005年水利部印发的《水权制度建设框架》，将取水权纳入水资源使用权范畴；2009年水利部黄河水利委员会印发的《黄河水权转让管理实施办法》明确，“水权转让是指黄河取水权的转让”；2016年水利部印发的《水权交易管理暂行办法》规定，“水权包括水资源的所有权和使用权”；2017年陕西省印发的《水权确权登记办法》明确，“水权确权是指科学合理地将县（市、区）域内可持续利用的水资源量分配给取用水户，对水资源使用权进行确权登记”。详见本书第 7 章　现有水资源资产相关制度。根据《宪法》第九条 “矿藏、水流、森林、山岭、草原、荒地、滩涂等自然资源，都属于国家所有，即全民所有”的规定可知，水资源资产所有权的归属是唯一的，即全民所有。这与土地所有权归属于国家和集体，森林资源资产所有权分别归属于国家、集体和个人有所不同，而与矿产资源资产所有权归属是一致的。由于水资源资产所有权归属唯一，不存在所有权确权争议和纠纷，对水资源资产所有权进行确权登记意义不大。《物权法》第九条规定，“依法属于国家所有的自然资源，所有权可以不登记”。实践中，引发争议、产生纠纷的主要是水资源资产使用权归属问题，因此，对水资源资产使用权进行确权登记是十分必要的。2006 年国务院颁布的《取水许可和水资源费征收管理条例》规定，“取水，是指利用取水工程或者设施直接从江河、湖泊或者地下取用水资源”。实践中，经审批获得取水许可的单位和个人，有的是水资源实际使用人；有的仅为水资源输送人，水资源实际使用人与取水权人签订供用水合同后取得水资源使用权。取水权≠水资源使用权。由于取水权经审批获得，实践中取水权争议不大，而水资源使用权获取渠道多元，长期没有确权保护，导致水资源使用权纠纷频发。厘清水资源资产使用权与取水权，对水资源资产使用权进行确权登记意义重大。“权属清晰”是建立现代产权制度的前提和基础，也是市场经济中商品交易的前提和基础，因此，确权登记工作是国有资产管理重要的基础性工作，确权登记制度建设是国有资产管理制度建设的重要内容。目前，水资源资产管理尚未建立确权登记制度，部分地方正在探索建立中。确权登记制度建设是水资源行政管理与水资源资产产权管理的分水岭，是否建立水资源资产确权登记制度是确认水资源管理是落实所有者权利还是落实监管者权力的重要标志。同时确权登记制度也是水资源资产使用权人占有、使用及处分水资源资产使用权的法律依据，确权登记证书是水资源资产使用权人获得水资源使用权、保障水资源资产使用权的法律文书。

实施水资源资产使用权确权登记的条件：建立水资源资产使用权出让制

度，受让方取得出让水资源资产使用权后与出让方签订出让合同，缴纳出让金，进行水资源资产使用权确权登记，取得水资源资产使用权确权登记证明。

水资源资产使用权确权登记的主要内容：一是水资源资产使用权占有登记；二是变动登记；三是注销登记。

水资源资产使用权确权登记证的主要内容：水资源资产使用权人，水资源资产用途、水资源资产使用权的数量、质量，水资源资产使用权期限和起止时间，水资源资产使用权人使用水资源应注意的事项等。

水资源资产使用权确权登记证明的作用：水资源资产使用权确权登记证明是使用权人占有、使用、收益和处分水资源资产使用权的法律文书，国家保护使用权人合法合规地行使权利。同时国家保护使用权人占有的水资源资产不受侵害，使用权人对占有的水资源资产被盗取、遭受污染等损害的行为可依法提出侵权之诉，通过法律途径进行维权。

建立该项制度可借鉴的制度主要有我国土地、森林和矿产资源资产相关确权登记制度，详见本书第 6 章　国内其他自然资源资产产权制度，第 2 节。该项制度建设中需要注意的是：水资源资产使用权确权的依据，也即根据怎样的条件能够取得水资源资产使用权，以及水资源资产使用权的获得与取得取水许可之间的关系。本书将在水资源资产使用权有偿出让制度与取水许可制度建设中予以表述。

8.2.3.2　建立水资源资产使用权有偿出让制度

建立水资源资产使用权有偿出让制度，落实国有资产所有权与使用权分离原则。

该项制度规范的重点是：解决长期以来水资源资产管理以行政监管职责代替所有者职责，所有者权利虚化，导致水资源资产配置低效、保护不利等问题。

建立该项制度需要解决的难点是：划清取水许可与有偿出让的边界。由于水资源之于生活、生产和生态的极端重要性，水资源资产管理必须保证生活、生产和生态的基本需求，稳定社会经济发展，因此，确定有偿出让的水资源的范围和清单是十分必要的。按照“十三五”规划中“以水定产、以水定城”的有关规定，可考虑与区域发展规划相结合，居民生活用水、保护性产业用水（如农业用水、基础工业用水等）、生态用水仍按照取水许可条例的规定实施取水许可审批；其他工业和服务业用水纳入有偿出让范围，将水资源资产作为生产要素投放市场，实现“以水定产”。

实施水资源资产使用权有偿出让的条件：建立水资源资产使用权有偿出让制度，需要以水资源规划和水量分配为前提，各级政府根据本级政府可供分配的水量分级行使水资源资产所有权，研究确定取水许可与有偿出让的范围和清单，组织实施水资源资产使用权有偿出让。

实施水资源资产使用权有偿出让的程序：确定拟出让的水资源资产使用权范围→对拟出让水资源资产使用权进行价值评估→以经备案的评估结果作为出让底价→通过水资源资产使用权交易平台进行公开出让（招标、拍卖、挂牌等）→与确定的受让人签订出让合同→受让人缴纳出让金→受让人办理水资源资产使用权确权登记。

建立该项制度可借鉴的制度主要有我国土地出让和划拨用地制度，详见本书第 6 章第 3 节、第 10 节。我国国有土地出让走了一条由划拨用地到划拨用地与土地出让并行之路，期间，划拨用地规模不断缩小、用以出让的国有建设用地规模不断扩大，直至定期更新划拨用地目录。同时，在出让土地实施过程中，协议出让的土地规模不断缩小、通过招拍挂等竞价方式进行出让的土地规模不断扩大，直至除法定条件外不得以协议方式出让土地。水资源资产配置长期以来通过取水许可审批的方式确定取水权。水资源资产使用权出让制度的建立，可考虑借鉴土地出让制度建设的路径，根据规划，在区域水量分配既定的前提下，在“以水定城”“以水定需”的思想指导下，编制取水许可审批目录，将必须通过取水许可保障的用水纳入目录，剩余水量用于出让。通过取水许可审批的取得取水许可证；通过出让获得取水资源资产使用权的，经确权登记取得水资源资产使用权证。

8.2.3.3 建立水资源资产取水权收储制度

建立水资源资产取水权收储制度，明确取水许可转让的水资源由政府或政府委托机构统一收储。

该项制度规范的重点是：政府或政府委托机构向依法获得取水权的单位或者个人有偿收购其节余的水资源。

该项制度需要解决的难点是：需修订《取水许可和水资源费管理条例》。该条例第二十七条规定，“依法获得取水权的单位或者个人，通过调整产品和产业结构、改革工艺、节水等措施节约水资源的，在取水许可的有效期和取水限额内，经原审批机构批准，可以依法有偿转让其节约的水资源，并到原审批机构办理取水变更手续”。根据条例，取水权可以转让，受让方不确定。这一规定是在原水资源行政监管体制下实践“水权”交易的制度依据。详见本书第 4 章　我国水权交易的探索与思考。在落实水资源资产所有者职责的新体制下，如果不实施对节余取水权的定向收储，任由取水权随意转让，一是影响了水资源资产市场供求关系；二是由于取水权的获得与出让水资源资产使用权的获得代价不同，取水权为低成本有偿获得，而水资源资产使用权为市场竞价获得，取水权转让的水资源流入市场会造成水资源资产使用权交易价格非正常波动；三是取水权转让的仍是取水权，而不是水资源资产使用权，取水权随意转让会导致水资源资产市场失序。因此，有必要建立对节余取水权的定向收储制度。政府或政府委托机构向取水权人有偿收储节余水资源，将收储的水资源纳入出让范围，或者重新纳入水量分配计划。

建立该项制度可借鉴的制度主要有我国土地收储制度，详见本书第 6 章第 9 节。此外，内蒙古水权收储转让中心的做法也十分具有借鉴意义，详见本书第 4 章我国水权交易的探索与思考，第 4 节。值得注意的是：政府收储节余取水权的价格构成应考虑取水权获取成本，为调整产品和产业结构、改革工艺、节水等措施节约水资源的投入成本，以及鼓励节水的激励成本。如果政府收储价格低于取水权人的投入，则不能实现节水激励；如果政府收储价格高于出让水资源资产使用权价格，一方面激励了取水权的获取，而抑制通过出让获得水资源资产使用权的积极性，另一方面将导致预算失衡，不利于实现水资源资产产权制度实施绩效目标。

8.2.3.4　建立水资源资产使用权转让制度

建立水资源资产使用权转让制度，发挥市场在水资源配置中的作用。

该项制度规范的重点是：将水资源资产使用权作为生产要素投放市场，通过市场价格调节水资源供求与流向，实现水资源向高附加值产业流动，推动水资源二次配置和高效利用。

建立该项制度的难点是：划清政府与市场的边界。自浙江东阳 · 义乌水权交易以来，无论是流域、区域，还是城市间、产业间的水权交易均是在政府主导下进行的。政府主导水权交易主要体现在以下几方面：一是制定水权交易相关制度办法，二是确定可供交易的水权，三是确定水权交易受让方，四是政府协调交易双方就交易价格和其他交易条件达成一致，五是政府组织交易双方签订交易合同，或者政府组织交易双方通过水权交易平台签订交易合同。在水权交易过程中，政府不仅制定制度办法、进行交易监管，而且全程参与并主导交易。在一定程度上，可以说是现行水权交易是以市场配置之名，行政府二次配置水资源之实，详见第 4 章。建立水资源资产使用权转让制度，旨在划清政府与市场的边界，实现水资源资产使用权一次配置由政府决定，二次配置由市场决定，也即水资源资产使用权出让由政府配置，水资源资产使用权转让由市场配置。

实施水资源资产使用权转让的条件：凡是通过有偿出让取得水资源资产使用权的单位和个人，均可依法实施水资源资产使用权转让。

实施水资源资产使用权转让的程序：确定拟转让的水资源资产使用权→对拟转让水资源资产使用权进行价值评估→以经备案的评估结果作为转让底价→通过水资源资使用权交易平台竞价进行公开转让→与确定的受让人签订转让合同→受让支付转让价款→转让人与受让人共同办理水资源资产使用权变更登记。

建立该项制度可借鉴的制度，有国外水资源资产产权转让制度，详见本书第5章　国外水资源资产产权制度，以及我国土地、森林和矿产资源资产产权转让制度，详见本书第6章第4节。建立该项制度需要注意的是：一是要将水资源作为生产要素投放市场，建立市场配置水资源的机制，通过竞争和价格引导水资源向高附加值产业和行业流动，促进提高水资源使用效率与效益；二是在水资源资产使用权转让过程中应有效发挥政府引导和监管作用，以避免美国科罗拉多州水市场无序竞争、人为炒作，以至于造成水资源和资金的双重浪费现象的发生，详见本书第5章第1节。要通过制度建设保障在政府指导和监管下市场自由配置水资源，实现“两手发力”。

8.2.3.5　建立与水资源资产所有权相关的物权管理制度

建立与水资源资产所有权相关的物权管理制度，统一行使水资源资产所有权职责，充分发挥所有权各项权能。

该项制度规范的重点是：建立水资源资产用益物权制度和担保物权制度。

建立该项制度需要解决的难点是：结束“九龙治水”局面，由一个部门统一行使水资源资产所有权职责，解决长期以来所有权管理虚化，所有权行使分散，以及所有权权能发挥不充分等问题。尽管目前已经按照所有者和管理者分开和一件事由一个部门管理的原则，落实了全民所有自然资源资产所有者职责，建立了统一行使全民所有自然资源资产所有权人职责的体制，但是打破长期以来固化的利益格局，还需要下大力气，在一段时间内逐步研究解决。

与水资源资产所有权相关的物权制度建设主要内容：水资源资产经营权（出租）制度，水资源资产抵押担保制度等。

建立该项制度可借鉴的制度主要有我国土地和森林资源资产相关物权制度，如我国土地承包经营制度、抵押制度，林权抵押贷款制度等，详见本书第6章第5节。建立该项制度需要注意的是：切实贯彻落实“山水林田湖草是一个生命共同体”的精神和要求，打破条块分割的局面，统筹规划，充分发挥水资源资产所有权以及与所有权相关的财产权各项权能，实现自然资源资产的统筹、有序、高效利用并与生态环境的保护相协调。

8.2.3.6　建立水资源资产使用权评估制度

建立水资源资产使用权评估制度，实现水资源资产价值核算。

该项制度规范的重点是：通过专业技术评定估算，确定一定时期内、一定数量、质量以及确定用途水资源的经济价值，解决长期以来水资源资产只有实物量统计，没有价值量核算的问题。通过建立水资源资产使用权评估制度，实施水资源资产价值量核算，实现资源的资本价值，为水资源资产使用权出让、转让提供交易底价，为水资源资产用益物权和担保物权设定提供价值参考，在实现水资源使用价值的同时，实现水资源资产交换价值。

建立该项制度需要解决的难点是：如何进行水资源资产使用权价值量评定估算，以及水资源资产使用权评估应当考虑哪些因素。现行水权交易实践，交易价格主要包含三方面内容：一是水权交易涉及工程建设的投资及运营维护费用，二是因水权交易引发的相关损害补偿（包括经济补偿和生态补偿）；三是合理收益。对于工程建设投资和运维费可据实测算；对于水权交易引发的相关损害补偿由利益方提出测算依据，在政府组织下协商确定；至于交易收益的确定，由于没有法定依据，在实践中差异较大，不能体现为水资源自身价值，详见本书第 4 章。关于水资源资产使用权价值，应结合区域水资源稀缺程度、区域产业政策，按照“以水定城”、“以水定产”的原则进行评定估算。对水资源资产使用权进行价值量核算是反映水资源稀缺程度的重要指标，是不同流域、区域、产业、行业对水资源价值评价的重要指标，同时也是对不同流域、区域、产业和行业进行重新布局的重要参考。比如北京非首都功能疏解，水资源承载能力、水资源供求矛盾是一个重要考量因素。由于水资源是人们生活生产不可或缺的物质资源，国家对城市供水和农业用水一直以来均执行政府定价政策。对于可进入市场交易的水资源资产使用权价值量的核算则能够更敏感地反映不同流域、区域水资源需求矛盾和水资源在不同生产领域中的成本，有助于人们认识到水资源的稀缺性，增加节约用水的主动性，用价格杠杆引导人们从“要我节水”向“我要节水”转变。

水资源资产使用权评估制度建设主要内容：不同用途水资源资产使用权估价规程，水资源资产使用权评估技术规范，水资源资产评估管理办法。

水资源资产使用权评估适用范围：水资源资产使用权出让、转让、出租、抵押担保以及以水资源资产使用权作价入股等。

水资源资产使用权出让评估管理程序：政府有关部门批准确定拟出让水资源资产使用权→出让人委托有资质的评估机构根据出让目的进行评估→评估结果报送政府有关部门核准或备案→出让人将经核准或备案的评估结果作为底价实施出让。

水资源资产使用权转让评估管理程序：转让人研究确定拟转让水资源资产使用权→转让人报请政府有关部门对转让行为进行审核批复→经审批同意转让→转让人委托有资质的评估机构根据转让目的进行评估→评估结果报送政府有关部门备案→转让人将经备案的评估结果作为底价实施转让。

建立水资源资产使用权价值评估制度，可参考我国土地、森林和矿产资源资产价值评估制度，其中，森林资源资产评估制度中的现场核查制度十分具有借鉴意义，详见本书第6章第6节。建立该项制度需要注意的是：水资源资产评估价值不包含水资源费（税）和水利工程供水水价。水资源费（税）的征收由国家法律法规规定。水利工程供水水价执行政府定价或政府指导价，由供用水双方通过签订供水合同来约定。

8.2.3.7 建立水资源资产使用权交易平台管理制度

建立水资源资产使用权交易平台管理制度，规范水权交易市场建设，确保水资源资产流转顺畅。

该项制度规范的重点是：建设水市场，搭建水资源资产使用权出让、转让等水权交易管理平台，实现水资源资产使用权有序流转。

建立该项制度需要解决的难点是：整合与统一规范管理各级交易平台，

打造统一规范、信息共享的水资源资产使用权交易平台，以解决目前各级交易平台独立运行，成为一个个信息孤岛的问题；解决各地水权交易管理不一致，要求不统一，水权交易不规范等问题。打造统一规范、信息共享的交易平台，统一规范水资源资产使用权交易管理，运用大数据分析水资源资产使用权出让、转让信息，为水资源资产管理提供决策支持；同时，便于潜在水权交易者及时、全面了解水资源供求信息及水资源资产使用权交易价格信息，为生产、经营规划和布局提供信息支持。统一规范、信息共享的水权交易平台应当在以下几方面发挥作用：一是水权交易实施平台。为确保水权交易的规范有序，原则上水权交易须入场通过竞价方式进行交易；二是水权交易监管平台。政府通过交易双方资格审查、可供交易的水资源权属证明审核、交易用途审核和交易行为规范等实施水权交易监管，防止交易双方恶意串通或恶性竞争损害国家或第三方利益；三是水权交易信息平台。通过建立水权出让、转让公告制度，向全社会提供可供交易的水量、水质、交易期限和条件等信息，以供决策参考；四是水利建设融资平台。通过水权交易吸引社会投资水利事业，拓宽水利建设融资渠道，提升水资源供给保障能力；五是水资源节约保护宣传平台。

水资源资产使用权交易平台管理制度建设的主要内容：交易平台建设制度、交易平台运行规则、交易费用结算制度、交易流程、交易平台信息公告制度等。

目前，我国各地水权交易平台在水权交易中已发挥了规范水权交易、提供信息支持、实施政策宣传等作用，在水资源资产使用权交易平台管理制度建设中，可借鉴我国土地、森林、矿产资源资产交易平台制度建设，详见本书第 6 章第 7 节。总结我国水权交易实践经验，进一步研究整合水权交易平台，逐步建立全国统一的水市场，实现水权交易信息共享。

8.2.3.8　建立水资源资产使用权出让收益管理制度

建立水资源资产使用权出让收益管理制度，规范出让收益金的使用管理。

该项制度规范的重点是：设置水资源资产使用权财政预算收支科目，将水资源资产出让金收益纳入政府预算管理；确定水资源资产出让收益归属。

建立该项制度需要解决的难点是：明确水资源资产出让收益归属，即出让收益为中央与地方共享收益还是地方收益。土地出让金收入最初由中央与地方共享，为鼓励地方积极性，中央分享的土地出让金比例逐步减少。目前我国土地资源资产使用权出让收益全额纳入地方预算。根据国务院办公厅《关于规范国有土地使用权出让收支管理的通知》（国办发〔2006〕100号）规定，从2007年1月1日起，土地出让收支全额纳入预算管理。收入全部缴入地方国库，支出一律通过地方基金预算从土地出让收入中予以安排，实行彻底的“收支两条线”。在地方国库中设立专账，专门核算土地出让收入和支出情况。根据通知要求，土地出让收入使用范围包括：征地和拆迁补偿支出，土地开发支出，支农支出，城市建设支出以及支付破产或改制国有企业职工安置费支出等其他支出。目前，矿业权出让收益仍由中央和地方共享。根据2017年财政部、原国土资源部联合印发的《矿业权出让收益征收管理暂行办法》（财综〔2017〕35号）规定，矿业权出让收益为中央和地方共享收入，由中央和地方按照4∶6的比例分成，纳入一般公共预算管理，地质调查及矿山生态环境修复等相关支出，由同级财政予以保障。地方分成的矿业权出让收益在省（自治区、直辖市）、市、县级之间的分配比例，由省级人民政府确定。借鉴土地和矿业权出让收益管理相关规定，考虑到水资源流域与区域管理并存以及跨流域、跨区域调水实际，建议水资源资产使用权出让收益由中央和地方共享。

水资源资产使用权出让收益管理制度主要内容：出让收益纳入预算管理，设立预算收支科目，确定中央和地方分成比例，明确支出范围，规范收支管理。

8.2.3.9 建立集中统一供水的管理制度

建立集中统一供水的管理制度，保障水资源资产流转顺畅。

该项制度规范的重点是：在国家层面组建供水集团，统一供水服务标准，完善供水企业投资运营和供水价格机制，实现供水企业良性运营，确保水资源资产流转顺畅，保障水资源资产使用权人权利实现。

建立该项制度需要解决的难点是：需要重构供水企业管理体制。目前我国供水企业分散，归口管理的部门不同，投资结构各异，管理模式多样，服务标准因地制宜。而落实水资源资产所有权职责，建立水资源资产使用权出让、转让制度，需要统一规范的供水管理来实现所有权相关制度落实的“最后一公里”问题，实现水资源资产使用权的顺畅流转，保障水资源资产使用权人的利益。由于供水企业不仅承担供水服务，同时也是政府配置水资源的具体执行者，因此，组建国家一级供水企业集团是落实水资源资产所有权职责的重要一环。

构建统一供水的管理制度，本书第 5 章第 3 节介绍的澳大利亚昆士兰州的做法值得借鉴：根据《2000 年水法》，昆士兰州成立 1 个委员会和 3 个公司以保障州东南区域供水。其中，昆士兰州水资源委员会（QWC）负责制定东南区域水资源战略规划和年度计划，开展东南区域水资源政策研究，向州政府提供水资源管理咨询意见；昆士兰州东南区域水源公司（SeqWater Company）负责向昆士兰州东南区域提供水源；昆士兰州东南区域供水公司（SeqWater Grid Manager）作为昆士兰州东南区域供水批发商，负责根据地方政府所属供水零售商的需求与水源公司签订需水合同，与管网公司签订输水合同，与零售商签订供水合同，并根据供水合同收取水费支付水源公司、管网公司和水资源委员会；昆士兰州东南区域管网公司（LinkWater）提供昆士兰州东南区域供水输送服务。《2000 年水法》详细规定了供水服务的职责、标准和定价政策。供水企业投资来源为政府公共预算投资和银行贷款。如 LinkWater 就向州政策银行贷款 76 亿澳元用于供水管网建设，贷款期限 40 年。企业还贷来源于水费收益。对于水费收益不足以偿还贷款本息的缺口部分，政策银行向企业提供二次贷款。供水企业服务的价格在供需双方协商的基础上，依据政府确定的政策制定，并根据供水企业投资回收计划，结合当地经济发展和用水户承受能力，制定价格增长计划，同时计划在供水企业建设并稳定运行后实施“国退民进”政策，将供水企业部分股权让渡民营资本。如 SunWater 是昆士兰州工农业供水主要批发商，根据《2000 年水法》由州政府设立。随着公司的发展，用水户参与管理与服务决策的意愿日趋强烈，纷纷投资该公司，公司股权结构呈“国退民进”趋势，由政府全资逐步变为政府参股。

8.2.3.10 建立水资源资产产权保护制度

建立水资源资产产权保护制度，预防水资源资产产权侵害以及侵害后得到有效补偿。

该项制度规范的重点是：落实水资源资产产权保护责任，实现水资源资产产权有效保护。

建立该项制度需要解决的难点是：建立水资源资产产权保护责任划分制度。由于水资源资产所有权与使用权分离，在落实水资源资产所有权职责过程中，要探索划分各级政府水资源资产所有权行使职责，同时，通过建立水资源资产使用权出让、转让制度以及建立与水资源资产所有权相关的其他物权制度，水资源资产所有权、使用权以及其他物权主体分散，由哪一个主体承担水资源资产产权保护责任，是落实水资源资产产权保护责任的前提。

水资源资产产权保护制度主要内容：建立水资源资产产权保护责任划分制度，建立水资源资产产权侵害责任追究制度和侵害补偿制度。

建立水资源资产产权保护制度，在产权保护责任划分方面，可借鉴我国现行国有资产管理相关制度。按照我国现行国有资产管理制度要求，国有资产国家所有，分级监管，由占有使用的组织（行政事业单位、国有企业、社团等）具体承担保护国有资产安全完整的责任；各级政府资产管理部门要求占有使用国有资产的组织定期报告国有资产占有使用情况，并组织开展资产清查工作。详见本书第 3 章第 5 节　水资源资产管理。借鉴我国现行国有资产管理制度，可考虑水资源资产产权保护责任主体为水资源资产产权人或实际控制人。对于已经出让或转让的水资源资产，水资源资产使用权证持有人即为水资源资产产权保护主体；对于取得水资源资产经营权的，经营权人即为水资源资产产权保护主体；对于尚未出让的水资源资产，依法享有出让权的各级政府或政府委托机构为水资源资产产权保护主体等。建立水资源资产产权保护制度，在产权保护责任落实方面，可借鉴国外水资源资产产权制度，详见本书第5章。

8.2.3.11　建立水资源资产产权管理绩效评价考核制度

建立水资源资产产权管理绩效评价考核制度，实施水资源资产产权管理社会效益、经济效益和生态效益综合评价考核。

该项制度规范的重点是：以绩效评价为核心建立水资源资产产权管理考核制度，促进提高水资源资产产权管理绩效。

建立该项制度需要解决的难点是：建立完善水资源资产产权管理绩效评价指标体系。绩效评价是指运用一定的评价方法、量化指标及评价标准，对被评价考核机构或组织为落实其职责所确定的目标实现程度，及为实现这一目标所安排预算的执行结果所进行的综合性评价。政府绩效评价的实施，有利于促进政府问责、改进政府激励、完善政府决策和管理。评价方式、评价指标选择以及各评价指标权重的确定历来为各项绩效评价的难点所在。借鉴其他政府绩效考核经验，建立水资源资产产权管理绩效评价考核，应当实施定量评价与定性评价相结合的评价考核方式，对于能够量化的指标实行定量评价考核，如特定时段、特定区域内水资源资产总体实物量、质量，水资源资产出让、转让的实物量、价值量等；对于不能量化的指标实行定性评价考核，如水资源资产产权管理规划制定情况、年度计划实施情况、制度建设情况、宣传教育情况等等。对于定量与定性指标的权重划分及各定量指标、定性指标权重的划分，可结合评价考核的目的和重点进行确定并动态调整。如考核的重点是水资源资产使用权出让的落实，相应地，水资源出让年度计划实施情况、出让制度建设及宣传教育情况、水资源资产使用权出让价格及出让收益等指标权重应加大；如考核的重点是水资源资产产权保护的落实，相应地，水资源资产产权保护制度建设及宣传教育情况、水资源资产保护措施的落实及资金保障情况、水资源资产侵权案件发生及处理情况、水资源资产侵权责任追究及赔偿情况等指标权重应加大。

水资源资产产权管理绩效评价考核主要包括：各级政府国有资产主管部门对本级落实水资源资产所有者职责的部门进行的绩效评价考核；上级落实水资源资产所有者职责的部门对下级落实水资源资产所有者职责的部门进行的绩效评价考核；落实水资源资产所有者职责的部门对委托实施水资源资产出让、收储等管理部门或机构进行的绩效评价考核等等。

水资源资产产权管理绩效评价考核基本程序：研究确定评价考核的目标→建立评价考核指标体系→组织实施评价考核→反馈评价考核结果→评价考核组织实施部门根据评价考核结果进行决策；被评价考核部门根据评价考核结果进行整改，促进提高水资源资产产权管理绩效。

8.2.3.12 建立水资源资产统计报告制度

建立水资源资产统计报告制度，落实水资源资产所有者职责的部门定期向政府国有资产主管部门报告水资源资产实物量、质量、结构、变动、收益等汇总分析的情况。

该项制度规范的重点是：定期进行水资源资产统计报告，为水资源资产管理分析决策提供支持。

建立该项制度需要解决的难点是：统计报表设计的有效性、合理性与可操作性。统计报表根据统计目的而设计，其有效性是指通过统计调查提供的数据分析，能够为管理决策提供有效支持；合理性是指统计指标选取合理、表内结构与表间结构合理以及填报任务分配合理等；可操作性是指在特定时间内、填报单位能够有效完成报表填报工作。统计报表设计的有效性、合理性与可操作性是填报单位能够按时完成报表填报工作，实现报表数据的真实性、完整性及准确性的前提和基础。如有些政府资产统计在对水资源资产的统计报表设计上就存在不尽合理和不可操作的问题，如要求两个部门分别填报地下水和地表水水量，并简单得出水资源总量；又如在没有建立实施水资源资产确权登记和资产评估制度的情况下，要求填报水资源资产价值量。由于水具有循环流动的特征，地表水与地下水不是截然分开的。对于水资源总量，2014 年印发的《中国水资源及其开发利用调查评价》是这样表述的，“水资源总量由地表水资源和地下水与地表水资源不重复计算水量两部分组成”。据此可知，由两个部门分别统计报告地表水与地下水水量容易造成水资源总量的虚增，导致报表数据不准确。此外，由于对全部水资源资产进行价值量估算目前尚无制度依据，同时由于水资源资产评价方法的确定与资产评价目的和资产用途密切相关，加之水资源资产价值估算不仅涉及水资源资产实物量，而且涉及水资源资产质量评价等因素，现阶段对水资源资产全面进行价值量统计是不可操作的。

综上所述，水资源资产产权制度框架包括 12 项基本制度（见图 8.1）。其中，水资源资产确权登记制度建设是建立水资源资产权制度的前提和基础，水资源资产使用权有偿出让制度、取水权收储制度、转让制度以及与水资源资产所有权相关的物权管理制度等 4 项制度建设是建立水资源资产产权制度的核心，水资源资产使用权评估制度、水权交易平台管理制度、出让收益管理制度和集中统一的供水管理制度等 4 项制度建设是实施水资源资产产权制度的必备条件，水资源资产保护制度和水资源资产产权管理绩效评价考核制度这 2 项制度的建设是有效落实水资源资产产权制度的保障，最后，水资源资产统计报告制度既是水资源资产产权制度实施情况的反映，也为作出调整修正水资源资产产权制度的决策提供数据支持。12 项水资源资产产权制度共同形成水资源资产产权管理完整链条，落实了《生态文明体制改革总体方案》关于构建“归属清晰、权责明确、监管有效”的水资源资产产权制度的新要求，并通过厘清“取水权”与“水资源资产使用权”，划分出政府与市场的边界；通过建立水资源资产出让与转让制度，落实了产权流转与价值实现相统一；通过建立绩效评价考核制度，确立了权利与义务相结合原则，强化了水资源资产政府监管。

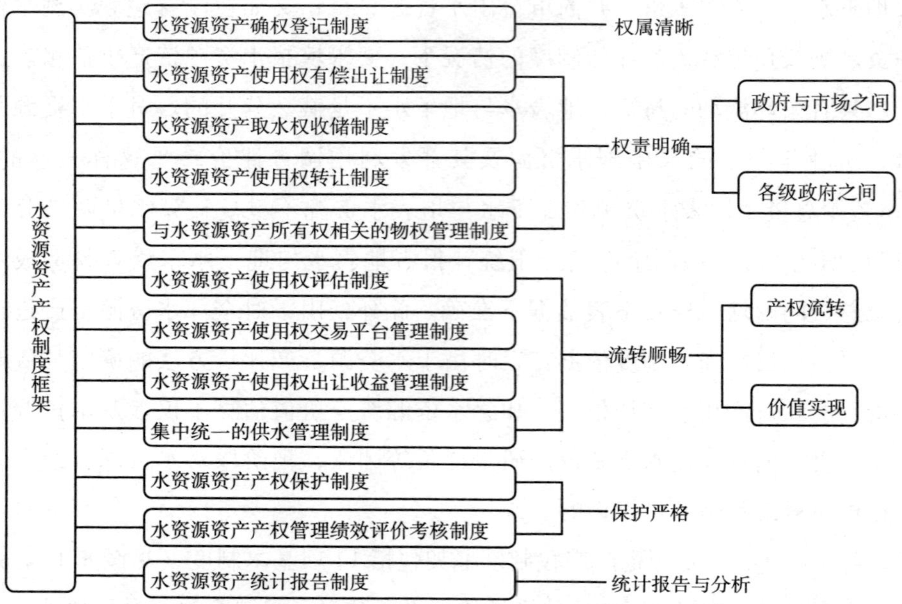

图 8.1 水资源资产产权制度建设示意图

以上为水资源资产管理制度建设框架。水资源资产管理制度建设并不限于上述内容，上述十二项制度是建立健全水资源资产产权制度的核心，也是新体制下急需创新思维研究构建的水资源资产产权制度的重要组成部分。按照生态文明体制改革总体要求，还应进一步整合各类自然资源资产管理制度，研究草拟“国家自然资源资产法”。通过制定出台“国家自然资源资产法”，建立权责明确的自然资源资产产权体系。制定权利清单，明确各类自然资源产权主体权利和权责关系。处理好所有权与使用权的关系，创新自然资源资产全民所有权和集体所有权的实现形式。同时，制定出台“国家自然资源资产法”，也必将结束各类自然资源资产长期以来产权管理立法层次不高、操作性不强、产权边界不清晰、责任主体不明确、产权保护不利、侵权补偿不到位的局面。

8.3　水资源资产产权制度建设应处理好的几大关系

制度是强制执行的人与人之间关系的行为规范。制度的作用就是尽可能明确地界定不同社会主体之间的利益边界，规范人们的行为，尽可能地减少损害的发生。判定制度好坏的标准之一，就是它是不是明确而清晰地界定了各方的权利与责任，是不是涵盖了执行中可能发生的各类问题，是不是有一个简单且宜于操作的处理问题的程序安排。水资源资产产权制度建设是生态文明建设的重要内容，是自然资源所有权与监管权分离体制下的制度完善与机制重构。在水资源资产产权制度建设中，应对制度执行相关各方的权利与责任边界进行清晰界定，实现制度对人的行为的引导、激励与约束，达到节约用水、高效用水和清洁用水的目标。

8.3.1　人与水的关系

在漫长的中国治水历史中，逐步形成了“人水和谐”的理念。大禹治水成功的秘诀在于接受父辈的教训，适应水的特点，采取了“疏”与“导”相结合的办法。战国时期李冰父子在都江堰水利工程的设计施工中，总结出“遇弯截角、逢正抽心”等科学的治水方法，无不体现了“尊重规律”“因势力导”等人水和谐的治水思想。明朝潘季驯提出“以河治河，以水攻沙”，用以综合治理黄河下游，对后世治黄影响深远。近代水利学家李仪祉也指出，“因自然以治水，所谓由水之道。科学之研究愈切，则因乎自然者愈多，而愈能无所事也”。

新中国成立初期，一穷二白、内忧外患，在此基础上要快速发展国家，一段时期内以“人定胜天”的思想指导治水，水利建设掀起高潮，荒废破败的水利工程得以修复，水电工程如雨后春笋，保障了一方安澜，灌溉了大面积农田，为国家工业化进程和人民生活水平的跃升做出了卓越的贡献。但是，随着经济社会的快速发展，人们因不尊重自然、不尊重规律的做法而受到了自然的惩罚，湿地萎缩、河水断流、水源涵养不住、沙漠化石漠化日趋严重，地下水超采引发地面沉降，超量排污导致饮用水源污染，直接威胁到了人们的生命健康安全。2014 年 3 月 14 日，习近平在中央财经领导小组第五次会议上的讲话中指出，“水已经成为了我国严重短缺的产品，成了制约环境质量的主要因素，成了经济社会发展面临的严重安全问题”，提出“建设生态文明，首先要从改变自然、征服自然转向调整人的行为、纠正人的错误行为。要做到人与自然和谐”。2015 年《生态文明体制改革总体方案》要求，改变过去对自然资源开发利用为先的思想观念，坚持节约资源和保护环境基本国策，坚持节约优先、保护优先的自然资源管理理念；改变过去以人的主观意愿改造客观世界的“人定胜天”的思想观念，把人作为生态环境的一分子，以正确处理人与自然关系为核心，以解决生态环境领域突出问题为导向，保障国家生态安全，改善环境质量，提高资源利用效率，推动形成人与自然和谐发展的现代化建设新格局。

水资源资产产权制度建设要从制度层面，处理好人与水的关系，改变过去对水资源开发利用为先的思想观念，要以解决生态环境领域突出问题为导向，以保障国家生态安全、改善环境质量、提高资源利用效率为目标进行制度设计，体现新时期“人水和谐”理念。

8.3.2 水资源供求关系

水是生命之源，生产之要，水之于人们的生活与生产具有极端重要性和不可或缺性。长期以来，国家将供水保障作为政府行政管理的一项重要职能，为人们生活和生产提供充足和低价的水资源。尽管新中国成立以来，水资源供给从无偿、到收取水资源费、水利工程供水水费到征收水资源税，随着我国经济社会的发展，水资源的经济价值逐步得到体现。但按需供给和低价提供水资源的观念没有得到根本扭转，水价改革艰难前行，水资源价值不能得到充分体现。在这种水资源供求关系下，出现了水资源短缺与浪费并存、水资源短缺与水污染严重并存的现象，水污染又导致水质性缺水，使得水资源短缺形势更加严峻，“我国水安全已全面亮起红灯”。(2014 年 3 月 14 日，习近平在中央财经领导小组第五次会议上的讲话)

为保障水安全，习近平提出“节水优先、空间均衡、系统治理、两手发力”的十六字治水方针。2015 年 11 月 3 日公布的《中共中央关于制定国民经济和社会发展第十三个五年规划的建议》强调，实行最严格的水资源管理制度，以水定产、以水定城，建设节水型社会。2015 年 11 月 10 日，习近平在中央财经领导小组第十一次会议上强调：在适度扩大总需求的同时，着力加强供给侧结构性改革，着力提高供给体系的质量和效率，增加经济持续增长动力，推动我国社会生产力水平实现整体跃升。因此，实施总量控制，推动提高水资源供给质量和效率，水资源供给侧改革势在必行。

水资源资产产权制度建设要从制度层面，处理好水资源供求关系，通过制度落实推进水资源供给侧改革，改变过去水资源需求为先的思想观念，要以“以水定城”“以水定需”为目标进行制度设计，通过变革水资源供给，推动人们改变用水观念、用水方式，促进节约水用，提高水资源利用效率和保护水平。

8.3.3　所有权与管理权的关系

水资源资产所有权与管理权对象均为水资源，但二者管理的依据不同，一是基于国有财产所有权职责进行的管理，一是基于政府公共管理职责进行的管理。因此，各自管理的任务和目标也是不同的，水资源资产所有权管理的任务是通过对国有资产的占有、使用、收益和处分，实现水资源资产效用与效益最大化，并保护所有权及与所有权相关的财产权的实现不受侵害；水资源管理的任务是通过国家行政权力，实现水资源开发利用和保护，保障水资源有效供给，实现社会安定与经济发展。长期以来，我国以水资源行政管理代替水资源资产所有权的行使，所有权人虚化，使得水资源资产配置单一、流转不畅，导致水资源供求矛盾进一步激化，水资源短缺问题严峻；所有权人虚化，使得水资源保护责任虚化，无法落实水资源保护权利主张主体，任意排污、偷排、超排屡禁不止，致使水资源污染日趋严重，水质堪忧，水质性缺水进一步加剧了水资源供求矛盾。区分水资源资产所有权和监管权，明确由一个部门承担起水资源资产所有权职责是十分必要和迫切的。

2013 年 11 月 9 日，习近平在关于《中共中央关于全面深化改革若干重大问题的决定》的说明中指出，国家对全民所有自然资源资产行使所有权并进行管理和国家对国土范围内自然资源行使监管权是不同的，前者是所有权人意义上的权利，后者是管理者意义上的权力。这就需要完善自然资源监管体制，统一行使所有国土空间用途管制职责，使国有自然资源资产所有权人和国家自然资源管理者相互独立、相互配合、相互监督。

按照生态文明体制改革总体方案要求，自然资源资产产权制度坚持自然资源资产的公有性质，创新产权制度，落实所有权，区分自然资源资产所有者权利和管理者权力。根据《深化党和国家机构改革方案》。目前已在原国土资源部的基础上新组建了自然资源部，主要职责是，对自然资源开发利用和保护进行监管，建立空间规划体系并监督实施，履行全民所有各类自然资源资产所有者职责，统一调查和确权登记，建立自然资源有偿使用制度，负责测绘和地质勘查行业管理等。此次体制改革调整了水利部职能，根据《中办　国办关于印发〈水利部职能配置、内设机构和人员编制规定〉的通知》（厅字〔2018〕57 号），明确了水利部承担的十六项职能，其中包括，负责保障水资源的合理开发利用，组织编制全国水资源战略规划和重大水利规划；负责生活、生产经营和生态环境用水的统筹和保障，实施水资源的统一监督管理，组织实施取水许可；指导水资源保护工作，组织编制并实施水资源保护规划等。《通知》要求，“水利部应切实加强水资源合理利用、优化配置和节约保护。坚持节水优先，从增加供给转向更加重视需求管理，严格控制用水总量和提高用水效率。坚持保护优先，加强水资源、水域和水利工程的管理保护，维护河湖健康美丽。坚持统筹兼顾，保障合理用水需要和水资源的可持续利用，为经济社会发展提供水安全保障”。

新体制安排下，明确了水资源资产所有权主体，将水资源资产所有权及与所有权相关的使用权等财产权的确权登记、有偿使用制度的建立与实施统一交由一个部门承担，以解决长期以来水资源资产所有权主体虚化、权属不清、保护不利问题，解决水资源资产使用权流转政策依据不足、难以发挥市场配置水资源作用等问题。同时，进一步加强水资源行政管理，强化国家公共事务管理的职责，加强解决水旱灾害的防御、治理能力，加强水资源拦、蓄、引、提的工程控制能力，加强远距离调水的水资源调配能力，加强水量、水质监控等能力，保障水资源资产所有权的有效行使，实现水资源科学配置和有力保护。因此，水资源资产所有权与管理权分开，不意味着管理权的弱化，也不意味着所有权与管理权的行使各行其是，而是要求二者分工合作，相互监督、相互促进，水资源资产所有权的行使以水资源管理权的行使为手段，水资源管理权的行使以水资源资产所有权的行使为目标，二者密切配合，共同落实生态文明建设任务目标。

8.3.4　政府与市场的关系

生态文明体制改革要求树立自然价值和自然资本的理念，健全市场机制，同时更好地发挥政府的主导和监管作用。在原水资源监管权代替所有权管理体制下，政府通过行政许可方式单一配置水资源，履行提供“公共产品”的公共管理职责。长期实行水资源无偿或低价供给政策，政府的过度干预“激励”了对水资源的需求，造成水资源要素过度投入，引发水资源浪费和产能过剩，导致水资源供求关系失衡。同时，水资源的过度消耗加剧了水污染。据测算，每消耗 1 立方米水一般要排 0.7 立方米的污水，因此，节水也即减排，解决污水排放要抓住节水这个“牛鼻子”。落实“十三五”规划“以水定产、以水定城”要求，就是要推进水资源供给侧改革。供给侧改革的核心是正确处理好政府与市场的关系。如果说过去政府在需求管理政策主导下“有形之手”伸得过长，无法发挥市场配置水资源作用，水资源价格不能真实反映供求，那么是不是要以市场配置水资源来代替政府配置水资源呢？

2011 年《中共中央　国务院关于加快水利改革发展的决定》指出，“水是生命之源、生产之要、生态之基。兴水利、除水害，事关人类生存、经济发展、社会进步，历来是治国安邦的大事。水利是现代农业建设不可或缺的首要条件，是经济社会发展不可替代的基础支撑，是生态环境改善不可分割的保障系统，具有很强的公益性、基础性、战略性”。由此可知，水资源的地位和作用决定了水资源不同于一般商品，由于水资源之于人们生活、生产和生态的极端重要性，水资源资产配置市场必将不是完全市场，而是在政府主导下的有限市场。这种有限性体现在水资源资产产权制度设计上：在可供分配水量确定的基础上，由政府确定取水许可实施范围和水资源资产使用权出让实施范围并组织实施，对于纳入取水许可范围的水资源仍由政府统一配置，对于纳入出让范围的水资源由市场配置，建立水资源资产使用权两级市场，一级市场为水资源资产使用权出让，二级市场为水资源资产使用权转让等。如图 8.2 所示：

市场在水资源配置中的定位是根据新形势下水利的地位和作用做出的判断。在这个有限市场中，政府与市场同时发挥作用，政府的作用主要是控制、引导与监督；市场的作用是以价格反映供求，通过价格杠杆促进水资源向高附加值区域和产业流动，以水资源供给促进水资源需求格局变化、用水方式改革，实现以供定需、以水定城、以水定产。

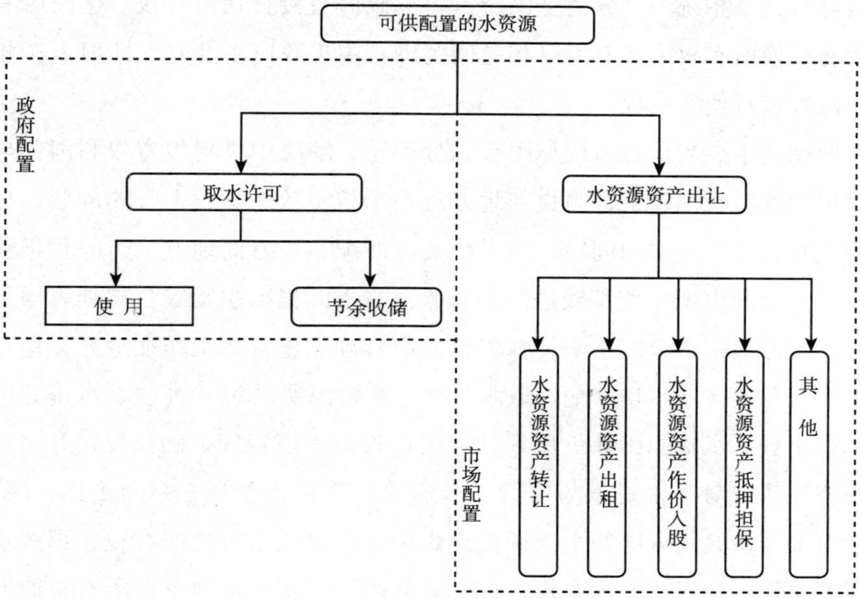

图 8.2　水资源配置示意图

正确处理水资源资产配置中政府与市场关系，就要改变长期以来政府单一配置水资源的局面，但不能放弃水资源资产国家所有的所有权职责，也不能因此放弃政府公共管理的职责。要发挥市场经济体制下市场对资源配置作用，体现水资源稀缺价值，但不能因此导致水资源供给失衡，引发社会的不稳定，阻碍经济社会的持续发展。因此，在水资源资产配置过程中，政府这只“看得见的手”与市场这只“看不见的手”互相配合、相辅相成，是落实“两手发力”新时期治水方针的重要举措。

8.3.5　中央和地方的关系

生态文明体制改革总体方案提出：探索建立分级行使所有权的体制。对全民所有的自然资源资产，按照不同资源种类和在生态、经济、国防等方面的重要程度，研究实行中央和地方政府分级代理行使所有权职责的体制，实现效益和公平相统一。分清全民所有中央政府直接行使所有权、全民所有地方政府行使所有权的资源清单和空间范围。中央政府主要对大江河大湖和跨境河流直接行使所有权。

要解决中央与地方事权与财权划分问题，解决中央与地方权利划分与责任承担问题。长期以来，中央与地方存在事权下放、财权上收的问题，存在权利上收、责任下放的问题，由于权责不匹配，一方面地方工作的积极性不高，另一方面出现“跑部钱进”的怪象。水资源根据空间综合规划等规划和水量分配方案层层分配下来，水资源资产管理大量具体工作在地方，地方各级政府将开展区域水量分配、取水许可、水资源费（税）征收、水资源资产使用权出让、水资源出让价值评估与出让收益收取管理、确权登记、水资源资产使用权交易平台建设与监管、水资源资产转让等等一系列工作，因此，十分有必要研究划分哪些水资源资产由中央政府直接行使所有权，哪些水资源资产由地方政府行使所有权，进而划分由于行使水资源资产所有权而产生资金收益的使用权与使用方向。既要通过行使水资源资产所有权筹集资金用于水资源资产管理，又要充分调动地方的积极性与主动性，保障水资源资产管理制度有效实施，以实现生态文明建设任务目标。

通过水资源资产产权制度设计，可研究建立以下中央与地方分级代理行使水资源资产所有权职责的体制：按照水资源总体规划，由中央行使水资源流域和省级区域水量分配权，同时直接行使大江大河大湖和跨境河流所有权；省级政府按照区域水资源规划，行使区域内水量分配权；市级政府按照区域水资源规划，行使区域内水量分配权；县级政府按照区域水资源规划，行使区域内水量分配权，组织实施取水许可、取水许可节余水量收储和水资源资产使用权出让，审批监管水资源资产使用权转让、出租、抵押担保等。需要注意的是，地方政府是分级代理行使水资源资产所有权，而不是分级行使水资源资产所有权，地方政府所有权的行使是受托行权，必须根据中央政府委托要求行使水资源资产所有权。

8.3.6　流域与区域的关系

水资源资产相较于土地、森林和矿藏等其他自然资源资产而言，不是固着于一定区域，而是流动的、跨越多个区域的。因此，水资源资产管理必须考虑流域与区域的协调，统筹流域上下游、左右岸的关系。

为加强流域水资源管理，国务院水行政主管部门设置了直属派出机构代表其在所辖流域内行使水行政管理权，统称为流域机构。目前有七个流域机构，分别是水利部黄河水利委员会、长江水利委员会、淮河水利委会员、海河水利委员会、松辽水利委员会、珠江水利委员会和太湖流域管理局。流域机构在流域水资源规划和水量分配中发挥重要作用，流域内各地用水必须服从流域机构水资源统一调配，这也与地方政府代理行使水资源资产所有权的要求相一致。地方政府水资源资产所有权行使是有限的，必须与流域规划和要求相协调。

在水资源资产管理中，地方作为一级政府可代理行使水资源资产所有权，行使水资源资产所有权所取得的资金收益可归地方支配使用；流域机构不是一级政府，可以代表中央行使水资源资产所有权，同时流域机构行使水资源所有权所取得的资金收益应全额上缴中央国库，纳入公共预算管理。

8.3.7　行政许可与民商合约的关系

根据现行水法、取水许可条例，水资源配置是通过取水许可实现的，也即通过行政许可实现水资源配置。根据条例，取水许可是可以转让的，也即取水许可属于可转让许可。取水许可的实施和争议解决由行政法规范。基于水资源配置现状，按照水资源资产产权制度设计，在水资源刚性需求领域，如生活用水、农业用水、保护类产业用水以及生态用水，可继续通过取水许可审批配置水资源；而对于一般或限制发展工业用水和服务用水，可实施水资源资产使用权出让，即建立水资源资产使用权配置一级市场。受让人通过招拍挂等方式取得水资源资产使用权的，将与出让方签订出让合同。一般而言，出让方为政府或政府代表机构，受让方为社会经济组织或个人。出让合同为民商合约，由民法规范。已获得出让水资源资产使用权的社会经济组织或个人，可根据规定在水权交易场所转让水资源资产使用权。一般而言，水权转让合同双方均为社会经济组织或个人，水权转让合同也属民商合约，由民法规范。根据取水许可取得的水资源，因工艺进步或转产节约出来的水量由水资源资产收储机构统一收储后出让。

按照水资源资产产权制度设计，划分取水许可与水权交易两种行为，取水许可为政府配置水资源，属于水资源监管权力行使范畴；而水权交易，包括出让和转让为市场配置水资源，属于水资源资产所有权和使用权权利行使范畴。这两种行为当事人之间的法律关系不同，一种是行政法律关系，由行政法规范；一种是民事法律关系，由民法规范。当获得取水许可水量产生剩余时，由法定机构对剩余水量进行收储，纳入储备的水资源通过出让方式流入市场。改变以往取水许可转让混淆水权交易的情形，通过制度创新解决一直以来人们混淆取水权、水资源使用权、水资源管理权，对水权概念不清、认识模糊的问题，为规范和推动水权交易提供政策支撑与制度保障。

8.3.8 工程技术手段与经济法律手段运用的关系

通过长达几十年的资金投入与建设，目前，我国已经建成了一大批拦、蓄、引、提与跨流域调水等水利工程，形成了较完善的水旱灾害防治与水资源供给工程保障体系：一是加强了堤防建设，有效地控制了洪水，保护了人民群众生命财产安全；二是建成了一批水库，提高了调蓄能力，缓解了我国降水时间分配不均问题，保障了城乡居民生活用水和工业用水；三是建成了一批灌区，解决了农业灌溉用水问题，保证了粮食生产安全；四是建设了一系列调水工程，实现了南水北调，西水东调，缓解了长期以来困扰我国的水资源空间分配不均问题，解决了人口密集区域水资源严重短缺问题；五是形成了城乡输水管网，保障了生活、生产用水；六是实施了省界断面水量水质监控设施建设，提高了水资源监测水平。在“十二五”和“十三五”期间，还分步投资建设 172 项重大水利工程。工程建成后，将实现新增年供水能力 800 亿立方米和农业节水能力 260 亿立方米、增加灌溉面积 7 800 多万亩，我国骨干水利设施体系将显著加强。

当工程技术手段较为完备时，水资源资产管理的手段必将从工程建设为主转向以经济法律手段管理为主，辅之以工程技术手段。因此，对水资源经济理论的研究、对水资源资产所有权及与所有权相关的财产权的法学理论研究，以及在上述研究基础上开展的水资源资产产权制度建设尤为重要和迫切，这也是新时期摆在水利人——致力于水资源资产管理研究者和水资源资产管理执行者面前的重大课题。

新时期，水资源资产管理需要解决的问题更加复杂，管理的重心已发生转移，判定水资源资产管理水平与能力的标准也必将重置，我们有信心迎接挑战，为实现中华民族伟大复兴的中国梦做出应有的努力与贡献。

参考文献

1. 刘军，侯全亮，靳怀堾，伍海平，张宇明，相玉梅等编著：《水与流域文化》（中华水文化专题丛书），中国水利水电出版社2015年版。

2. 毛佩琦，刘少华，魏天辉，翟志强著：《水与治国理政》（中华水文化专题丛书），中国水利水电出版社2015年版。

3. 王英华，杜龙江，邓俊著：《图说古代水利工程》（图说中华水文化丛书），中国水利水电出版社2015年版。

4. 贾兵强，朱晓鸿著：《图说治水与中华文明》（图说中华水文化丛书），中国水利水电出版社2015年版。

5. 水利部编：《新中国水利50年》，中国水利水电出版社2000年版。

6. 水利部办公厅，水利部发展研究中心编：《水利辉煌60年》，中国水利水电出版社2010年版。

7. 王浩，秦大庸，汪党献等著：《水利与国民经济协调发展研究》，中国水利水电出版社2010年版。

8. 水利部黄河水利委员会编：《黄河水权转换制度构建及实践》，黄河水利出版社2008年版。

9. 水利部国际合作与科技司，水利部发展研究中心，水利部长江水利委员会编著：《各国水概况（美洲、大洋洲卷）》，中国水利水电出版社2009年版。

10. 水利部水利水电规划设计总院编：《中国水资源及其开发利用调查评价》，中国水利水电出版社2014年版。

11. 李晶，宋守度，姜斌等编著：《水权与水价——国外经验研究与中国改革方向探讨》，中国发展出版社 2003 年版。

12. 彭新万，杨勇，陶然，万春编著：《经济学通论》（第二版），经济管理出版社 2017 年版。

13. 刘凤芹主编：《新制度经济学》，中国人民大学出版社 2015 年版。

14. ［美］威廉・J. 鲍莫尔（William J. Baumol），艾伦・S. 布林德（Alan S. Blinder）著，方臻旻译，方齐云校：《经济学：原理与政策》，北京大学出版社 2016 年版。

15. 罗伯特・D. 考特，托马斯・S. 尤伦著，施少华，姜建强等译，张军审校：《法和经济学（第三版）》，上海财经大学出版社 2002 年版。

16. 曾瑞明，许敏，程玉莲，毕可影，罗晶等编著：《公共管理学》，清华大学出版社 2016 年版。

17. 水利部编：《2018 年中国水利发展报告》，中国水利水电出版 2018 年版。

18. 夏洪胜，张世贤主编：《行政管理学》，经济管理出版社 2014 年版。

19. 胡建淼著：《行政法学》，法律出版社 2015 年版。

20. 刘玉平主编：《国有资产管理（第二版）》，中国人民大学出版社 2012 年版。

21. 李佐军著：《供给侧改革：改什么、怎么改?》，机械工业出版社 2016 年版。

22. 田学斌著：《当代中国政治经济学》，新华出版社 2017 年版。

23. 樊纲著：《制度改变中国——制度变革与社会转型》，中信出版社 2014 年版。

24. 程恩富主编：《著名经济学家纵论新时代经济》，中国经济出版社 2018 年版。

25. WATER RESOURCES，ENGLAND AND WALES：The Water Resources (Abstraction and Impounding) Regulations 2006，(Amendment) Regulations 2008.

26. Stephen Merrett，Introduction to the Economics of Water Resources，ROWMAN & LITTLEFIALD PUBLISHERS，INC. 1997.

后　　记

在水利部国有资产管理岗位工作15年来，我在实施行业行政事业单位和企业国有资产管理工作的同时，一直对水资源资产管理国内实践与国内外相关政策制度变迁进行跟踪研究，但在原管理体制下有许多困惑且苦于找不到突破口。

生态文明体制改革的推进及自然资源资产管理体制改革的实施，为我长期的研究与思考指明了方向。欣喜之余，决定将水资源资产产权制度建设框架建议整理出来。然知易行难，期间数易其稿。感谢我的同事和朋友们资料的提供与帮助，感谢我的家人的鼓励与支持，使得《水资源资产产权制度探索与创新》一书最终得以付梓。

最后，谨以此书献给我的母亲黄素文女士，祝老人家健康、快乐。

陈玉秋

2018年8月于北京